识干家

企業閱讀　學以致用

PMT 柏明顿管理丛书
——组织效能进化智库——

阿米巴经营落地实践

中国式阿米巴
落地实践
之持续盈利

胡八一 ◎ 著

实施 推行
阿米巴

中国青年出版社

律师声明

北京市中友律师事务所李苗苗律师代表中国青年出版社郑重声明：本书由著作权人授权中国青年出版社独家出版发行。 未经版权所有人和中国青年出版社书面许可，任何组织机构、个人不得以任何形式擅自复制、改编或传播本书全部或部分内容。 凡有侵权行为，必须承担法律责任。 中国青年出版社将配合版权执法机关大力打击盗印、盗版等任何形式的侵权行为。 敬请广大读者协助举报，对经查实的侵权案件给予举报人重奖。

侵权举报电话

全国"扫黄打非"工作小组办公室　　　中国青年出版社
010-65233456　65212870　　　　　010-50856057
http://www.shdf.gov.cn　　　　　　E-mail:bianwu@cypmedia.com

图书在版编目（CIP）数据

中国式阿米巴落地实践之持续盈利/胡八一著．—北京：中国青年出版社，2018.9
ISBN 978-7-5153-5289-3

Ⅰ.①中… Ⅱ.①胡… Ⅲ.①企业经营管理—研究—中国 Ⅳ.①F279.23
中国版本图书馆 CIP 数据核字(2018)第 205593 号

中国式阿米巴落地实践之持续盈利
胡八一 / 著

出版发行：	中国青年出版社
地　　址：	北京市东四二条 21 号
邮政编码：	100708

责任编辑：刘稚清
封面制作：久品轩

印　　刷：河北宝昌佳彩印刷有限公司
开　　本：710×1000　1/16
印　　张：17.25
版　　次：2019 年 3 月北京第 1 版
印　　次：2019 年 3 月第 1 次印刷
书　　号：ISBN 978-7-5153-5289-3
定　　价：98.00 元

导读

创建百年企业是每一位企业家的梦想。每个企业家都希望自己的事业基业长青，公司能够持续盈利。《阿米巴中国落地实践三部曲》系列丛书出版，旨在帮助企业家清醒地认识中国式阿米巴经营，使中国企业基业长青。

而在管理咨询实践中，我们发现企业普遍存在以下问题和现象：

为什么只有老板关注利润，而员工只关注做事本身？

为什么部门之间有那么多推诿，只有老板才能协调？

为什么员工总是觉得报酬太低，或者觉得报酬不公平？

《中国式阿米巴落地实践之持续盈利》是丛书三部曲之一，如何解决以上困惑，可概况为三句话，也是本书的主旨：

一、把企业做成平台，企业才能做大（格局）

企业平台的核心思想，作者将其归纳为——平台就是将共性的职能与个性的业务分开。我们说做企业平台，什么是企业平台？我们先不下定义，可以描述它的特点：

第一，将共性职能与个性业务分开。

第二，将终端业务与过程业务分开。

第三，将核心资源与边缘资源分开。

如何把企业做成平台？可依据这几个流程步骤进行：战略定位、资源划分、平台搭建、业务重组、外引内创、激励机制、约束退出。

二、把平台做成阿米巴，企业才能做强（专业）

把平台做成阿米巴，无非就是"分、算、奖"。

"分"即进行组织划分，首先分析外在的竞争环境，从而制定相应的企业战略、设计支撑战略的组织架构，最后将新的组织细分为阿米巴单元，而不是直接将现有的部门划分为阿米巴。

"算"，首先明确各巴的经营目标。其次，制定相关的财务预算，规范内部定价与交易规则。最后，引入外部竞争以提升巴的活力，而不是简单对各巴的数据进行独立核算。

"奖"，首先树立员工的共同愿景。其次，出台系列的考核机制、晋升机制、报酬机制等。最后，通过制度来统一员工的价值观，而不是灌输一些空洞的理念。

三、把阿米巴做成合伙制，企业才能做久（机制）

为什么要实施合伙制？无非就几个原因：留住人才、全力经营、持续发展、劳资合酬、内部创业、吸引项目等。

实施阿米巴合伙制，也有三大注意事项：股东意愿、劳资倒挂、代持预留。

如上是本书的主要内容。其实，"问题现象"与"解决之道"天下几同，唯独解决问题的"行为方式"各异。倘若有人为我们明列了"问题现象"与"解决之道"，我们只需按图索骥去选择差异化的"行为方式"并落地实施，岂非事半功倍？

一切管理理论若不能转化为可操作的步骤，那么它只对学者有意义而对管理者无益。作者所提供的解决问题的"行为方式"均来自阿米巴管理咨询实践，因此只要真正秉承这些方法，落地实施，一定能有明显成效。

当然，"问题现象"与"解决之道"都无法——列举，"行为方式"

更是不能穷尽，且每个企业都有自己的个性，面对同样的经验难题可能有若干个不同的处理办法。因此，作者力求用一种简单、活泼、深入浅出的风格来诠释这些最重要的方法；而不管何种方法，改善问题是唯一的目的。希望大家不要用看教科书的眼光来审视，而是带着开放的心态去借鉴与思考。

唯有落地，方能生根

——阿米巴经营模式在中国的落地生根

阿米巴经营模式是什么？

阿米巴乃是一种单体细胞微生物，它能通过自身不断分裂复制，为了适应外在条件发生变形。稻盛和夫据其两个特点，结合松下电器事业部制，创立了阿米巴经营模式。

所谓阿米巴经营模式，简而言之，即把公司分成多个自主经营单元（即阿米巴），每个经营单元均需独立核算、承担盈亏；持抱利他共赢理念，鼓励员工增加收入、降低费用；最后利益共享，同创幸福企业。

三字以蔽之：分、算、奖。

阿米巴经营模式有何高效见证？

改革开放之后，企业自觉学习日本管理模式、美国管理模式，诸如全面质量管理、精准生产、整合营销传播、波特战略等，却只是片断而非整体。

唯有阿米巴经营模式，上自经营哲学启智、中到组织设计技术、下抵日常表格操作，事及全员，而非某些职能部门，于是持续高效。

先是稻盛和夫业绩可叹，如今国人耳熟能详：

◆自创京瓷，伊始维艰，人数区区不过半百、厂房区区不过三间，用阿米巴之后，业绩持续翻番，荣登世界500强榜！

◆组建日本第二电信，整合多方人才资金，用阿米巴之后，打破垄断、冲出重围，业务从零开始，再攀世界500强榜！

◆日本航空巨亏，濒临倒闭，鸠山首相三顾茅庐，稻盛和夫80岁高龄出山，用阿米巴之后，一年扭亏为盈，反超同行！

再看中国企业，虽然名不称"巴"，却也异曲同工，收效极佳！
- ◆上海大众力推"经营体"。
- ◆海尔集团奉行"自主经营体"、SBU（战略事业单元）。
- ◆阿里巴巴内分级、多个"经济单元"。

阿米巴经营模式为何能够产生极高的收益？

首先，阿米巴经营模式符合人性。

它从人性方面思考，形成经营哲学，正确引导经营方法，而非舍本求末，以为某种管理方法即是"绝招"。

以下三个问题的答案即从人性角度思考得出，而非管理学科。
- ◆为何只有老板关注经营利润，员工却只关注做事本身？

因为我的工作距离利润太远，没法关注！
- ◆为何部门之间总爱扯皮推诿，最终只有老板才能协调解决？

因为他们是同事关系，而非买卖关系！
- ◆为何员工总是觉得工资不高，却把原因归于老板小气？

因为工资是老板给的，不是他们买卖赚来的！

其次，阿米巴经营模式能够满足时代需要。

当下员工多数不为生存、安全而去工作，他们需要人格尊重、精神自由。满足这种心理需求之举莫过"我有地盘，我能做主"！好吧，给你一个阿米巴，你去做主！

"互联网+"已让千万人士创业成功；中央号令"万众创新、大众创业"，地方政府鼓励创业，津贴层出不穷，哪个不曾跃跃欲试？老板若不内部满足员工的创业冲动，员工必将外出创业。好吧，给你一个阿米巴，你去创业！

最后，阿米巴经营模式提供了技术保障。

阿米巴经营模式包含如何分巴，如何内部定价，如何建立内部交易规则，如何核算收入、成本，如何分析本巴盈亏，如何改善不良，如何分享收益……唯一所剩，就是你的行动！

阿米巴经营模式是否适合中国企业？

古今中外之人，虽有认知差异，从而形成文化差异、观念差异，但是人心、人性无异！

管仲新政，故有齐桓九合诸侯，无非分、算、奖；

商鞅变法，故有大秦一统天下，无非分、算、奖；

明治维新，故有日本赶超亚欧，无非分、算、奖；

小平改革，故有中国平视世界，无非分、算、奖；

对应前面所述三个人性问题，解决方案无非分、算、奖！

故此，这个问题不是问题，下个问题才是问题！

阿米巴经营模式如何落地中国企业？

即使汽车进口中国，有时也需改装部分，旨在适应中国驾驶、行车环境，何况人文理念、经营模式？也该扬弃！原因有三：

其一，中国企业经营的外在空间广阔，开源与发展仍是中国企业之主流旋律，而日企则不然。因此，阿米巴落地中国，重在理清战略，继而开源节流。

其二，中国企业管理的内在基础较弱，建制与完善乃是中国企业之必修内功，而日企则不然。因此，阿米巴落地中国，重在架构重组，继而分巴交易。

其三，中国社会环境的客观影响很大，物质与精神总在中国企业之动态平衡，而日企则不然。因此，阿米巴落地中国，重在提升经营，继而转变人文。

稻盛和夫来华数次，宣传理念；成立塾式机构若干，诵读精进。然而理念如不加以技术落地，则是空谈！

至于如何加以技术落地，正是系列丛书宗旨，共分三本，名为《阿米巴中国落地实践三部曲》，内容详见后文，在此概述如下：

第一本《激活组织》，主要讲述阿米巴组织划分。

第二本《从交付到交易》，主要讲述阿米巴经营会计。

第三本《持续盈利》，主要讲述阿米巴体系运营。

我们敬重稻盛和夫，但非膜拜；我们学习阿米巴，但非照抄！
书中内容乃是一家之言，供您参考、探讨。
愿您成功！

得以成书，非常感谢柏明顿的客户们，非常感谢我的顾问伙伴们，他们为本书提供了大量案例、图表、数据。
是为序。

柏明顿管理咨询首席顾问　胡八一
huby@pmt.net.cn　www.pmt.net.cn

第一篇　把企业做成平台

第一章　企业如何做大做强做久
第一节　企业就是一个有机生命体　004
第二节　把企业做成平台，企业才能做大（格局）　008
第三节　把平台做成阿米巴，企业才能做强（专业）　012
第四节　把阿米巴做成合伙制，企业才能做久（机制）　016

第二章　企业平台转型
第一节　企业平台的概念和转型新机遇　020
第二节　企业平台转型之战略布局　029
第三节　企业平台转型之组织变革　032
第四节　企业平台转型之人才建设　035
第五节　企业平台转型之实施路径　043

第三章　企业平台的核心思想
第一节　将共性职能与个性业务分开　050
第二节　将终端业务与过程业务分开　054
第三节　将核心资源与边缘资源分开　058

第四章　企业平台的主要结构
第一节　支柱：战略决策　064

第二节　面板：共性服务　070
第三节　背板：团队文化　075
第四节　天花板：监督审计　078

第五章　建设平台的流程步骤
第一节　战略定位　082
第二节　资源划分　085
第三节　平台搭建　089
第四节　业务重组　093
第五节　外引内创　097
第六节　激励机制　100
第七节　约束退出　102

第六章　建设平台的注意事项
第一节　短期利益与长期利益的平衡　106
第二节　局部利益与整体利益的平衡　109
第三节　物质利益与精神利益的平衡　113

第二篇　把平台做成阿米巴

第七章　阿米巴经营模式的核心思想
第一节　把大组织划分成多个小组织　120
第二节　每个组织独立核算经营结果　125
第三节　组织之间进行内部定价交易　128

第八章　实施阿米巴有什么收益
第一节　收入最大化　134
第二节　费用最小化　138

第三节　员工老板化　140

第九章　如何实施阿米巴：战略与组织（分）
第一节　组织设计　146
第二节　组织划分　149
第三节　组织运行　153

第十章　如何实施阿米巴：目标与核算（算）
第一节　明确各巴的经营目标　164
第二节　制定财务预算，规范内部定价　166
第三节　明晰交易规则，引入外部竞争　171

第十一章　如何实施阿米巴：人才与激励（奖）
第一节　树立共同愿景　178
第二节　考核机制与晋升机制　179
第三节　报酬机制　181
第四节　统一价值观　184

第三篇　把阿米巴做成合伙制

第十二章　什么是阿米巴合伙制
第一节　合伙制的法律概念　194
第二节　阿米巴合伙制的要点　199

第十三章　为什么要实施合伙制
第一节　留住人才　208
第二节　全力经营　213

第三节　持续发展　劳资合酬　218

第四节　内部创业　220

第五节　吸引项目　223

第十四章　如何实施阿米巴合伙制

第一节　实施阿米巴合伙制的流程步骤　228

第二节　实施阿米巴合伙制的注意事项　236

把企业做成平台

中国式阿米巴落地实践之
持续盈利

第一章
企业如何
做大做强做久

在互联网时代组织变革、传统经济转型升级的宏观背景下，柏明顿管理咨询引领企业向全新的经营模式——平台阿米巴、战略阿米巴转型升级，实现"经营模式升级+扁平组织再造+合伙机制"的成功落地，为企业打开了商业增长空间，实现了持续盈利，激活了组织及个体的积极性、创造性和创业精神，使企业走上了做大做强做久的基业长青之路。如图1-1所示。

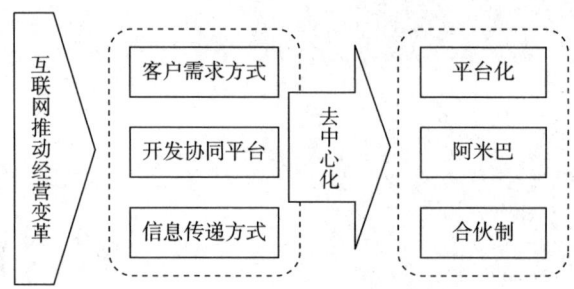

图1-1 互联网推动经营变革

第一节 企业就是一个有机生命体

经济体是若干种生命的一种。企业也是一种生命体，生命体的组成有一种规律。随着经济形态的不断进化，能适应的就生存，不能适应的就会打碎重组。

谈到"企业生命体"，企业家首先要解决关于生命价值和生命成长的问题。在自然界，可以发现动植物在不断进化，人类社会也在整体进化。从企业生命体的角度，在商业环境中，一个企业就如同一个生命体，它随着社会整体的前进，适应的就生存，不适应的就被淘汰。

企业经营者需要了解生命本身的价值和意义，才能有效地改善经营、激活组织。

一、构建企业生命体的三个问题

问题一：你的企业是为了解决什么"痛点"？

企业经营者需要思考：如何在经营的同时建立一个高效的经营模式，解决一个"痛点"。也就是在企业经营目的达成的同时，促使企业生命体发展。

问题二：你的企业战略是什么？

企业战略是对未来发展蓝图的构建，也就是说企业未来发展成什么样，以及如何达到目标。

问题三：如何落实战略，实现企业功能？

即企业如何通过领导力、战略、执行、激励体系、创新能力、企业文化等，实现企业功能？

二、构建企业生命体的四个系统

企业生命体四大系统，即生态环境系统、价值系统、保障系统与阿米巴经营系统。其中，生态环境系统回答的是企业生命体与外部环境如何相处、企业生命体之间如何交互的问题；价值系统回答的是企业如何创造价值的问题；保障系统回答的是如何保障有效且持续创造价值的问题；而阿米巴经营系统是基础，诚如生命体是由细胞组成的，每个阿米巴组织好比企业生命体的细胞。

第一，生态环境系统。

生态环境系统包括两个方面的问题：

一方面，企业如何跟外部环境相处，企业与合作伙伴、客户等的关系处理。任何一个企业都身处某种生态系统中，而在企业生态系统中最根本、最核心的关系是生命体之间的关系。生物不断进化，组织也在不断进化。能够适应环境的生物就能生存，不能适应环境的生物就会被淘汰，这是进化的最原始的动力。企业生命体的发展，可以通过内部环境的改善来积极适应外部环境的变化，以增强自身的活力。

另一方面，企业生命体之间的交易关系，是指在整个生态系统中，不同阿米巴之间竞争、共生、互生共利等相互关系。

第二，价值系统。

企业生命体，阿米巴组织是最小的构成单元，是组织、部门、价值链的功能与结构的统一。比如销售阿米巴，负责收入核算；采购、工程、售后等部门，负责实现价值转化；企业的各个子公司，这些阿米巴单元相互聚合形成"生命群体"。

第三，保障系统。

如同企业的经营活动需要组织管理作为支撑一样，价值系统的功效发挥也需要保障系统的支撑。企业生命体的保障系统包括指挥调节系统、支持系统（内部资源交互系统、企业预算控制系统）、风险控制系统（发挥审计、风险控制等功用）。

第四，阿米巴经营系统。

阿米巴组织是构成企业生命体的基本单位，是企业生命体生长发育的基础，每个阿米巴组织在企业平台里运作。

通过阿米巴经营模式，形成员工、企业及其他利益相关者的利益共同体，实现人人成为经营者和企业的自动化运转。通过企业内部市场化，自发形成企业内部资源整合系统，实现企业内部资源的有效利用，极大地发挥员工的潜力，自发形成员工内在的执行力。

三、如何运用企业生命体

企业家的生命境界直接决定了企业的发展格局。企业要不断发展，企业家本身也要不断提升。通过阿米巴经营模式帮助企业家深入内心，帮助企业家在企业的经营中提升生命品质。

企业家可以通过如下关键模块运用企业生命体：

战略共识：核心团队经营哲学的统一，用企业发展蓝图带动企业宏观系统。

关键任务：建立关键任务，促使企业整体进化，在关键任务的达成中运用教练技术支持团队内在成长。

流程和组织优化：优化阿米巴组织架构和流程，促使组织生命进化，提升组织的生命力。

激励体系：正反馈，形成良性循环。

企业文化：落实企业文化、流程和运作机制，实现自我进化。

企业生命体的构建，其实就是企业平台生态圈的构建。要同步规划好企业内部生态、战略合作层生态、业务合作层生态、对接关系层生态的建设，关键在于全员参与、经营理念创新、扁平化组织、合伙人机制、平台战略等。所以，我的结论就是：把企业做成平台，企业才能做大；把平台做成阿米巴，企业才能做强；把阿米巴做成合伙制，企业才能做久。

重点提示：

把企业做成平台，企业才能做大；

把平台做成阿米巴，企业才能做强；

把阿米巴做成合伙制，企业才能做久。

===案例分析===

平台化组织的"动车模式"

所谓平台化模式，就是去掉中间层，把整个组织变成根据业务需要成立的自由团队。传统的"公司＋雇员"的组织形态可以理解为是"火车模式"，靠领头者的能力，而平台化组织则是"动车模式"，靠所有车厢共同驱动。无论是美国资本市场排名靠前的互联网公司，还是中国的BATJ（百度、阿里巴巴、腾讯、京东），无一例外都是平台模式。

越来越多的小微企业依附于腾讯、阿里巴巴、京东这样的平台企业创业，也有不少像海尔、联想这样的大企业，正在向平台型企业转型。

平台化组织，既成就每个"小前端"的个体价值，也使得整个平台组织更快地成长。阿里巴巴可以说是平台化组织的重要代表，在整个阿里巴巴生态系统中，阿里巴巴的商家事业部定位于服务整个阿里巴巴生态体系里的商家，让他们拥有更高效的交易能力。

在这一生态体系内，既有大量商家，又有专业服务供应商，比如软件系统、快递物流服务、营销推广服务等。阿里巴巴通过商家事业部，借助技术能力实现各生态参与者之间的大量沟通和协作。

阿里巴巴的商家事业部只专注做三件事：

一是无线端升级，新媒体和互动让商家完成从货架商品到内容的互动升级。

二是利用大数据服务平台为商家提供数据支持，如流量优化等。

三是全渠道帮助商家拥抱互联网。

淘宝平台上成千上万的商家可视为小前端，商家们只专注于卖好店内的产品就行，其他的事情就外包，让专业的人做专业的事。2016年，阿里巴巴零售平台同比增长27%。这种平台化的组织以低成本的方式让企业更易扩大规模，实现业务的迅速增长。

第二节 把企业做成平台，企业才能做大（格局）

在互联网时代，企业的组织形态正在转型，而转型的方向就是平台化。企业平台化能够有效地扩大企业的边界，激活组织和员工的创造力，使企业更能适应迅速变化的环境，才能做强做大。

比如在组织变革领域，海尔公司是实施平台化发展战略的典范。作为传统制造企业，海尔不仅在管理架构中实行"平台企业"的扁平化管理，还启动了"企业平台化、员工创客化、用户个性化"的改革。张瑞敏提出"外去中间商，内去隔热层"的组织设计，把企业打造成一个平台，使员工潜力充分发挥出来，让每个员工把自己的目标和用户的需求完全结合起来。如图1-2所示。

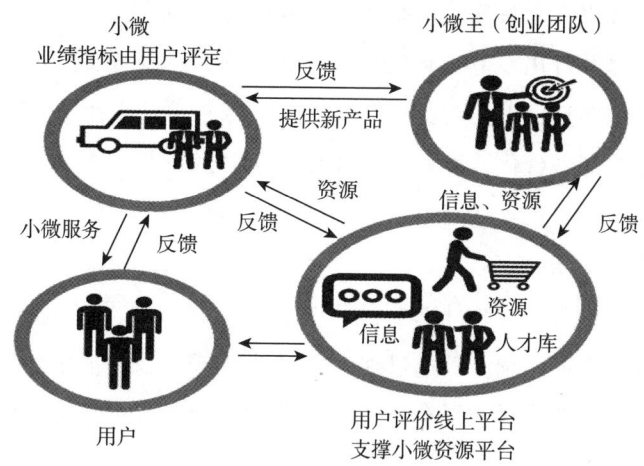

图1-2 海尔"企业平台化、员工创客化、用户个性化"示意图

我们可以从组织内部与组织外部两个维度理解"把企业做成平台，企业才能做大"。一是组织的内部平台化变革；二是组织的外部平台化变革。

第一，企业内部的平台化包括组织的层次扁平化，把组织打造成员工实现个人价值的平台。

企业平台化就是要把组织打造成能够培养员工的经营者意识平台。平台阿米巴的基本理念内核是"人人成为经营者"，通过在企业内部划分若干个独立核算、自主经营的阿米巴组织，员工被充分授权赋能。这些阿米巴组织又能够不断裂变和合并，整个组织变成员工自主经营、内部创业、实现自我价值的平台，企业规模也就不断地发展壮大。

第二，组织的外部平台化变革，就是组织要以自身核心竞争优势为依托，打造一个互利共赢的平台化生态圈。

平台阿米巴让总部平台掌握核心资源，并通过强化核心资源不断地吸引新的人才和新的业务加入，帮助企业组建一艘商业航母。在这艘商业航母的周围，让企业与供应商、顾客、竞争者等外部环境融合，成为一个创造价值的系统。目前的商业竞争从单个企业之间的竞争转变为平台与平台之间的竞争，平台化生态圈的构建已经成为大型企业的战略重点。

企业平台化的进一步发展就是经营互利共赢的平台化生态圈，形成一个优势互补的大型平台化组织，通过整合资源，构建产业链竞争优势。当企业建立平台化生态系统，企业规模即可壮大。

组织外部平台化转型的典型标杆企业，我们就以百度为例。百度公司除了在组织内部整合出搜索业务群组、移动服务事业群组、新兴业务事业群组，推进内部平台化转型外，在外部实现对爱奇艺、去哪儿网等企业的绝对控股，并对多家互联网公司进行投资，推行多元化战略，形成百度外部的平台化生态圈。

企业通过整合内部、外部资源等方式，把核心资源打造成企业平台，将现有的和未来的各项业务通过阿米巴经营模式有条件地结合员工内部创业，最终实现把企业做成平台、把平台做成阿米巴、把阿米巴做成合伙制的目的。如图1-3所示。

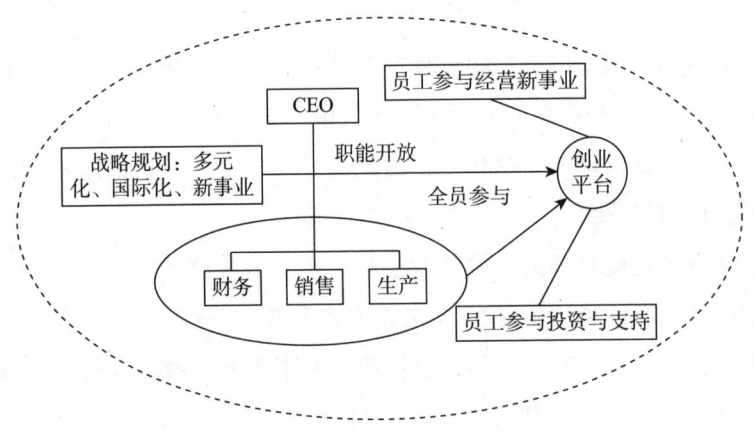

图1-3 把企业做成平台的思路

===案例分析===

平台模式广泛采用

2013年，哈佛大学托马斯·艾斯曼教授的研究表明，全球最大的100家企业有60家企业的主要收入来自平台商业模式。而在互联网领域，平台现象则更为突出，来自互联网女皇玛丽·米克尔（KPCB公司）《2015年全球互联网趋势报告》显示，2015年全球前15大互联网公司都是平台企业，这

15家公司也大得惊人，市值超过2.4万亿美元（2015年5月数据）。

苹果公司作为移动APP应用平台，以5300亿美元市值（2016年6月数据）居于全球互联网平台之首。据统计，全球目前共有900万个软件开发工程师专注于苹果APP开发，通过苹果应用商店，他们获得了累计超过250亿美元的收入。此外，苹果的发展也带动了唱片公司等内容提供商和移动终端设备代工企业的发展。此外，电子商务平台阿里巴巴、搜索引擎平台谷歌、社交平台Facebook等也都以平台方式运作。在这些平台上，承载了全球数以亿计的消费者、商家、服务者，形成了全球化、统一化、在线化交易市场，为全球30亿最终消费者（即网民）提供商品及服务。

企业平台化的特点体现为：小前端、大平台、生态。

小前端：让听得见炮声的人做决策。前端业务员直接面对消费者和市场将会越来越多、越来越灵活。

大平台：前端强大，特别需要功能越来越强大的后台支撑，才不会导致资源重复和浪费，并且获取资源成本最低。平台作用：赋能，让前端全力以赴地面对竞争，源源不断地进行创新和变革。共享，平台实现人力资源管理、财务管理、行政管理等内勤事务集中化、专业化运作，形成共享服务机制。开放，个人都可能借助平台获得协作机会。

生态：前面两部分都强大起来，特别需要各种各样的生态角色来支撑——跨团队组织、专家学者等。他们起主体作用，也许是帮助"大平台"更好地服务小前端，再通过小前端更好地服务市场和消费者。如图1-4所示。

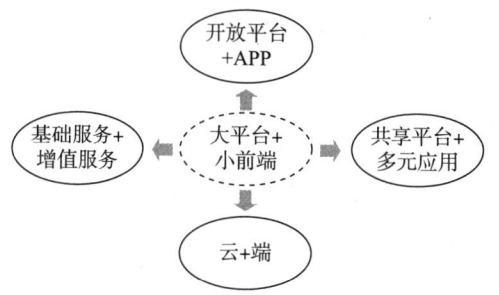

图1-4 小前端、大平台、生态

第三节 把平台做成阿米巴，企业才能做强（专业）

把平台做成阿米巴，核心思想是把大的组织划分成小的组织。比如在柏明顿阿米巴公开课期间，如果想让课堂气氛好起来，一定要分成若干个学习小组来做。我们是一个群体、一个组织，今天来听课的不是一个群体，而是一个组织。你分享他的目标，就变成一个组织了，就是把一个大的组织分成若干个小的组织。

把平台做成阿米巴的好处，就是企业不断做强、专业化运作。通过构建"小而强"的平台和公司总部，功能齐全的"阿米巴"，完成了专业资源的聚焦裂变，以及总部与阿米巴组织的功能转变。既增强了专业穿透力，又精简了机构，培养精英团队，使企业不断做强。

把平台做成阿米巴，将给企业带来三大改变：

第一，企业总部功能改变：企业总部是价值创造平台，在阿米巴经营模式下，企业总部应成为战略资源分配（资金、人才）、各业务板块内部协同、战略投资、业务管理整合的资源平台。企业总部应更加聚焦战略方向，提升企业整体的平台战略完善度。

第二，阿米巴管理平台的形成：阿米巴管理平台，应该成为整合下属各子/分公司的资源，加强内部协同及专业支持的重要管理平台，也应该成为人才输出、资金输出、专业输出的重要源头。

阿米巴管理平台的建设，需要科学规范的管理机构设置、职责分工、人才培养及晋升激励、鼓励推行激励政策，从而为未来进一步的阿米巴整合与裂变打下坚实的基础。

第三，阿米巴组织的建立：在阿米巴经营模式改造下，原有独自作战的部门将转变管理职能，获得更大的经营权利。通常是价值链两端职能整合成阿米巴，或者按企业的产出将业务活动组合起来，成立专业化的生产经营管理部门，即阿米巴。阿米巴组织更聚焦于对成本效益的挖掘，释放运营效率。而专业人才获得了阿米巴层面更广阔的发展空间，可创造更多的价值，也是对原有公司人才晋升通道的开拓，一定程度上扩大了内部人才成长的空间。

评点：

把平台做成阿米巴的好处，就是企业不断做强、专业化运作。通过构建"小而强"的平台和公司总部，功能齐全的"阿米巴"，完成了专业资源的聚焦裂变，以及总部与阿米巴组织的功能转变。既增强了专业穿透力，又精简了机构，培养精英团队，使企业不断做强。

案例分析

韩都衣舍：平台+小组制

互联网服饰品牌韩都衣舍，凭借"款式多、更新快、性价比高"的特点，在天猫平台上创下了多个销量冠军。2015年，收入达12.6亿元，净利润0.33亿元。它正是通过平台化组织来应对当前的不确定性，变"公司+雇员"的组织体系为"平台+个人"。这种变革不只发生在韩都衣舍，海尔、滴滴、联想、万科、华为……都在向"平台+个人"这样的组织方向转变，未来越来越多的组织形态或将朝此方向改变。

一、扁平化组织架构

韩都衣舍的组织架构非常扁平，目前拥有7大后台赋能平台，包括摄影、淘内运营、淘外运营、生产、储运、客服、其他职能，这7大平台共同为300个左右的小前端服务，最少的3人就能成为一个小前端。

韩都衣舍的这种做法：

一方面保持了前端团队规模的小型化和灵活性，更好地匹配市场需求并进行创新；另一方面也通过后台赋能平台有效地保证每一条业务线的高效运转，为试错和规模化提供可能性。

通过这样的组织形式，韩都衣舍以较低成本实现了快速试错，实现了年上新品超过3万款，最大限度地满足了用户对服装的快速多变的需求。

二、一线员工做决策，领导者做投资

平台化的企业，应对互联网的"快变"，"小前端+大平台"这种模式效率更高。在韩都衣舍，最小的小前端只有3个人，分别来自研发、生产/采购、销售部门。这3个人组成了公司中最小的细胞，但他们的权力一点儿也不小。只要看准了一个项目，比如判定下一季某款女装可能会成为爆款，就让这个3人小组放手去做，充分调动了员工的主观能动性，就算失败了，试错成本也不高。

每个小前端可以看作是一个产品小组，小组全权负责产品设计、生产和品牌运营，责、权、利对等，权力被下放到最小单元，自驱动加快决策速度。

产品小组的责任在于设定销售目标，对库存、毛利率和产品品质负责，他们同时拥有确定款式、尺码、库存深度、销售价格、是否参与营销活动、参与打折的节奏与深度等权力。以往是企业中高层管理者才有的决策权，下放到了一线员工手中。

三、小组的奖金分配并不是公司决定的，而是由每个小组的利润决定的

小前端内部有着相当大的决策权，但是每个项目能否持续做下去，得到公司后台平台继续支持，有着"硬指标"来考核，那就是财务数据。因为韩都衣舍对每个产品小组的利益分配模式就是考核销售额、毛利率和库存周转率，小组的奖金分配并不是公司决定的，而是由每个小组的利润决定的，多劳多得。韩都衣舍会定期对300多个小前端按财务指标排名，从而决定为哪些团队持续提供资金支持，对排名高的团队进行资源倾斜，内部机制鼓励对小前端优胜劣汰，有效保证对效益良好的小前端提供资源支持。

这样的组织设计，权力下放给了一线员工，管理者似乎被"架空"了。这恰恰是平台化组织，管理者的角色发生了转变，要求也提高了，被赋予了新角色——风险投资人。

四、平台型组织对每个人的要求都要更加专家化和柔性化

目前,韩都衣舍拥有16个自有品牌、4个合资品牌、10个代运营品牌,无论是合资还是代运营,都由小组自己决定。

韩都衣舍内部,很多员工都想借助这一平台成就自我价值,比如创立一个品牌,成为韩都衣舍的经典款等。小组成员少则3人即可,多则15人,来自不同业务线的同事按编制自由组团,业务骨干为组长,撰写出商业计划书提交给公司类似风险投资机构的团队,风投团队决定投资之后,小组就可以运营了。

而风控团队的责任在于,根据团队的市场表现,做出是否继续出资支持的决策。比如分配初始金,对明星团队调拨更多的奖金,进行B轮、C轮投资;协调绩效不佳的团队成员加入其他团队,更好地分配资源等,同时避免公司内部冲突和资源浪费。

平台型组织对每个人的要求都要更加专家化和柔性化,人人必须成为专家,自我监督、自我管理和自我提升。

五、业务单元实现了"责、权、利"相对统一

韩都衣舍采取"基于产品小组制的单品全程运营体系(IOSSP)"组织,如图1-5所示。这样的弹性组织实现了对产品在设计、生产和流通销售中的各个环节进行全程数据化跟踪,实现了针对每一款商品的精细化运营,是核心竞争力。每个小组内部自成一个比较完善的体系,作为基本业务单元。各小组之间既互相支持、互相配合,又存在一定的竞争关系,在

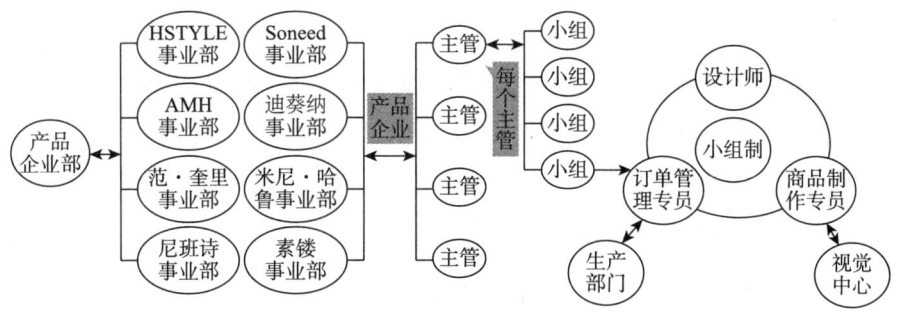

图1-5 韩都衣舍IOSSP模式图

最小的业务单元上实现了"责、权、利"相对统一。其赋予了员工充分的参与权,调动员工的积极性,使员工充分发挥作用,全程监督与管理每一个单品。

韩都衣舍的平台模式将传统科层制企业的直线型职能制推翻并重组,从设计师部、商品页面部及对接生产、管理订单部中各抽出1个人组成小组。每个小组要对一款衣服的设计、生产和销售承担责任,小组提成根据毛利率和资金周转率计算。在这种阿米巴组织模式下,每款产品都以"产品小组"为核心,全程相关业务环节配合均采用数据化、精细化的运营管理,在最大限度发挥互联网优势、实现"大规模C2B定制"的同时,有效地解决库存问题,保证以极高的性价比给予消费者更多的选择。

平台化企业的诱惑力在于,不只能够成就设计师这一类人群的创业梦想,数据分析、产品营销、销售……各个环节都有机会。除了原创品牌,韩都衣舍也有买手品牌,买手们经过大量的市场调研,准确把握当下的流行趋势,对大品牌在不侵权的前提下进行改动,既与大品牌有一定的相似度,又有韩都衣舍自身的特点,紧跟流行元素,这就考验买手品牌团队对市场流行趋势的把控能力。

第四节 把阿米巴做成合伙制,企业才能做久(机制)

阿米巴合伙制不仅仅是一种激励手段,还是企业持续发展的一种战略机制,是一个涉及公司治理结构优化、组织与人的关系重构的系统工程。

阿米巴合伙人制度包括合伙人持股计划;事业跟投计划;阿米巴合伙人管理,转变成扁平化的架构而非科层结构。

相对于雇佣制来说的阿米巴合伙人制,是从企业管理角度来说的。阿米巴合伙人制的本质在于建立一套企业分配机制,转变职业经理人的身份,实现利益共享、风险共担的创业机制,为人才提供创业平台,帮人才实现人生价值。

把阿米巴做成合伙制，企业才能做久。

首先，实施阿米巴合伙人制。一方面，体现为对人才贡献和价值的认可，并建立给予人才合理回报的机制；另一方面，对于企业来说，通过阿米巴合伙人制更大地激发人才创造力，并将企业经营权利下放给阿米巴合伙人团队，从而实现吸引和保有优秀人才的目的。通过企业组织形态、经营形态的转变，实现从产品型企业向平台型企业的过渡。

其次，引入阿米巴合伙制，要回归企业的变革与创新，要基于新商业文明规则，对企业的战略、公司治理结构、组织与人的关系进行系统的变革与创新，优化阿米巴合伙制生存的土壤和生态环境，使阿米巴合伙制真正能凝聚一批有追求、有意愿、有能力的人抱团打天下，持续奋斗创伟业。

2012年期间，万科高管大量出走，三年间大约有一半执行副总裁，以及很多中层管理人员离开，甚至还引发了关于万科"中年危机"的大讨论。

在这个背景下，万科通过合伙人制度，重新界定公司与员工的关系，防止优秀人才的过度流失，应对已经到来的新形势。

万科的事业合伙人有四个特点：事业合伙人要掌握自己的命运；要形成背靠背的信任；要做大事业；共同分享成就。

万科的合伙人制改革是将雇佣制下的职业经理人机制进行革新，去除雇佣制的弊端，在雇佣制共创共享的基础上增强风险共担，"共创、共享、共担"成为万科合伙人制的核心。

本章总结

⊙在互联网时代，企业的组织形态正在转型，而转型的方向就是平台化。企业平台化能够有效地扩大企业的边界，激活组织和员工的创造力，使企业更加能够适应迅速变化的环境，才能做强做大。

⊙组织的外部平台化变革，就是组织要以自身核心竞争优势为依托，打造一个互利共赢的平台化生态圈。

⊙把平台做成阿米巴，核心的思想是把大的组织弄成小的组织。

⊙把平台做成阿米巴的好处，就是企业不断做强、专业化运作。通过构建"小而强"的平台和公司总部，功能齐全的"阿米巴"，完成了专业资源的聚焦裂变，以及总部与阿米巴组织的功能转变。

⊙阿米巴合伙制不仅仅是一种激励手段，还是企业持续发展的一种战略机制，是一个涉及公司治理结构优化、组织与人的关系重构的系统工程。

⊙引入阿米巴合伙制，要回归企业的变革与创新，要基于新商业文明规则，对企业的战略、公司治理结构、组织与人的关系进行系统的变革与创新，优化阿米巴合伙制生存的土壤和生态环境。

中国式阿米巴落地实践之
持续盈利

第二章
企业平台转型

企业平台是"责、权、利"统一、效率集约、结构组合、文化共识的商业生态系统。企业平台转型带来的经营模式变革已改写了现在及未来的企业生存规则。未来10年，有可能是平台商业模式在传统行业转型应用上的黄金时代。

企业平台转型，可以用来解构价值链，可以被运用到组织架构的设计中，更能够帮助企业升级竞争优势。企业导入平台阿米巴，需要从战略上梳理出企业平台转型的价值链重构步骤、平台模式构建方法；从组织上总结出新旧业务、内外资源整合、结构调整的模式；从人才布局上归纳出转型企业的能力要求、价值取向，以及转型期的人才运用、培养之道。

企业平台转型，错综复杂，我们从战略规划、组织调整、人才布局三个层面梳理出完整的转型步骤，帮助企业找准路径、规避风险、把控节奏。

第一节　企业平台的概念和转型新机遇

企业平台转型是大势所趋。在新型组织设计的实践领域，很多企业都在进行平台化的组织结构变革，平台化的组织是时代发展的大势所趋。平台模式帮助传统行业的企业解决痛点，重新出发，完成转型。所以，企业趋向"去中间化""去中心化""去边界化"的状态，成为新兴的模式。

基于平台阿米巴在企业中的成功导入和实践，结合针对多家行业公司的访谈成果，我们提炼和总结了平台化企业组织的四个重要特征：成立阿米巴组织、大规模支撑平台、多元的生态体系，以及自下而上的创业精神。

在企业平台上，有着数量众多的阿米巴组织。这些阿米巴组织在被赋予经营权的同时，也承担全部或部分盈亏；大规模支撑平台建立，企业总部形成资源池，便于资源共享；根据业务发展需求，形成新特色及新能力。借力生态体系，使企业平台的阿米巴组织能够互相影响、协同治理、相互合作，进而为创造更大的价值提供可能性。自下而上的创业精神体现为，项目、产品、创意等由阿米巴组织启动；企业平台使用投资型机制和内部自由市场机制来配置资源；企业领导层不再进行事无巨细的管理，而是给予阿米巴经营者更多的授权。

平台化的企业结构，强调扁平、灵活和协同。我们提出了"企业平台＋阿米巴＋合伙人机制"的框架。由于企业在产业链上的位置不同，所形成的平台结构也会有很大差异，大致可以分为三类平台结构：技术平台、运营平台和客户平台。

企业平台的发展，正从互联网和高科技行业向传统产业延伸，为中国企业转型升级与创新发展提供了新的路径。同时，企业平台模式如何被传统企业接纳、采用，并充分发挥出它的价值，充满了不确定性和挑战。

一、平台模式向传统产业延伸，促使传统企业重新思考自身定位

平台模式并非一个新概念。过去十多年来，阿里巴巴、京东商城、海尔公司等互联网和平台巨头快速崛起，并在商业上取得了巨大的成功，让平台模式声名大振，它的价值正在被越来越多的传统产业或企业所认知并重视。平台型企业利用雄厚的资本和先进的经营模式跨界进入传统产业，给传统产业带来深刻乃至颠覆性的影响，给传统企业带来危机感，让它们重新思考自身在未来产业价值链中的定位。

为应对挑战，一些传统企业已经开始探索并践行平台模式。比如很多企业开始成功导入柏明顿咨询的平台阿米巴模式，从而创造了高收益。

平台阿米巴作为一种新的经营模式，平台模式与传统的产品与服务提供模式有诸多不同之处。向平台模式转型的民营企业面临着一些新的挑战：

第一，阿米巴经营模式与利益关系考验企业的协调与管控能力，如何

协调、管理各方之间的关系，规范参与方的行为，确保他们之间的良性互动，让所用参与方都能从平台中受益，从而推动平台的发展，是平台运营中最大的挑战。

第二，平台阿米巴经营模式所需的人才缺乏等。

第三，企业平台转型的长期性与艰巨性：平台化运营，其过程将需要相当的资源投入，且转型的效果和收获需要相当长的时间方能显现，需要有长期的平台战略确保顺利度过转型的阵痛期。

解决企业平台转型的困局，需要管理咨询公司帮助企业从战略规划、组织调整、经营会计体系设计等方面进行全面辅导和系统规划。

二、平台阿米巴在帮助企业做大做强做久，在寻求增长新动能方面能发挥重要作用

在中国经济增长放缓的大背景下，平台模式在帮助中国企业由大变强，寻求增长新动能方面能发挥重要作用：实施平台阿米巴模式，获得新的增长动能。充分利用外部资源、加速创新、推进产品和服务的差异化，突破恶性竞争的红海。加强协同、减少交易环节、促进资源共享，提升运营效率和盈利水平。提升对市场环境的感知能力，同时能充分利用平台的资源快速应对市场变化，调动各方积极性，打造商业生态圈，确立企业可持续竞争优势。

企业平台转型必须是能够看见行业重塑之后的模样，也就是一种更高效、更满足供需匹配的产业愿景。要搭建平台，就是要对原有的价值链进行调整，把传统价值链的模式打破，进行重新设计。在这个过程中，需要破除一些旧有的范式，去除传统价值链上一些旧有的组织。同时也建立一些新的规则，引入新的资源方。

企业平台转型：

第一步，了解自己，传统企业围绕原有优势，加强能力，形成平台转型的核心竞争力。

第二步，敞开胸怀接纳合作者与参与者，开放一些职能，为企业本身

减负。

第三步，引入合作者和参与者以后，为他们创造机会，形成平台生态圈，实现平台的共生共赢。

重点提示：

企业平台转型必须是能够看见行业重塑之后的模样，也就是一种更高效、更满足供需匹配的产业愿景。

三、平台转型是企业发展的内在要求，又是企业顺应外部环境变化的必然选择

在市场竞争日益激烈，行业竞争不断加剧，传统企业面临被整合或者淘汰的危机下，企业平台转型就成了必然。企业利用平台思维，创新业务模式，挖掘全新价值，所有行业的从业者都可以考虑利用平台思维，帮助自己的企业转型。

历史机遇使然，给企业带来平台化转型的发展机遇。当前，中国经济增长模式的转变及相关发展政策调整给各行业带来了挑战，市场化程度越来越深，给各行业带来了良好的发展机遇，这些对民营企业来说都意味着前所未有的市场机会。对那些长期植根于某一行业领域，并形成了一定优势的企业来说，应牢牢把握这一千载难逢的发展机遇，整合内外部资源，向平台化转型，实现企业的做大做强做久。

诚然，企业平台转型意味着企业必须进行脱胎换骨式的经营模式变革和组织变革，让企业成为一个平台化的组织。平台阿米巴经营模式，正是为了解决企业平台转型的痛点而研发出来的产品。

传统企业进行平台化的转型，关键步骤主要有三个，分别是战略规划、组织调整和人才布局。如图 2-1 所示。

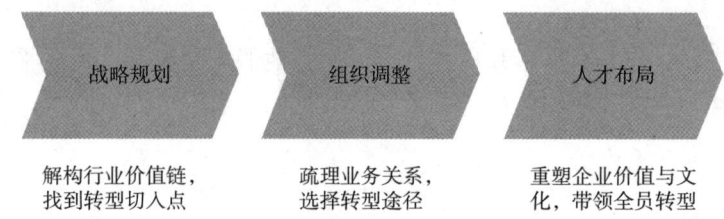

图2-1 传统企业进行平台化的转型

=案例分析=

海尔的平台化转型

跨国制造商海尔正在努力变身为网络化平台型生态圈组织。这一转型只是一个新的起点,海尔的目标是转型为创客孵化器,彻底告别旧的商业模式和传统的管理方式。如图2-2所示。

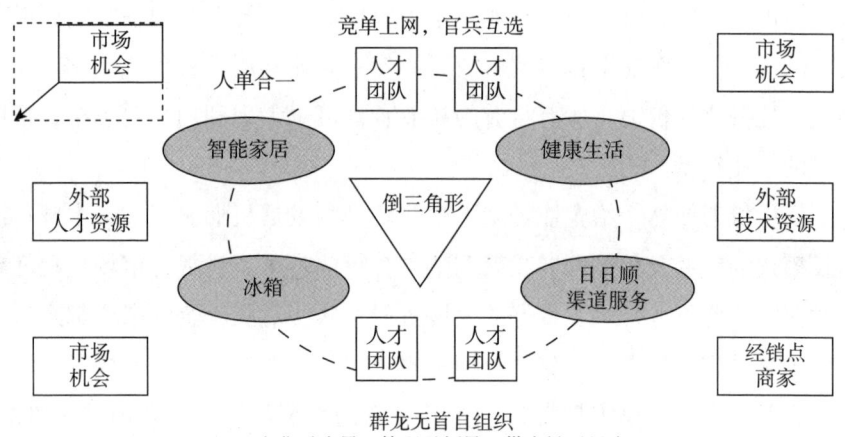

图2-2 海尔的平台化转型

一、变革的具体内容是什么

海尔的探索主要有三点:战略、组织和薪酬。

战略和组织对企业来讲是非常重要的。美国企业史学家钱德勒认为,企业成长取决于两个变量:一个是战略;另一个是组织。如果战略和组织不清楚,企业就没法成长。战略应该服从于时代,而组织从属于战略。

(1) 战略变革。

海尔首先要实现战略的转移,从以企业为中心转移到以用户为中心,这就叫"人单合一双赢"战略。"人"是员工,"单"是用户价值。

每个员工都要找到自己的用户,要变成创业者,而且可以寻找社会资源来创业。企业不需要像过去那样自上而下地下达任务,告诉你该怎么做,现在变得非常复杂,变成一个社会化结构,开放的一流资源都可以满足。

现在海尔的理念是"企业即人,人即企业"。

"企业即人":企业中的每个人都可以成为创业者,每个人都可以成为"创客",企业只是创业平台,让每个人都能够创业。

"人即企业":每个人都能够创造非常大的企业,而且做得越来越大。企业要由管控组织变成创业平台,员工由执行者变为创客。

(2) 组织变革。

原来的组织,就是一个串联的、非常复杂的流程:做一件事有很多内部组织签字、通过等,流程非常长。现在,所有的资源围着用户转,原来是研发完了给制造、制造完了给营销,现在都围着用户同时实现。

原来的治理结构科层制,哪一级做什么,都有审批,都有规定,非常有序。但是,现在海尔从组织上解决了这些问题,把科层制去掉之后,很多中间层都去掉了,直接让员工和用户联系。

现在,海尔只有三种人:平台主、小微主、小微成员。平台主,搭建一个平台需要做两件事:一是把原来的组织结构、流程解散之后变成互联网式的;二是确保这个平台是开放的,以及各方利益的最大化。小微主,就是一个个创业团队长,可以利用社会化的资源、社会化的资金来创业。

(3) 薪酬变革。

海尔现在是创客薪酬了。所谓创客薪酬,就是定下目标之后,比如一般制定三年目标,再落实到每年、每月,根据达到的目标就可以拿到相应的薪酬。包括两种:一种叫"超利分享",超过的利润可以分享;另一种就是加入一定的股份,按照股份分享,这就是一种纯粹社会化的行为了。如图 2-3 所示。

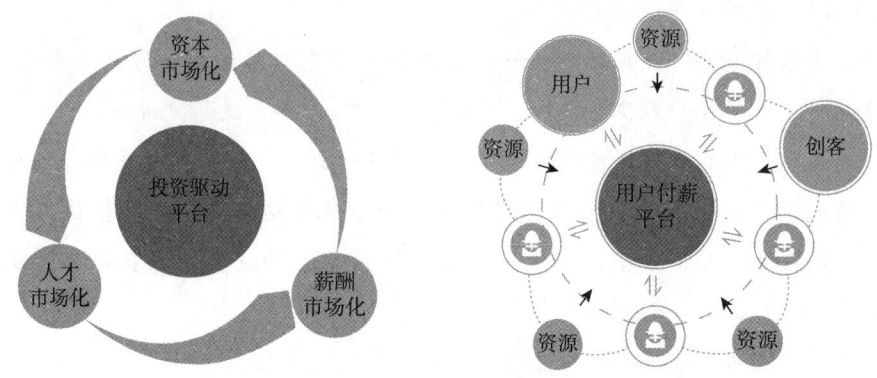

图 2-3 创客薪酬

二、海尔的变革目标是什么

海尔商业模式变革的目标是什么？就是"三化"：企业平台化、员工创客化、用户个性化。

(1) 企业平台化。

这是大势所趋，必须这么做。现在互联网时代的原动力是什么？就是平台。企业如果不做平台，光做大没有用。平台就是生态圈，企业平台化就是使全球的资源都可以被自己利用，可以整合全球最聪明的人来提供服务。当然，前提是有用户。

(2) 员工创客化。

现在应该人人是创客。利用互联网，什么东西都可以创造，企业要让员工成为创客。

(3) 用户个性化。

现在的用户需求千差万别，随时在变，必须要捕捉和满足用户的个性化。

三、海尔平台化转型

海尔的平台化变革如今已初见成效。海尔的平台有两类：小微和平台，目的是实现转型与创新。这些小微组织有了想法之后，则与每个平台组织合作。而每个平台组织，比如生产平台下面设有N个生产小微、物流平台设有N个物流小微，海尔实行"人单合一"机制，每个创新小微和转型小微，可凭一定量的客户订单获得平台上其他小微的支持。比如请采购平台小微合理采购零部件，请销售平台小微帮助做产品营销等。小微间的合作，是"市场化"选择的结果，自负盈亏。管理者只是把握公司的大方向，协调前端任务，做财务风控即可。

1. 小微是海尔平台组织上的基本创新单元

小微是独立运营的创业团队。小微能够充分利用海尔平台上的资源快速变现价值。小微可以按两种方式进行分类：

一是全流程生态圈小微和资源类小微。生态圈小微直接对用户的全流程最佳体验负责，直接创造用户价值。目前约有200个生态圈小微。资源类小微要抢单进入生态小微的团队，同一目标，从不同维度承接生态圈小微的单，通过交换价值挣酬。如果不能提供价值，就会被动态优化。

二是创业孵化小微和转型小微。创业孵化小微主要聚焦新机会、新事业，从0到1，通过新的点子和创意产生的小微。创业孵化小微采用的是创业团队跟投的动态合伙人机制。开放吸引外部资本和创业团队出资，跟投体现资本社会化和人力社会化。典型案例是小帅影院，通过用户交互和粉丝经营，用户参与设计迭代，依托海尔开放平台吸引全球资源。

转型小微是在海尔生态圈（如图2-4所示）里，通过模式转型、颠覆，独立核算、完全市场化机制的自组织。目的是从串联到同步并联，创造全流程最佳用户体验。比如作为转型小微的热泵聚焦潜在细分用户资源，从原来的热水器小微分离，进一步面向家庭和企业提供产品解决方案。

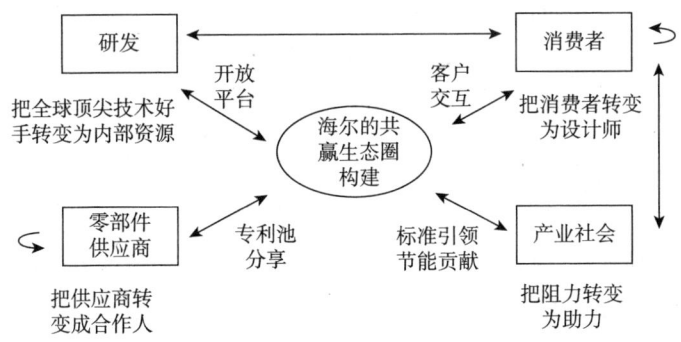

图2-4 海尔的共赢生态圈构建

2. 小微所处的生态系统

第一，平台。海尔只有平台和小微。一方面平台为小微提供开放的资源支持；另一方面通过开放地吸引资源、快速地聚散资源，使海尔平台生态更丰富，从而吸引更多的小微到平台创业、快速变现价值，使相关方利益最大化。

第二，创客。创客包括海尔员工和外部一流资源（在线员工）。平台主、小微主、创客是自组织，不构成任何上下级关系。

3. 小微秉持的经营哲学

在海尔，人被视为拥有自由意志的个人，员工在海尔的平台上与用户交互，找到自己能够创造价值的空间、共同创造价值并与组织共享双赢的结果。"每个人在海尔都可以成为自己的CEO。"

这一理念体现为"人单合一"机制，即员工与用户绑在一起，意味着没有上级指派任务，而是采用创客小微自行注册和自我竞选的方式。这一强劲的内部驱动力，来源于员工能够在海尔的平台上通过为用户创造价值而实现自我价值。

4. 小微如何利用并调动人力资本

参与团队合伙人和成员。海尔人亲历了从员工和执行者到企业家和商业合作伙伴的过渡。小微业务合伙人被定义为"动态业务合伙人"，即在初始阶段，可以作为合伙人加入并最终成为股东，如果无法取得预期进展，必须随时准备离开。

在人才吸引方面，海尔的理念从"找人""猎人"转变为"吸引人"，主张充分展示小微的优势和发展前景，吸引到小微需要的创客。同时，人才吸引方式也从单个人才的吸引转变为团队吸引。

在用人的方式方面，海尔也提出了在册、在线、合作等模式，灵活构建人才与企业的合作模式。

海尔还通过建立线上人才吸引平台，通过连接海尔人力资源生态圈中的其他资源，如资源创新平台、海尔大学、共享中心等，开放聚集更多类型的一流资源合作共赢，逐步实现人力资源全生态链的互联网建设。

5. 利用虚拟团队

小微还利用其价值链上的所有资源，包括从上游供应商到参与流程早期的下游用户。小微与用户的互动注重粉丝和意见领袖也是一项明智之举。

6. 小微如何实现回报

海尔结合了衡量人力资本和组织策略的多种工具，体现出对组织使命、价值来源和价值持续增长的关注。

小微的价值分配基本遵循同一目标、用户付薪的原则。小微事先有同一目标、自挣自花的损益账户，可计算损益。同时，创业孵化小微还创新实践了跟投等动态合伙人机制。

不同的人才在平台化的企业中都能够发挥专长，靠这种黏性聚集了大量有创业激情的年轻人，平台化组织有了新活力。

评点：

从过去"公司+雇员"到如今的"平台+个人"的组织模式的转变，带来的是生产能力的提升，而这种转变的发展，源于企业的勇敢尝试。这种转变，未来将会在更多的大型公司中得到更加具体的表现。

第二节　企业平台转型之战略布局

企业平台转型是将原来科层明确、封闭的组织体系向扁平化、开放的平台生态系统转变，平台内的员工、阿米巴都成为资源整合单元。平台上的各个阿米巴单元可选择对自己最有利的平台合作伙伴或资源支持；平台以其灵活、有效激发平台上阿米巴单元、个体的积极性，迅速扩大平台的规模和影响力。

企业平台转型并非轻而易举就能获得成功。企业平台的实施系统是极复杂的，涉及对战略规划、经营模式、组织模式、人才模式、文化建设等管理模块的调整，企业管理层务必要进行系统思考并有计划分步骤地实施，切不可盲目推行。如图 2-5 所示。

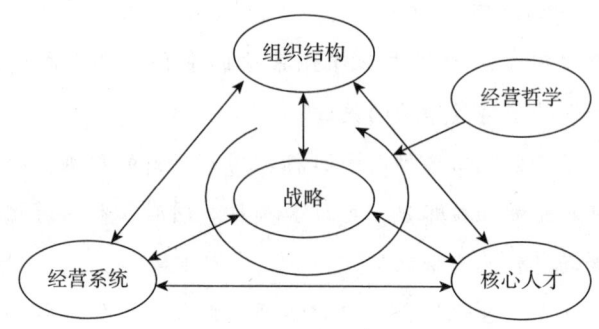

图 2-5　企业平台转型

一、企业平台战略规划的层次

我们认为平台化企业有五大层次：

（1）内部交易机制。

根据企业市场内部交易机制，通过将企业划分为若干个阿米巴组织，进而转变为自组织结构、独立核算单位，将经营重心下沉，打通各业务板块交易关系，实现从交付到交易。

（2）重塑总部平台价值。

平台阿米巴的总部是所有阿米巴组织的背后支撑。能否吸引阿米巴单元加入经营并做大做强，核心是依托强有力的总部资源。

建立平台阿米巴之后，总部功能完成转型，由管控型转化为服务型，依托阿米巴组织不断积累和沉淀数据、知识进而转化为数据及知识资源，因此总部职能转变为智慧型总部。

（3）优化企业组织结构。

导入阿米巴经营模式的企业，都应该基于自身的经营和业务完成相应的模式和业务结构的全新组合，寻找业务延展空间。

(4)建立经营哲学体系。

经营哲学可以赋予企业一种优秀的品格、魅力，就像人具备人格一样，企业也有企业的品格。阿米巴经营重视经营哲学，它是企业的根本所在。

因此，平台型的组织必须有大格局、大气魄。它并不是简单的商业利益叠加，而是要通过经营哲学的力量将若干个阿米巴组织整合为一股洪流，从使命、价值观上面完成对平台所有主体的融合和统一。

(5)商业生态圈。

一个成功的平台，其精髓在于打造完善、成长潜能强大的"生态圈"，平台连接的任意一方的成长都会带动另一方的成长。通过把多种业务价值链所共有的部分进行优化整合，从而成为这些业务必不可少或最佳选择的一部分，这种由价值链的部分环节构成的价值体就成为一个平台。基于平台战略而形成的业务结构，可以让企业有效避免在多元化和专业化之间的矛盾，形成一种兼具稳固性和扩张性的业务战略。

二、企业平台战略规划的主要内容

第一，明确企业所处的行业竞争环境，判断所处行业的发展趋势，并明确企业之间的竞争格局。

第二，基于内外部行业研究，明确企业的平台战略、经营模式、执行步骤，并结合未来的市场需求完成系统思考。

第三，在方向明确的基础上，明确企业1～3年的战略规划，全面推动企业向平台化方向推进。传播宣导平台化思维，帮助企业获取外部更大的资源。

第四，设计阿米巴组织架构，实现对战略设计的组织层面落地。

第五，设计合伙人机制，明确合伙人的能力要求、经营权限等，并且进行以合伙人为主的关键人才引入。

第六，通过IT化方式建立内部信息交流平台，提高平台活力，形成平台化内经营风险防控机制。

第七，重构价值链，确立平台转型的模式和方向。

一是巩固优势地位：主要优化主营业务环节，提升主营业务价值，缩短价值链，降低交易成本，扩大领先优势。

二是延展构建商业生态圈：基于主营业务优势积累，通过增加相关业务环节和创新的解决方案，挖掘客户价值、扩展价值链、延展构建商业生态圈。

三是彻底打破原有价值链，基于平台思维和客户价值，重新构建价值体系，确立平台转型的模式和方向，如图2-6所示。

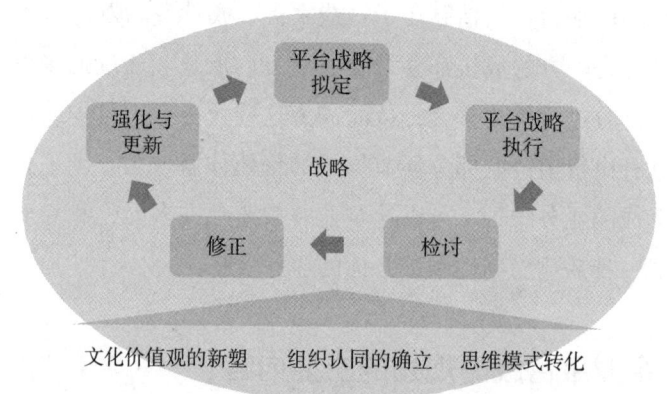

图2-6 平台转型的模式和方向

第三节 企业平台转型之组织变革

环境决定战略，战略决定组织。当企业的内外环境发生变化，企业战略必然发生变化，新的战略必须有相应的组织结构来支持和保证。

对于那些导入平台阿米巴，实施平台转型的企业来说，一定要根据平台转型战略和业务策略对组织架构做出调整。即建立阿米巴组织架构，以适应新的经营模式。

平台转型的企业，虽然导入了阿米巴经营模式，但其组织机构却没有进行相应的调整，这直接导致经营和管理两张皮，最终因企业资源整合能力差、平台吸引力不够、组织效率低下、内外部协同不足等因素导致企业平台转型失败。

对于导入阿米巴经营模式，处于战略转型期的企业来说，无论是巩固原有的业务价值链，还是延展或重构价值链，企业的经营模式都发生了本质的改变。以往企业的经营是围绕老板，以自我为中心开展，而实施企业平台转型之后，企业是以客户为中心，围绕着客户价值的创造开展各项经营工作。要实现这一点，就必须进行组织架构调整，从而实现高效协同。如图2-7所示。

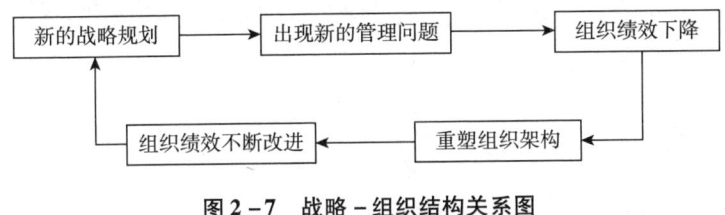

图2-7　战略-组织结构关系图

总结而言，企业平台转型之组织调整，需要关注如下策略：

一、企业平台转型之组织结构调整的原则

组织结构的主要功能在于分工和协调。企业导入平台阿米巴之后，通过组织结构调整，将企业的目标和战略转化成一定的体系或制度，融入企业的日常生产经营活动，发挥指导和协调的作用，以保证企业平台战略的完成。因此，组织结构调整是企业平台战略实施的重要环节。

有效的组织结构调整是一个复杂的系统工程，要考虑到企业管理的各个环节。在柏明顿管理咨询实践中，我们感到企业的组织结构调整有几个原则是必须坚持的，它们不是组织结构调整成功的充要条件，而是必要条件，值得每一位企业管理者思考。

第一，权力和职责对等原则。即赋予下级的权力，必须对等于所分配的职责。这样的授权方式既能使企业主要领导从繁忙的日常事务中解脱出来而集中精力考虑企业的战略发展，又能够真正激励下级发挥和提高自己的才能，完满地行使职权。

第二，谨慎越级指挥。越级指挥会使直接下属和指挥对象无所适从，使直接下属的工作积极性降低，这是一种典型的上级干下级的事，经理人员在发布指令时，应沿指挥链逐级传达下去。

第三，在阿米巴委员会的决策过程中，应注意决策效率低下问题和少数人支配问题。

第四，随着企业规模的变化和企业内外环境的变化，企业的经营目标和经营战略都会不断发生变化，企业的组织结构也应相应地滚动调整。

二、寻求和选择与企业经营战略目标相匹配的组织结构

有什么样的企业战略目标就有什么样的组织结构。导入平台阿米巴之后，企业的组织结构又在很大程度上对企业的发展目标产生很大的影响，并决定着企业各类资源的合理配置。

因此，企业组织机构的设计和调整，要寻求和选择与企业经营战略目标相匹配的结构模式。按照区域、客户、品牌等设置阿米巴组织，一切都应当从企业的发展目标出发，充分体现"领导指挥得力，横向纵向关系协调，层级信息沟通顺畅，激励员工积极参与"的科学化原则。

在设置和调整组织结构时，首先要明确企业发展的总体战略目标及其发展方向和重点。企业在不同的发展阶段中，应有不同的战略目标，其组织结构也应做出不同的调整。企业组织结构的调整是企业平台战略实施的重要环节，同时也决定着企业资源的配置。企业在进行组织设计和调整时，只有对本企业的战略目标及其特点进行深入的分析，才能正确把握选择企业组织结构的类型和特征。

企业平台转型之组织调整，应注意充分发挥企业内部三个系统，即指挥计划系统、沟通联络系统、检查反馈系统的作用。调整好四个层面，即：决策层、执行层、管理层、操作层的关系，并体现以下三个基本原则：

第一，以系统为主，以功能为辅的原则。从系统论的角度分析，任何分散的个体结合成组织后，都能产生"组织效应"，从而形成新的更大的功能，就是人们常说的 $1+1>2$。

第二，以效率为主，以结构为辅的原则。效率是企业所有活动的综合表现和追求的结果，企业所有的经营活动必须为企业的战略目标服务，所以在分析组织结构时，组织机构越简单、越直接，其效率就越高，指挥系统更灵敏，沟通联络系统更准确，反馈系统更及时。这也是阿米巴组织架构越来越流行的原因。

第三，以工作为主，层次为辅的原则。工作是实现企业战略目标的最直接的活动，组织层次是实现企业战略目标的保障，保障越有力，活动越有效，越能加速实现企业的战略目标。

第四节　企业平台转型之人才建设

再好的平台战略，如果没有合适的人去实施，也很难获得成功。企业导入平台阿米巴，实现平台转型之后，随着经营模式和组织的变革，对人才的能力素质要求开始发生根本变化。企业根据平台战略引进人才的同时，必须创造条件培养符合平台转型战略的人才。

一、阿米巴人才开发的四大条件

任何事物的建设都是有条件的，阿米巴的人才开发模式中，优秀、核心人才的建设需要哪些必备条件？正如图书成批发行、家具批量生产、店铺重复出现一样，阿米巴人才开发也需要有前提条件，可归纳为如下四点。

第一，明确"我想要的人才"。

第二，甄选"有潜质的人才"。

第三，营造"人才复制环境"。

第四，应用"人才复制方法"。

条件之间联系示意图如图 2-8 所示。

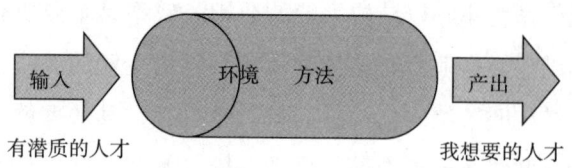

图 2-8 阿米巴人才开发四个条件的关系图

1. 如何明确"我想要的人才"

明确"我想要的人才",即明确阿米巴组织需要拥有何种素质、哪种能力的人才。

首先,我们要考虑企业战略对人才的要求,进行战略规划,明确阿米巴组织需要哪几方面的人才,需要什么层次的人才。

其次,结合企业战略与文化要求,对职位进行分析,按照一定的原则进行职位归类和分层分级。

最后,为每个职种建立自己的任职资格标准,即明确在不同的业务领域中,阿米巴组织需要具备什么能力(能力标准)、有哪些行为特征(行为标准)的人才。

当然,阿米巴组织弄清楚"我想要的人才"并不容易,因为任职资格体系的建立是一份复杂的工作,任职资格体系的建立是公司层面的工作,要统一规划。否则,就会造成思想的差异、方法的不同、力量的分散,导致事倍功半。在这里,我们有一个高效落地的方法,即把你的岗位人才需求认真填入以下三个坐标系中,或许就能帮你落地,如图 2-9 所示。

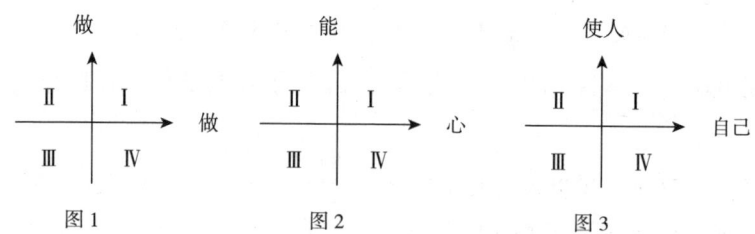

图 2-9 岗位人才需求坐标

2. 如何甄选"有潜质的人才"

有潜质的人才,即经过培训之后能够胜任工作的人才。

员工是阿米巴组织最重要的资产，而"有潜质的人才"更是阿米巴组织未来发展的关键所在。然而，许多阿米巴组织在甄选、培养"高潜质人才"方面往往毫无章法，要么是对"有潜质的人才"的衡量标准的认识模糊不清；要么盲目地招聘博士或硕士来"装点门面"；要么是让那些踏实可靠的员工因落选而士气低落；要么制定的培养计划让有发展潜质的管理者脱离了日常经营。结果使那些"有潜质的人才"要么离开，要么被废掉。

阿米巴组织往往是结果导向的，阿米巴组织需要人才的直接目的就是创造绩效。什么样的人才能够创造更好的绩效？有没有一些通行的办法，可以来衡量一个人的领导力潜质，从而判别他是否属于有潜质的人才呢？

从结果上来看，"有潜质的人才"往往需要具备三大要素：

第一，绩效表现优异且踏实可靠，能证明自己能够胜任某个职位，而且能证明自己踏实可靠。

第二，掌握新型专业知识、技能，不断地拓展自己的知识领域，管理更大的团队。同时，认识到行为的重要性。

第三，有潜质的人才往往有高情商，他们的工作态度、性格和品质影响着他们的潜力的发挥，他们追求成就感，对工作充满激情，乐于学习并富有上进心。

所以，对于如何甄选"有潜质的人才"这个问题，我们根据如上三大要素设计一些甄选方法，或许就能落地。如图2-10所示。

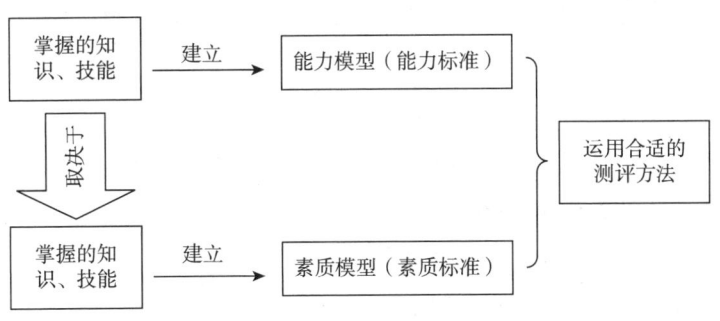

图2-10　甄选有潜质的人才的方法

3. 如何在阿米巴组织营造"人才复制环境"

"人才复制环境"，即培养人才所必需的外在条件。

很少有人会在肃穆的寺庙里吵吵闹闹，很少有人会在五星酒店里邋邋遢遢，这并非天性如此，而是环境使然。

阿米巴组织能不能招聘人才、培养人才、留住人才，关键在于这个阿米巴组织是否注重打造良好的工作条件和人文环境。如果人才复制的环境好，那么阿米巴组织就不愁没有人才；如果人才复制的环境很糟糕，那么即使高薪挖来人才也留不住。

再者，如果阿米巴组织中职责不明、流程不清、权限不晰、企业文化缺失，那么在如此的"复制环境"中，又怎么能够使人才"倍"出呢？

所以，在阿米巴组织营造"人才复制环境"，完善图2-11所示的管理基础，或许就能落地了。

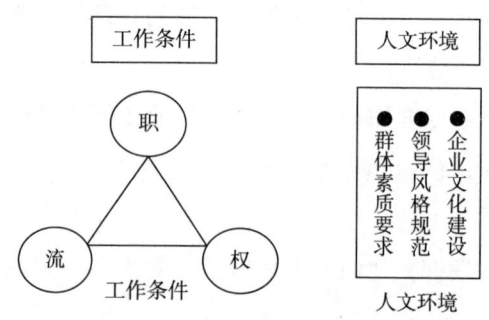

图2-11 环境管理基础

4. 在阿米巴组织应用"人才复制方法"

我每次在和企业高层领导进行沟通的时候，发现他们有一个共同的苦恼——缺乏优秀的中高级人才。外面招不来，企业自己又培养不出来，或者培养速度太慢。

出现这个问题很正常，因为绝大多数阿米巴组织管理者对如何培养现代化的职业化的人才毫无经验。

相反，国内外管理优秀的企业这方面的问题解决得比较好，它们在人才培养方面做得非常杰出。通过特定的策略和方法，每年都能"批量"培养出大批人才。我们总结出了一些人才培养的具体做法：

（1）树立正确的人才理念和培养理念。

管理讲究"明道、优术"，道不明，则术不优。人才培养工作要做好，首先要有正确的人才理念和策略。

(2) 确定明确的人才培养标准和目标。

人才培养或培训工作要做好，前提条件是要有明确的标准，只有这样才能事半功倍，才有明确的培养目标。

(3) 建立人才培养的有效组织、流程和制度。

人才培养工作是企业所有成员的共同责任，当然，首先是最高领导的责任。德鲁克就讲过，管理者的三大职责：一是出业绩；二是培养人；三是宣传企业文化。

(4) 只培养那些具备特定潜质的可以培养的人。

国内很多企业培养人才的效率和效果很不好，它们很感纳闷，企业投入的资源不少，但就是大家不满意。分析后，我们发现，一个重要的原因是企业选拔的培养对象不对，或者根本没有选拔。许多高级人才特别是高级管理人才是需要具备一些重要的潜在素质的，不是所有的员工都适合当成管理者或者高级专家来培养的。优秀企业一般在培养管理人才之前，都要做一些评估筛选工作。

(5) 采用科学有效的方法来培养人。

阿米巴组织加强企业文化建设，形成乐于培养人的文化氛围；凡是管理优秀的企业，在人才培养方面都形成了一定的文化氛围，管理者和骨干员工把培养人才看成自己的职责，是一项自觉的行为，而不是强制规定的。

第一，跨部门、地区轮岗，双向交流。

轮岗是企业和阿米巴组织培养高层管理者和复合型人才的一种常见做法。在咨询过程中我们发现一个有趣的现象，往往一些最优秀的人力资源总监、财务总监、IT总监来自一线业务部门，原因就是这些轮岗者往往能站在业务的角度、公司的角度来思考人力资源管理问题、财务管理问题、信息管理问题。这些证明了轮岗的价值。

第二，分派导师，加强在职辅导，制定实施个人发展计划。

导师制是一种效果好、成本低的人才培养方式，几乎所有的优秀企业都会采取这种做法。

第三，阿米巴组织采用跨部门的项目锻炼人才。

从培养人的效率和效果角度来讲，采用项目的方式是最好的，当然也是最贵的。

第四，阿米巴组织设立助理职位或副职，采用委员会方式，让潜质优秀者多参与阿米巴经营决策。

第五，让培训对象担任讲师。

让培训对象担任讲师是一种效率非常高的人才培养办法，这种办法最大的好处就是促使拟担任讲师的人员在短时间内系统学习、熟练掌握某领域的知识。否则，他没有办法给大家讲课。

一些可以熟练应用"人才复制方法"的阿米巴组织，每年都能批量培养出优秀核心人才。我总结的阿米巴组织优秀核心人才的复制方法，仔细察看并深入理解图2-12，或许就能落地。（前三个条件都是为第四个条件准备的，并把它串联起来）

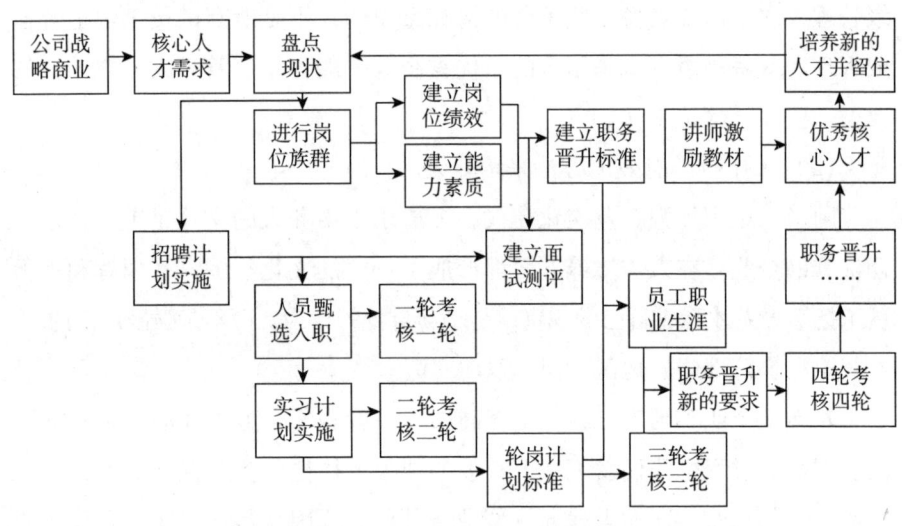

图2-12　阿米巴核心人才的复制方法

二、核心人才的复制

阿米巴核心人才复制，可采用柏明顿人才建设6M实效模型，如图2-13所示。

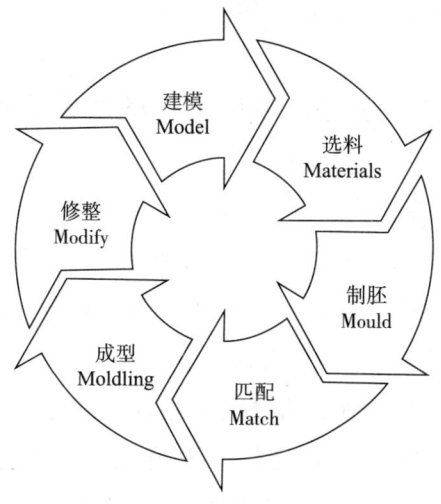

图 2-13　柏明顿人才建设 6M 实效模型

第一步：建模（Model）——建立标准。即建立阿米巴组织所需人才的各项要求。依据不同岗位的需求，建立"我想要的"人才的各项标准。

第二步：选料（Materials）——人才甄选。即甄选有潜质的人才。企业平台转型之人才布局，必须培养重要岗位的核心接班人，关键点就是甄选"有潜质的"人才。

第三步：制胚（Mould）——人岗匹配。即依据不同岗位、不同类型的人才按计划培养的过程。即使你是伯乐，具有一双慧眼，然后根据用人标准、科学的甄选方法指出"有潜质的"人才，并需要实践来检验。

第四步：匹配（Match）——专业晋升。即把合适的人放在合适的岗位上，从而形成完美的人岗匹配。主要方法是：强调个人特质与岗位相匹配。正式的定位便从某一层次开始培养、考核、晋升；如果培养复合型人才，也可再考虑新一轮的转岗、轮岗。

第五步：成型（Molding）——持续定位。即持续在某个领域发展，成为这个领域的顶尖优秀人才。主要方法是：通过若干次人岗匹配后，就能发现最佳匹配对，这时就可以持续下去了；岗位类型基本分为领导、管理、专业三大类型；专业类型又可分为研发、工程、财经、市场、销售等。

第六步：修整（Modify）——追求卓越。即针对局部不足而进行特别培训，促使人才更加完美，追求卓越。

三、提升人才自主性，提高员工的经营意识

平台阿米巴，主要是通过整合企业内外部资源等方式，把核心资源打造成企业平台，将现有的和未来的各项业务通过阿米巴经营模式有条件地结合员工内部创业。同时，培养具有管理意识的领导，让全体员工参与经营管理，从而实现"人人成为经营者"。

因此，平台型人才必须具有高度自主性、经营意识，能灵活调配资源。企业必须设计灵活的运营机制，可以让人才更自主地开展经营计划，自主创业和经营，能够更灵活地开发和整合内外部资源。同时，应设计鼓励创新的激励约束机制，在不断地自主创新的过程中完成向平台型人才的转型。

在推行扁平化、去中心的阿米巴组织架构的同时，企业可以通过实施阿米巴小组负责制的方式，鼓励员工参与决策，承担工作责任。激发员工动力，提高员工的工作积极性，促进员工进步。

四、促进内部人才的流动，激发员工潜力

在阿米巴平台运营模式下，原有的金字塔式的组织结构会被打破，内部职能平台化，员工更关注自主经营，按项目聚散，公司的任务是为员工提供一个自我实现的平台。因此，企业必须创造有利的条件，促进内部人才的流动，允许员工跨项目、跨部门流动，寻找最能发挥自己能力的地方或寻找一些志同道合的同事共同开展一些工作项目。此举将极大地激发员工潜力，让公司更快适应阿米巴平台经营模式。

五、鼓励人才跨界，有助于建立平台生态圈

平台型企业经营的一个重要特征就是跨界。对于导入阿米巴平台的企

业来说，企业的目标是建立一个平台生态圈，因此，平台转型过程中的一个重要任务就是培养平台转型所需的跨界人才。具有跨界天赋的人才通过参与跨领域项目，可以让自己的好奇心得到满足，天赋得以施展，也可以帮助拓展平台发展空间。

重点提示：

  平台阿米巴，主要是通过整合企业内部、外部资源等方式，把核心资源打造成企业平台，将现有的和未来的各项业务通过阿米巴经营模式有条件地结合员工内部创业。同时，培养具有管理意识的领导，让全体员工参与经营管理，从而实现"人人成为经营者"。

第五节 企业平台转型之实施路径

  实施平台战略是企业一种有意识的战略安排，我们看到太多的企业旗下拥有众多的业务，彼此之间却没有任何关联，既不能互相支撑，也不能为新业务的开拓提供助力。随着企业规模的扩大，管理难度随之飙升，成长到一定规模之后就难以为继。

  企业平台转型是一项复杂的系统工程，需要一定的方法和路径。传统企业开始试水平台模式，就要深刻理解企业平台的精髓，了解企业平台转型之实施路径。只有这样，企业才能打造完善、成长潜能强大的"生态圈"。

一、企业平台转型，掘金平台经济的路径

  企业平台转型要先从"痛点"切入，从企业所在行业的价值链中的各个环节（比如采购、研发、生产、营销等）中找那些尚存改善空间的"痛点"。在解决最初的"痛点"之后，企业可以放眼于更广阔的领域，寻找

新的"痛点",开发出新的产品和服务,乃至衍生出新的商业模式,重新定义公司的价值主张。

无论是在业内寻找痛点,还是迈向一个更广阔的领域,在从产品到平台的路上,企业要控制好发展节奏。在迈向平台阿米巴的道路上,企业必须充分考虑可能存在的风险和变数,大胆假设、小心求证,避免投资冲动,把握好发展节奏,确保平台能提供好的产品和服务,提升企业竞争力。

二、实施平台阿米巴的关键能力

平台阿米巴与传统经营模式最大的不同点是:企业要打造一个由平台所有成员共同组成的价值网络。所以,要打造一个成功的平台,核心就是要能充分发挥这个价值网络的作用。

因此,导入平台阿米巴,企业需要围绕这个价值网络建立三个方面的关键能力:

第一,打造生态系统,吸引平台参与者,根据自身的平台战略,权衡利弊,找到合适的平衡点。

第二,建立平台治理机制,协调和管理阿米巴组织之间的互动。

第三,推动阿米巴组织之间的协作,激发价值创造能力,平台能提供的价值要依靠平台上的所有阿米巴组织共同实现,最大限度地发挥每个阿米巴经营者的价值创造作用。

三、实施平台阿米巴的两个阶段

企业可以在充分考虑平台成熟度的前提下,采取阶段性跃升、递增式发展的思路,此举可将对平台转型预期不足的风险降至最低。首先是阶段性跃升,即在保持原有价值体系的前提下拓展和构建平台能力,实现企业近期和远期目标之间的平衡。最后是递增式发展,即迅速将平台战略、产品或服务、经营理念和阿米巴组织发展等方面的成果集成到整个平台体系中,有利于实现平台各参与方的协同发展。

▰▰▰ 案例分析 ▰▰▰

苏宁为何快速实现企业平台转型

中国电器零售连锁的龙头企业苏宁，大概是中国传统行业转型中最具决心、最勇于尝试改变的公司了。苏宁的雄心是构建一个比电商生态系统更加庞大的零售生态系统。如果说更名是其适应零售业业态变化的第一步棋，那么线上线下同价则被视为苏宁走向多渠道融合的第二步棋，最终形成线上线下两个采购平台合二为一的综合竞争优势。

一、平衡新业务和原有业务的发展

2013年，苏宁电器改名为苏宁云商，想要发展互联网线上业务，让线上线下的多种渠道相融合。对于苏宁这样庞大的公司而言，原有线下业务的根基深重，稍有不慎就会与新线上业务产生矛盾，甚至这样的矛盾会影响原有的业务的发展，比如线上销售提升可能会替代线下实体店的业绩。

苏宁云商通过调整组织架构和人才，不断地尝试平衡新业务和原有业务的发展。苏宁在转型过程中曾经经历过四次重大的组织架构变革，几次变革中不断加强总部对转型步骤与方向的管理，保持新业务发展的独立性。在资源上向新业务倾斜，增加新的互联网业务部门在组织内部的权力位置，同时尽量保障新的部门运营的独立性。苏宁的每次变革都努力尝试平衡线上和线下，尝试让原有资源积累能够帮助新业务的发展，但又避免新业务部门受到原有组织僵硬制度的干扰。

二、平台转型过程的人才思维转变

苏宁转型史无前例，它的成功为传统零售企业指明了前进的方向，最大启示是企业全体思想必须适应时代发展，员工思想不统一、不与时俱进，再宏大的转型战略也会被搁浅，而思想转变也是最难之处。

苏宁董事长张近东表示："集团转型互联网零售，归根结底是每一个人的转型，要落实到每个人的思想和行为的转型上。"在内部管理上以严格著称的苏宁在转型过程中，不可避免地遇到了思维转变的难题。

比如苏宁员工统一穿定制藏青色西服工装，2012年下半年，苏宁引进一大批电商人才，习惯"T恤+牛仔裤+拖鞋"打扮的互联网人再次挑起工装话题，甚至惊动了张近东，最终苏宁决定有限度的开放。

现在的苏宁拥有接近5000人的专业IT团队，其创新和研发实力早就超过了那些曾经嘲笑它的互联网公司，互联网世界早已习惯了苏宁的存在，并给了他一个与体量相当的巨头地位。

这个例子只是苏宁思维转变的冰山一角，在苏宁开始加速发力实现规模提升时，张近东发现全国大区对互联网转型的认知，还没有从思想、观念上完全转变过来，即苏宁变革的最大敌人是观念。

苏宁在全国有100个大区级别的业务集群，为推广集团变革理念，旨在培训中高层管理干部的苏宁大学，也在对人才思维进行互联网化改造中发挥重要角色。内部开设课程和讲座，打造一流人才团队。

三、真正的互联网零售企业，一定是社会化、公众化的服务平台

2013年年底，苏宁平台转型基本完成。苏宁以传统企业的方式与互联网对接，是要先触网，把互联网融入进来。根据商业模式，与互联网进行有机结合，通过与互联网的嫁接、叠加、改造，来优化线下的业务流程和零售资源。O2O则围绕用户、商品和场景，利用数据实现线上线下的融会贯通。企业由此实现了由内而外的互联网化，从而满足消费者随时随地的购物需求。

苏宁不断适应市场，适应消费者。这是苏宁转型的动力，新的时代要求苏宁必须要有掌握商品、操控供应链的能力。营销要实现市场导向，为用户服务，建立自己的核心竞争能力。

真正的互联网零售企业，一定是社会化、公众化的服务平台。苏宁将转型成功归功于对互联网的敏锐感知和技术基础。苏宁以科技类产品零售起家，硬件的变化反映了最新的网络科学技术。苏宁在2000年以前就设计定制了自己的ERP信息化系统，在整个零售界超前，信息化是商品电商化的第一步，为苏宁电商化转型打下了技术基础。

此外，从专业零售到连锁零售，再到现在互联网零售，苏宁在互联网转型之前就经历了两次颠覆性的变革。所以，苏宁的创新精神是文化上的，深入骨髓的。企业决策实施机制通畅，高效而灵活。决策层的远见、

统筹能力，团队的凝聚力、执行力也经受得住一次大的变革。苏宁未来的转型应该是通过创优来提供好的产品品质、好的产品服务，最后不管是消费者还是企业，都会实现更好的价值体验。

本章总结

⊙企业平台概念的提出及其主要特征。基于平台阿米巴在企业中的导入和实践，结合针对多家行业公司的访谈成果，我们提炼和总结了平台化企业组织的四个重要特征：成立阿米巴组织、大规模支撑平台、多元的生态体系，以及自下而上的创业精神。

⊙企业趋向于"去中间化""去中心化""去边界化"的状态，成为新兴的模式。平台模式向传统产业延伸，促使传统企业重新思考自身的定位。

⊙平台模式在帮助中国企业由大变强，寻求增长新动能方面能发挥重要作用：实施平台阿米巴模式，获得新的增长动能。

⊙企业平台的实施是系统的、复杂的，涉及对战略规划、经营模式、组织模式、人才模式、文化建设等管理模块的调整，企业管理层务必要进行系统思考并有计划分步骤地实施，切不可盲目推行。

⊙对于那些导入平台阿米巴，实施平台转型的企业来说，一定要根据平台转型战略和业务策略对组织架构做出调整，即建立阿米巴组织架构，以适应新的经营模式。

⊙再好的平台战略，如果没有合适的人去实施，也很难获得成功。企业导入平台阿米巴，实现平台转型之后，随着经营模式和组织的变革，对人才的能力素质要求开始发生根本变化。企业在根据平台战略引进人才的同时，必须创造条件培养符合平台转型战略的人才。

⊙企业平台转型是一个复杂的系统工程，需要一定的方法和路径。传统企业开始试水平台模式，就要深刻理解企业平台的精髓，了解企业平台转型之实施路径。只有这样，企业才能打造完善、成长潜能强大的"生态圈"。

中国式阿米巴落地实践之
持续盈利

第三章
企业平台的核心思想

企业平台的核心思想，我个人归纳是这样——平台就是将共性的职能与个性的业务分开。什么是企业平台？我们先不下定义，可以描述它的特点：

第一，将共性职能与个性业务分开。

第二，将终端业务与过程业务分开。

第三，将核心资源与边缘资源分开。

这是我们做平台的核心思想，把这三个特点区分开，如图3-1所示。

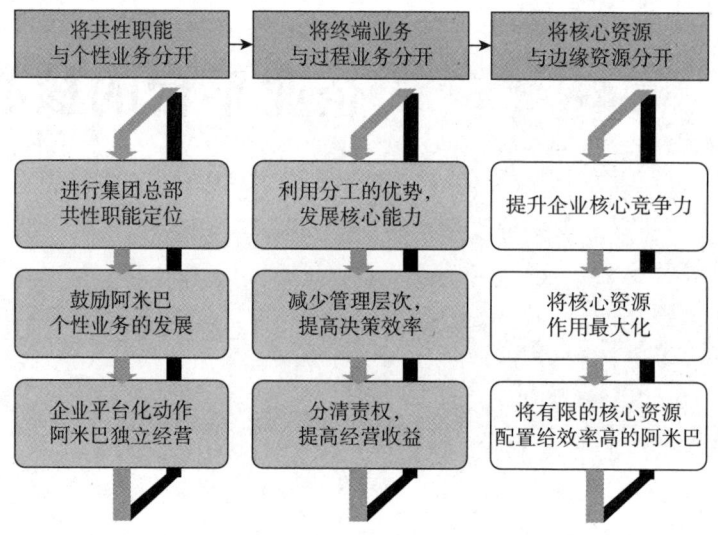

图3-1 企业平台的核心思想

第一节 将共性职能与个性业务分开

企业平台将共性职能与个性业务分开，这种结构形态，在设计中往往将一些共用的职能集中，集团总部确定了以推动业务发展为导向的原则。

第三章　企业平台的核心思想

企业需要进行组织架构与职能角色调整，相应的组织配置下移到各阿米巴组织，将部分影响业务决策的职能下放到各阿米巴组织，并不断优化业务流程。具有个性业务的部门从公司职能部门分离出来，成立独立经营的阿米巴组织。企业总部只保留了服务、指导及监督等职能，主要是集中行使投资决策权、财务管理权和中高层人事管理权。

柏明顿咨询在深圳有一家企业客户，这家企业以前生产普通手机充电器，员工200多人，年营业额1亿多元。后来通过互联网电商销售，年营业额提升到2亿元。这家公司负责人并不满足于此，决定寻找管理咨询公司合作，希望借助咨询的力量把业绩提升到新的台阶，把公司继续做大做强。

柏明顿咨询顾问入驻这家公司，进行管理诊断以后，提出了方案：

第一步，把工厂卖掉。工厂已经经营了十几年，为什么把工厂卖掉？根据前后年度营业额对比，可判断这家公司更擅长互联网销售，而销量最大的产品并不是工厂研发和制造出来的产品。工厂里生产出来的产品要么有技术瓶颈，要么质量差强人意。产品质量不好，就很难进行服务升级，反而会成为公司的累赘。直接把工厂卖掉，专注于互联网电商。

第二步，把研发部门做成阿米巴。然后共性职能留下来，比如投资中心、人力资源等部门可以留下来，这是共性职能，跟个性业务分开。核心资源和个性资源也分开，核心就是通过互联网经营销售。

重点提示：

企业平台将共性职能与个性业务分开，这种结构形态，在设计中往往将一些共用的职能集中，集团总部确定了以推动业务发展为导向的原则。

一、共性职能与个性业务的定义

职能部门是根据专业化分工，负责某一方面具体管理事务的部门，比如人力资源部、财务部、运营部、战略投资部等。

职能部门主要是对内，服务于业务部门，间接对业务负责。我们可以将这些具有共性职能的部门组建为成本阿米巴。

业务部门主要是对外，链接市场、客户或用户，并负责产品的部门，直接对业务负责，直接或间接产生利润，像工厂、生产部门等。具有个性业务的业务部门，我们可将其建立为利润阿米巴。

二、为什么要将共性职能与个性业务分开

建立企业平台，将共性职能与个性业务分开，主要原因是：

第一，对企业资源进行有效的整合，在重要业务方向寻求突破。

建立平台型企业，在组织结构和管理体系的设计上，要明确方向，能使领导层形成强有力的统一意志并协调好各方利益关系。从企业的整体管理框架上对企业的资源进行有效的整合，逐步积累企业的核心竞争优势，并实现在重要业务方向上的突破。即努力构建对企业各项业务发展起强大支撑作用和推动力的组织管理平台（共性职能）。

由于业务部门的人最了解实际业务，所以将业务委托给业务部门，企业集团总部只需发挥其投资、财务、研发等功能。集团总部的功能应限于分配集团整体的资源，向业务部门最小限度地提供必要的共同服务，以及制定业务目标、评价标准等。

第二，建立企业平台之后，总部与各阿米巴组织之间，以资本为主要纽带相连接，并明确划分了母子公司之间的责、权、利。

企业平台的管理层由支持部门（职能部门）和业务部门组成，形成一个简明的矩阵式组织结构；支持部门领导一般由职能专家担任，业务部门领导往往由管理通才担任；企业的财务、人事、研发、法律和信息技术等

职能高度集中，由总部统一控制。以这样一种集权与分权有机结合的管理体制为基础，再加上拥有一大批高素质的经营者，企业总部就成为一个反应灵活、行动迅速的集团总部，能够有效地实施平台转型、资本经营、服务中心等战略，并由此实现战略创新和战略转型。

三、如何将共性职能与个性业务分开

将共性职能与个性业务分开，可采用如下方法：

第一，进行集团总部的共性职能定位。使集团职能更为清晰，对资源进行重新配置与整合，激活了组织活力，保证快速在市场上攻城略地。

集团总部是企业集团的首脑和中枢，是企业集团的决策中心、调控中心，但其职能定位是否准确，对发挥企业平台转型、企业整体优势有着决定性的作用。

企业平台转型之后，集团总部的职能可以从两个层面定位：决策和协调。

在决策层面，总部需要制定集团整体发展战略并控制各项战略资源，敦促下属阿米巴组织执行总部决策，必要时，还要亲自推动关键项目，对下属阿米巴组织进行绩效考核。

在协调层面，则要求集团总部的协同整合共性职能，不再以简单的管理为中心，而是对下属阿米巴组织各项工作的统一规划、协调管理、业务支持等。对于企业而言，总部更多的时候是搭建一个规范完善的管理平台，支撑下属阿米巴组织开展各项经营活动。在总部设立相关部门，这些部门也更多起体系完善、标准设计、协助实施和问题解决等作用，形成对业务的有效支持。对于那些辅助企业经营运作的职能，如人力资源、行政管理等，总部则需突出协调职能，通过建立服务型的平台，实现品牌整合和价值链协调。

在企业的功能分配上，有些要由公司总部负责，有些要由阿米巴组织来负责。阿米巴组织共性的事项，设定一个部门来完成。公司总部主要负责与企业长远有关的战略问题，阿米巴经理人选及阿米巴经营的监督和控制。战略性的问题包括：企业发展方向的选择、企业核心能力的培养、投资决策、产品开发、经营地域的界定、重大技术革新、全局性的新市场拓展、企业的财务资产结构、阿米巴业绩评定和奖惩等。而阿米巴组织在自己所属的市场或地区内，在企业的发展战略下，最大限度地占领市场，谋求自我发展。

第二，鼓励阿米巴个性业务的发展。阿米巴组织作为利润中心，拥有自己广泛的经营自主权。但只有在公司统一发展规划、发展战略的框架下，谋求自我发展，才是实行阿米巴经营模式的目的所在。

每个业务都有各自不同的行业特点，需要采取不同模式进行管控，因此集团无法对阿米巴组织实行更为紧密的管控模式，分权管控成为必然。相关多元化企业集团根据业务特点，可以对集权与分权的需求进行平衡。

导入平台阿米巴，在企业组织结构变化的过程中，如何加强集团的管控始终是其考虑的核心。通常的做法是，为实现资本收益最大化、投资风险最小化，母公司对子公司（包括阿米巴组织）在资产管理方面主要是集中行使投资决策权、财务管理权和中高层人事管理权。

集团总部脱离业务运作角色，转而追求在特定业务领域内的投资回报最大化。公司的各个业务集团则是公司的利润中心和项目实施主体，负责最大化占用资本回报率及具体的业务经营。而且在项目实施过程中，一方面接受母公司战略投资中心具体日常事务的微观监督、管理和评估；另一方面还要接受母公司董事会投融资委员会和财务管理委员会的宏观监控和评估。

第二节　将终端业务与过程业务分开

将终端业务与过程业务分开。终端业务是销售产品，并不一定参与研发和制造产品等流程。终端业务就是销售渠道的末端，是生产厂家的产品"出海口"，它担负着承上启下的责任。承上就是上联生产厂家、批发商、经销商；启下就是下联消费者。

将终端业务与过程业务分开，即对企业平台下各子公司和阿米巴组织的职能和功能进行划分，即按照过程业务（生产、研发等）与终端业务（销售等）职能划分组成独立核算的职能公司或阿米巴组织。生产阿米巴专门负责产品的生产制造，销售阿米巴专门负责产品的市场与销售，两者之间既相互独立，又紧密相连、相互配合协调的平台阿米巴经营模式。

将终端业务与过程业务分开，其优势和意义主要是：

第一，终端业务与过程业务分开，有利于企业平台专业化经营。即产销各自成为经营实体，可以充分利用分工的优势，调动各自的积极性和创造性，发展核心能力，有利于各自集中精力、各司其职。过程业务，如生产阿米巴致力于产品设计、产品改进、提高质量、降低成本；终端业务，如销售阿米巴致力于各种营销活动和销售管理，包括市场调研、新产品推广、市场开拓、树立品牌、市场管理、客户管理等。终端业务与过程业务分开，有利于提高销售体系的核心能力和市场竞争力。

第二，可以严格执行"以销定产"和顾客导向的新产品开发、促销和定价策略。终端业务与过程业务分开，使得销售和营销职能与生产职能从组织上加以分离，有利于企业真正转向营销导向，更好地适应成熟市场竞争的要求，更好地满足不同顾客群体的不同需要。

第三，终端业务与过程业务分开可以减少管理层次，提高决策效率和政策执行效率，有利于在成熟市场提高公司竞争力。比如企业的产销分离之后，销售体系的决策层次至少可以减少两层。这有利于销售体系的重心下移，提高决策效率和反应速度。销售公司决策层、核心层、销售组织和队伍相对稳定，有利于销售政策的连贯性和持续性，有利于企业突破销售"瓶颈"。

第四，销售阿米巴、生产阿米巴都是利润中心，便于提高各自的积极性，尤其是可以充分发挥销售体系的积极性、创造性，有利于推动销售工作，也有利于各自加强管理、堵住漏洞、分清责权，提高各自效益乃至整个公司的利益。

第五，在平台阿米巴经营模式下，终端业务与过程业务分开，独立核算阿米巴的成本控制将大大加强，这可以减少浪费、控制费用，使资本结构更趋合理，可以避免账款混乱、成本不清、利润不分。

第六，实现从交付到交易。终端业务和过程业务分开，所属业务链上的阿米巴组织独立核算、自主经营，阿米巴组织之间形成交易的关系。有利于提升效率、激发活力，最终创造高收益。

当然，将终端业务与过程业务分开，企业平台首先有企业和阿米巴的价值定义。即明确三方面的内容：

一是确定各个阿米巴实现什么样的价值，也就是在产业链中的位置。

二是阿米巴的业务范围。

三是阿米巴如何实现价值，采取什么样的手段。

===== 案例分析 =====

TCL平台化转型，全产业链布局

对于企业平台转型，TCL公司一直是个先行先试者，但传统制造业的深刻背景使其转型任务颇为艰巨。但其一直在寻求有效的方式来加快转型。

自2014年开启平台战略转型以来，TCL正逐步改变传统定位，并不断清楚自己在互联网生态中的角色。TCL多媒体成立了互联网中心，以TV+智能电视、TV智能机顶盒、游戏主机、IMAX顶级私人影院系统等为智能终端入口，构建了欢网、全球播等用户运营平台。

一、借助全产业链布局，推进平台战略转型

在行业快速变迁中，TCL公司全产业链布局，实现横向、纵向多维融合。借助全产业链布局，推进平台战略转型，构建完整"元器件+终端+内容+平台"生态系统。

平台转型是企业实现弯道超车的一次机会，更是时代给予企业提出的新要求。TCL平台转型的设想是，计划用5年时间，构建起一个智能+互联网、产品+服务的模式，力争智能电视和智能手机销量达到全球前三。同时，通过个人（手机）和家庭（电视）用户，实现TCL"1亿家庭用户+1亿移动用户"。

围绕此设想进发，TCL已经构建了自己的互联网转型生态，包括上游的智能硬件平台（电视、手机、家电、智能家居）；中间的应用平台（TV+、全球播、互联网金融等）和内容平台（视频、游戏、美食、音乐等）；以及下游的"双1亿"用户资产管理平台和用户变现系统（广告、游戏联通、金融支付等）。

在TCL大笔"豪赌"平台转型时，其资产负债率逐年下降，资本结构则日趋稳健，现金流十分充裕，这为后续的转型提供了有力支撑。

二、打造更强的产业生态圈

TCL公司在2016年年初引入战略投资巨头，围绕产业链上下游积极布局，努力打造更强的产业生态圈。腾讯正式成为TCL内容生态圈的重要伙伴，合作范围涵盖腾讯视频、游戏、微信三大主营业务板块，双方携手腾讯打造互联网生态；双方各展所长，补足双方短板，联合打造电视消费的新生态。2016年2月，TCL还和紫光集团共同发起成立百亿元的产业并购基金，有望在半导体和消费电子行业探索产业整合，此举被认为是中国"工业4.0"和"互联网+"时代的标志性事件。对TCL而言，这将是平台战略转型，构建产业生态圈的又一驱动力。

评点：

对于这场企业平台转型和经营变革，TCL公司面临两大挑战：

一是观念的调整。从传统思维向互联网思维转变，这要求人们考虑问题的角度就要发生变化。

二是公司组织架构的调整、资源的整合、KPI的重新制定等。比如企业高层管理者必须做好平衡，是保证现有产品的利润重要，还是把眼光放长远去看有增长潜力的业务？

第三节　将核心资源与边缘资源分开

阿米巴经营模式的特点是可实现资源的优化配置，通过市场的力量将有限的企业资源配置给最有效率的阿米巴单元。市场竞争的加剧对企业的经营成本与效率要求越来越高，日趋激烈的市场竞争无情地淘汰掉那些效率低下的部门。在优胜劣汰中生存下来的阿米巴组织，往往具有较高的生产效率，产品或服务具有独特优势。

企业要做到这一点，必须实施阿米巴经营，将企业有限的优势资源集中在一点上，力争开发别人没有的产品或服务，以更低的经营成本、更高的经营效率和更专业化的服务来提高企业在市场中的不可替代性。对于一些规模较大的集团企业来说更是如此。将终端业务与过程业务分开，将核心资源与边缘资源分开，其实是将公司有限的资源用在最能发挥作用的地方，让其作用最大化。

一、企业核心资源与边缘资源的区别

首先，我们先对核心资源进行定义。从资源与企业业绩的关系上看，核心资源是指企业拥有的那些对其具体业务保持持续性的竞争优势、至关重要的基于能力的资源。若企业有效地拥有核心资源，就能够在市场中创造高收益。

企业的核心资源既可能是物质性的，比如企业的高技术含量的关键设备，也可以是非物质性的，如企业的人力资源及科学的管理制度或经营模式。无论是物质资源的还是非物质资源，这些资源只有在与企业某种扩张后的能力相匹配时，才能达到预期的效果并获得超出平均水平的收益。

核心资源通常处于企业业务方向上的关键业务流程的使用之中，而边缘资源则不是。因此，核心资源对企业竞争优势的影响是直接的和至关重要的。从核心资源在企业业务流程中的价值状态来看，核心资源的价值地

位必须由组织能力系统的有效匹配来最终确定，两者相辅相成，缺一不可。

从资源的获取难易程度来看，由于核心资源相对边缘资源而言更为稀缺，因而它比边缘资源更难获取。同时，由于企业必然要通过其产品或服务与市场发生联系，因而企业的核心资源，尤其是一些核心技术和核心能力，在其初始形成时常常会引起竞争对手投入较大的人力、物力和财力进行学习、研究和模仿，甚至进一步创新，其必须不断得到创新，从而增加外界学习和模仿的难度，才能保持其在市场竞争中的垄断地位，使企业在竞争中保持持久的优势地位，获得平均水平以上的收益。在这一点上，企业的边缘资源由于较易获取，且价值地位相对不高难以受到企业重视，在初始获得后一般较少得到创新，故其不具备相对意义上的垄断价值，通常可以被其他同类资源替代，而不会对企业竞争优势产生明显影响。

二、核心资源与边缘资源分开，有助于提升企业核心竞争力

通过资源竞争分析，明确企业平台有哪些有价值的资源可以用于构建核心竞争力。如果有，具体应该怎样运用。

核心竞争力是一个以知识、创新为基本内核的企业某种关键资源或关键能力的组合，是能够使企业在一定时期内保持现实或潜在竞争优势的动态平衡系统。

企业的核心资源是核心竞争力的基础，是企业竞争优势的真正源泉，企业的核心竞争力是在运用企业的核心资源中成长起来的。

企业的核心竞争力是把企业核心资源中所蕴含的竞争优势转化为现实的关键一环，因为企业的核心资源是静态的，只有在企业的核心能力的推动下才会发挥作用，企业的核心能力是实现企业持久竞争优势的条件和手段。

核心资源与核心能力共同构成了企业的核心竞争力的两个层面，它们相辅相成，缺一不可。

由此可见，企业平台将核心资源与边缘资源分开，专注于应用核心资

源，使整个企业平台保持长期稳定的竞争优势、获得稳定超额利润的竞争力。这是将核心资源和阿米巴经营模式有机融合的企业自身组织能力，也是企业推行平台战略的结果。

案例分析

京东方的平台化转型：自建平台渠道，组两大事业群

京东方以半导体显示知名，这家成立于1993年的半导体显示技术服务商的产品，目前被广泛应用于手机、平板电脑、笔记本电脑、显示器、电视等消费电子领域。从战略发展方向来说，作为传统制造企业，京东方更需要面向平台化进行转型。

一、组建新事业群，向服务化转型升级

从2008年起，京东方在高投入建设新生产线的同时，将公司每年营业收入的7%~10%用于研发，在牺牲短期利益的同时得以最快速度追赶韩国及中国台湾地区的三星、LG等面板行业领先企业。

京东方专门成立了智慧系统事业群和健康服务事业群，围绕着互联网+概念进行软硬融合和应用整合。从B2B业务向B2C扩展，从原来单纯卖显示器件到软硬件一起卖，最后搭载特定服务、向服务化升级转型。

未来京东方所提供的，将是以显示器件为核心的显示解决方案，并将智慧系统和智慧健康服务作为转型新方向，以新的业务和技术优势实现服务平台化转变。

二、自建商务平台，专注于长远的发展

为了配合B2C业务的开展，京东方去年升级了品牌标识并研发了新的显示终端产品，并且在京东方的官网直销。

京东方自建商务平台，就是希望将品牌、产品、渠道一起打造起来，这样对企业整体架构提升更有好处。

这些面向终端消费者的产品都包含在智慧系统事业群，除了显示终端产品，还包括商用产品、智慧照明、光伏储能和发电产品，按照产业链系统运作。同时，京东方成立了京东方多媒体公司，从产品层面独立运营

B2C 产品。

未来是互联网+的时代，如果前期没有打造这个商务平台，企业就没有触角去了解消费者的真正需求。自建商务平台，是京东方向软硬融合、应用整合和服务化转型的重要方式，未来会通过商务平台为客户提供定制化服务。

目前京东方商务平台上出售的产品只有显示终端产品，下一步会不断推出相关新产品，尤其是定制化的、个性化的产品。未来当客户的需求通过官方商务平台提出来后，京东方会根据需求设计、进行定制化生产制造。未来随着物联网市场的进一步细化，可能几万台、几百台整合设备就可以直接在京东方的智能工厂进行订单生产，实现定制化服务，京东方会转型为智慧制造的平台。

从京东方走平台发展模式可以看出，企业从原来只靠制造赚钱到一部分靠服务赚钱，原因是制造赚钱已进入同质化，而服务往往是有温度的、个性化的。另外，有企业开始做产品延伸等。

本章总结

⊙企业平台将共性职能与个性业务分开，这种结构形态，在设计中往往将一些共用的职能集中，集团总部确定了以推动业务发展为导向的原则。

⊙建立平台型企业，在组织结构和管理体系的设计上要明确方向，能使领导层形成强有力的统一意志并协调好各方利益关系，从企业的整体管理框架上对企业的资源进行有效的整合，逐步积累企业的核心竞争优势。

⊙企业平台的管理层由支持部门（职能部门）和业务部门组成，形成一个简明的矩阵式组织结构。

⊙将终端业务与过程业务分开，终端业务是卖农药就卖农药，不一定要制造农药，制造农药也可以，不一定要去制造农药的配方。终端的业务就是直接把农药，连瓶子带盖子卖给农户，这就叫终端。

⊙终端业务与过程业务分开，有利于企业平台专业化经营。

⊙阿米巴经营模式的特点是可实现资源的优化配置，通过市场的力量将有限的企业资源配置给最有效率的阿米巴单元。

⊙核心资源通常处于企业业务方向上的关键业务流程的使用之中，而边缘资源则不是。因此，核心资源对企业竞争优势的影响是直接的和至关重要的。

中国式阿米巴落地实践之
持续盈利

第四章
企业平台的主要结构

建设企业平台，必须搭建平台的主要结构，什么是企业平台结构呢？它包括：支柱：战略决策；面板：共性服务；背板：团队文化；天花：监督审计等。如图4-1所示。

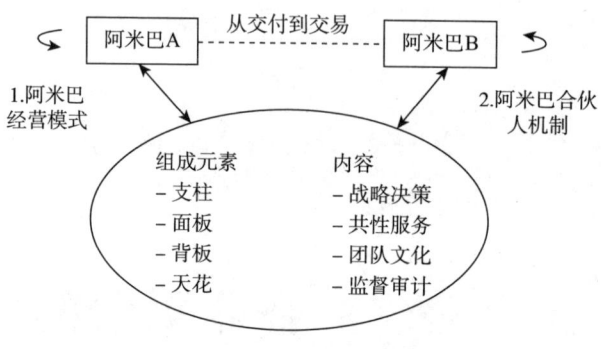

图4-1 企业平台主要结构

第一节 支柱：战略决策

企业平台结构中的支柱，主要是企业平台总部提供战略决策功能，属于企业总部高度集权的管理。战略决策是自上而下的模式，其最显著的特点就是企业的高层管理决定整个企业的经营方向，并对各个阿米巴组织提出如何实现这一方向的具体指导。这样，企业的高层管理人员可以集中精力去思考经营方向，制定达到的战略目标和可以贯彻实施的战略。

重点提示：

企业平台结构中的支柱，主要是企业平台总部提供战略决策功能，属于企业总部高度集权的管理。

企业平台总部功能定位分成要素管理、业务管理、共性服务考核监督三个方面。要素管理是公司总部最重要的功能，发挥总部投融资决策中心、资源配置中心的作用；业务管理是指公司总部对各业务板块重大事项的战略决策及有效协调，指导阿米巴组织创造更大的价值和整体竞争优势，发挥战略控制中心、价值服务中心的作用；考核监督主要包括公司总部对阿米巴组织的各项工作及业绩进行考核和奖罚，发挥财务管理中心、绩效评价中心的作用。

企业平台总部是企业的首脑和中枢，是企业平台的决策中心、调控中心。企业平台总部可以设立发展部，对企业发展战略及发展规划实行统筹管理，在各个阿米巴组织分别建立相应的领导体系，落实企业平台发展规划。此外，企业实行一体化的融资和投资管理体制。企业平台总部作为融资中心和投资中心，对融资投资实行集中统一管理，各个阿米巴的融资和投资项目必须经企业总部董事会讨论决定后方可实施。

在战略决策层面，企业平台总部需要制定集团整体发展战略并控制各项战略资源，敦促下属阿米巴组织执行总部决策。必要时，还要亲自推动关键项目，对下属阿米巴组织进行绩效考评。

具体而言，企业平台总部形成支柱作用，主要通过三个方面的职能：

一是帮助企业平台增值，主要是负责内部审计、法律事务、筹资、多余资金的投资、公共关系及企业整体形象等。

二是保持各阿米巴组织的一致性，可以制定统一的人事政策和财务政策来协助阿米巴组织进行管理，并推动一致的企业文化形成。

三是负责战略性的方向与行动，比如集团与下属阿米巴组织未来的发展方向及战略性的投资。

为发挥企业平台总部的这些职能，应该明确总部与下属阿米巴组织的角色分配。总部负责战略决策和宏观的战略目标，下属阿米巴组织则负责微观的战略目标和战略的执行。在双方的关系处理上，应坚持"集中决策、分散经营"的原则。总部把更多的工作放在宏观调控上，通过目标管理的方法来管理下属阿米巴。

企业平台的支柱：战略决策，我们用图4-2来说明。

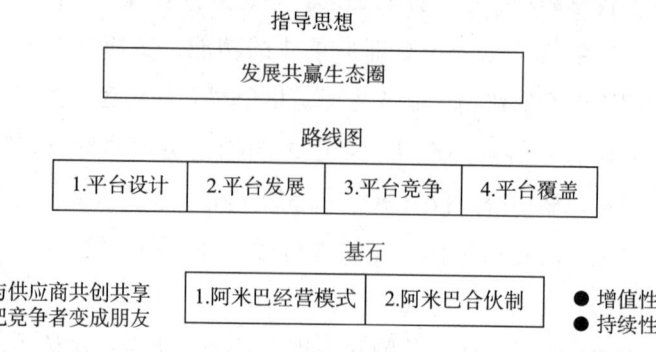

图4-2 企业平台的战略规划

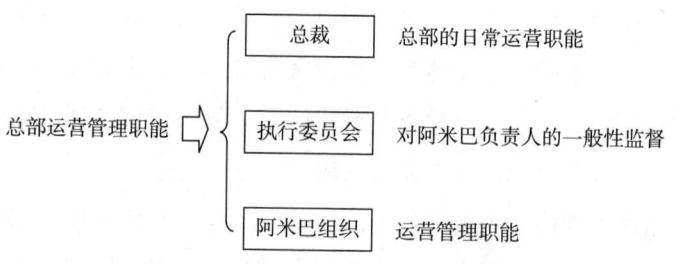

图4-3 平台总部运营管理职能

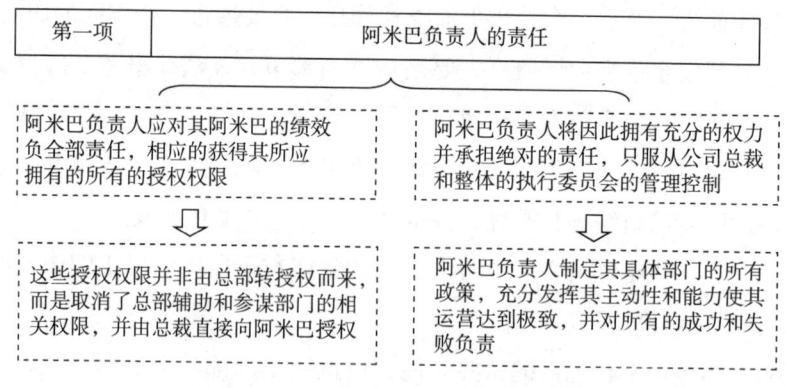

图4-4 平台阿米巴的两项基本原则

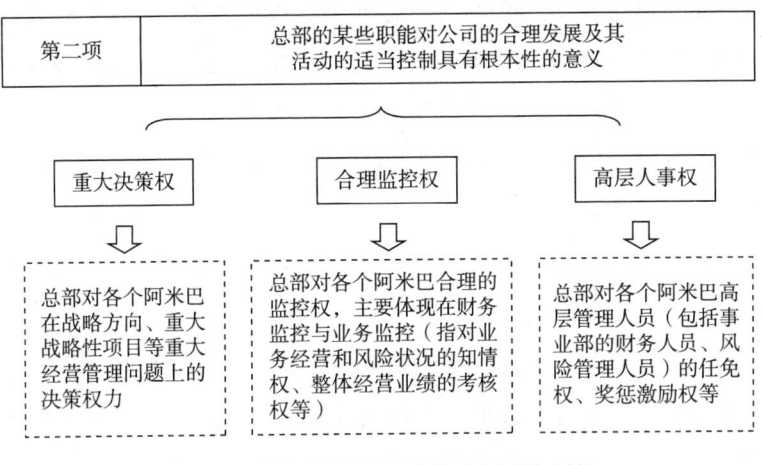

图4-4 平台阿米巴的两项基本原则（续）

===== 案例分析 =====

小米生态平台化战略

在雷军主导下，小米科技从一家销售手机与电视产品的硬件公司，迅速跻身为一家整合硬件＋系统＋应用＋云计算的生态平台公司。

一、如何打造平台生态链

小米生态链模式最重要的创新其实很简单，就是把硬件产品用接近成本价的方式销售，用来架构一个移动互联网的平台，然后在上面做增值服务。未来靠硬件赚大钱不是手机市场的主流趋势，硬件将接近成本价销售，互联网服务是突破口。

小米科技意识到平台的重要性，不断向平台化转变，与更多内容提供方合作。小米围绕手机作为核心产品，目标是打造三层生态链：第一层是智能硬件生态链（小米计划投资100家硬件企业）；第二层是内容产业生态链（投资优酷和爱奇艺）；第三层是云服务（投资金山和世纪互联）。除此之外，小米科技斥资入股美的集团，加快智能家居硬件品类与渠道合作布局。

小米生态链公司已发展70多家，年收入超150亿元。其中，有30家生态链企业发布了产品，40多家企业的产品正在研发，有4家企业估值超过10亿美元，成为独角兽。从移动电源到空气净化器、手环、净水器、代步工具、智能机器人等，小米生态链庞大似巨人。

二、小米是一支舰队，生态链上每一家公司都是在高效运转的

关于生态链计划，雷军甚至定下了5年内投资100家生态链企业的目标。用小米模式切入100个细分领域，带动整个智能硬件的发展，把小米从一艘大船变成一支舰队。

经过不懈努力，小米生态链已成为全球最大的智能硬件平台。在布局物联网生态时，除了搭建属于自己的物联网系统的平台，小米做得最多的就是研发大量的智能硬件。

对生态链企业的投资是为了提高小米智能硬件生态链打造，以及参与物联网竞争的效率。小米用"实业+金融"双轮驱动的方式，避免小米成为一家大公司。

如果小米自己让70多个部门去生产不同的产品，会累死人，效率也会低下。小米把创业者变成老板，小米是一支舰队，生态链上每一家公司都是在高效运转的。

目前，小米生态链的投资主要围绕以下6大方向：

第一，手机周边，比如手机的耳机、移动电源、蓝牙音箱。

第二，智能可穿戴设备，比如小米手环，还会推出小米的智能手表。

第三，传统白电的智能化，比如净水器、净化器。

第四，优质的制造资源。

第五，极客酷玩类产品，比如平衡车，还将推出小米3D打印机。

第六，生活方式类，比如小米插线板。

三、小米实施平台化战略的关键策略

小米科技到现在硬件方面形成了基本完整的生态链，那么，是什么逻辑支持着小米形成了现在的模式呢？

（1）从传统企业向平台化转型，抓住时代给予的巨大机会。

就像小米开始做手机的时候，事实上它赶上了传统互联网向移动互联

网转型,赶上了时代给予的巨大机会。在小米手机的攻坚战还没有打完的时候,用投资+孵化的方式来抓住时代趋势。

(2) 合伙人逻辑:价值认同。

小米有了方向和布局以后,应该按照什么样的思路去寻找合作伙伴呢?

第一,找团队。这个团队所涉及的市场领域要足够大。如果没有足够大的市场空间,那就不值得用互联网的方式去做。

第二,要有价值观的一致性。小米投资的公司,一定要与小米有着同样的价值观,相信小米的商业模式。也就是说,在商业上要求利益一致性的逻辑之外,我们还需要有情感上的认同感。

第三,要有强大的团队,这样我们做出的项目才能游刃有余。

(3) 竞争逻辑:帮助生态链公司发展。

小米作为平台型企业,是怎样帮助生态链公司发展的呢?

第一,成就一个有活性、有热度的品牌,把品牌做成一个大阿米巴。

第二,做全球体系的供应链,把全球体系的供应链搭建出来。全球体系供应链的优势是,可以支持一家初创公司以很低的成本进入一个硬件领域,并且能够把产品做得很便宜。

第三,小米的投融资能力和社会影响力。在这些公司需要资金的时候,小米作为平台公司有能力给它提供支持。平台优势帮助生态链公司,实现与小米能力的嫁接,让它们在初创时期就获得了巨大的优势,在短期内就能形成本领域的竞争优势。

这些生态链公司都具备很快的反应速度,人少、效率高,具备十足的创业激情。而小米企业平台支持他们,由内部的团队向他们传达小米的价值观、方法论,帮助他们提高质量标准。

(4) 作战逻辑:小团队经营。

小米也借鉴了类似阿米巴经营模式。小米生态链公司都是小团队,小团队有其作战的优势,就像小范围的特种部队,小团队前面作战,后面得到了小米平台及各种优势的帮助。小米的生态链公司就像特种部队,每个公司的人都很少,一个20~30人的公司,能做出几亿元、十几亿元的销售规模。也就是说,生态链的模式大量地借鉴了阿米巴经营,形成了非常强的作战能力。

(5)经营逻辑:平台公司不控股,让小团队全员持股。

在生态链内部,小米采用的是什么分配机制呢?

有两点很重要:一是群体智慧,要发挥中层的力量,赋予他们发言权,这样中层才愿意建功立业;二是要发动中层的力量,让所有的中层有决策权,因为这种方式会让公司跑得更快。

同时,全员持股的分配机制也被推广到生态链公司中。小米的股份机制有两个特点:一是全员持股;二是团队拿大部分。小米在所有的生态链公司里都是不控股的,小米只是它的投资人。不控股意味着小米把最大利益留给团队,当你用这个逻辑去组建团队的时候,会发现团队的积极性会变得非常高,团队成员会变得乐于上前线。

第二节 面板:共性服务

企业平台的主要结构中,其面板就是共性服务。可选择搭建面向现有行业的整合型平台,通过总部平台对下属阿米巴经营单元提供服务,并通过市场化的交易机制设计,明确集团总部与各业务板块之间、业务板块之间、业务板块内部的利益分配、内部交易机制,以合伙人改造的方式大规模整合、收编行业内企业、团队,形成众多扁平化、自组织的阿米巴经营单元,将经营重心下沉,释放组织整体效率。

一、平台总部价值的重塑

平台型企业应完成对总部价值的重塑。平台型企业的总部是所有阿米巴组织的背后支撑。能否吸引阿米巴组织加入经营并做大做强,核心是依托强有力的总部资源。其中,如何创造实现对下属阿米巴组织的价值输出是核心命题。

总部职能在组织进行平台化战略改造的过程中不应被削弱，反而应该被加强，尤其应针对下属业务板块所需的管理的诉求进行强化。在平台化改造中，总部功能应完成以下转型：

第一，由管控型转化为服务型。

第二，抓大放小，完成宏观层面的思考，而将具体运营交由下属阿米巴组织自行根据市场需求优化。

第三，阿米巴组织不断积累和沉淀数据、知识进而转化为数据及知识资源，转变为智慧型总部。

二、总部职能部门定位为服务中心

企业平台的共享服务，需要重新定位企业平台总部职能部门的组织角色，即总部职能部门定位为服务中心而不是权力中心。具体为以下几个特点：

第一，为公司高层提供专业参谋服务。

第二，为下属阿米巴组织提供专业指导服务。

第三，依据公司授权，对下属阿米巴组织的经营过程实施专业监管。

第四，为公司发展拟定专业化战略并推动战略执行。

一般而言，业务部门的人最了解实际业务，所以将业务委托给业务部门，企业平台总部只需发挥其最小限度的功能。集团总部的功能只应限于分配集团整体的资源，向业务部门最小限度地提供必要的共性服务，以及制定业务目标、评价标准等。

三、通过共性服务，增强平台凝聚力和阿米巴归属感

在企业集团发展到一定规模，导入平台阿米巴经营模式，这就要求企业平台必须建立共性服务。由于阿米巴单元日益增多及跨地域业务的持续发展，各业务板块独立均衡发展后，企业平台管理的难度提高、业务大量增加，总部对外，则需要在各阿米巴组织之上建立一套独立的、专门的企

业平台职能机构，负责企业平台的管理工作，指导并协调各阿米巴组织的生产经营活动，形成总部与阿米巴组织在职能、战略决策等方面的分离。总部职能部门主要着眼企业平台的整体运作、发展目标、市场研究、审计、监督等功能，而阿米巴组织则成为相对独立运作的利润中心和投资中心。

当企业平台具备了共性服务功能之后，就能够为阿米巴运营提供服务和专家支持，包括提供各种共享服务、信息技术支持、人事财务处理、政策咨询、教育与培训等。总部职能也不断提高服务质量，这样才能够使下属阿米巴组织更加明确地感受到总部存在的价值，增强整个企业平台的凝聚力和下属阿米巴的归属感。

综合而言，导入平台阿米巴之后，企业总部要逐步向"小职能、大业务"模式转变，以专业性的职能，在战略决策、财务、人力资源、企业文化等方面，为业务单位（阿米巴组织）提供优质服务。

总部的共性服务，我们用表4-1，图4-5至图4-7来说明。

表4-1 总部的共性服务

层次	定位	运作要点
集团总部	战略决策中心	对集团的整体战略负责
	投资决策中心	集团总部对其所属企业投资拥有决策控制权，只有这样才能有效地保证集团能将有限资金投到集团战略需求上
	资源配置中心	集团总部根据战略及各阿米巴单元的具体情况，决定集团资源如何在各阿米巴单元之间配置，集团总部是各阿米巴的资源配置中心
	宏观调控中心	由公司总部调度、调配阿米巴的产品生产、服务及运营

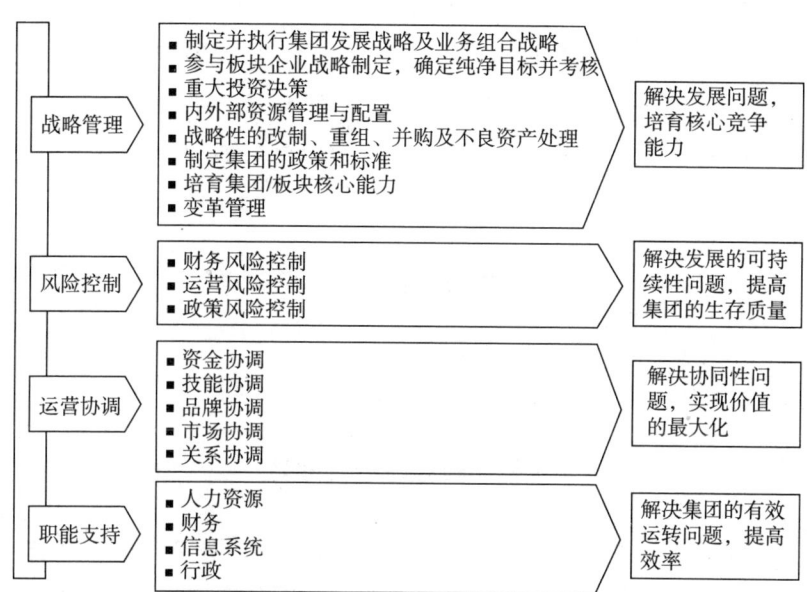

图 4-5 平台总部与阿米巴组织共同完成的职能

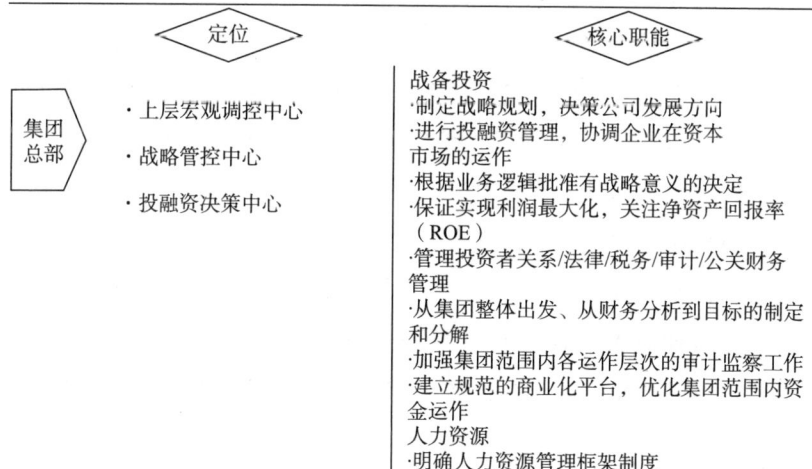

图 4-6 平台总部的定位与核心职能

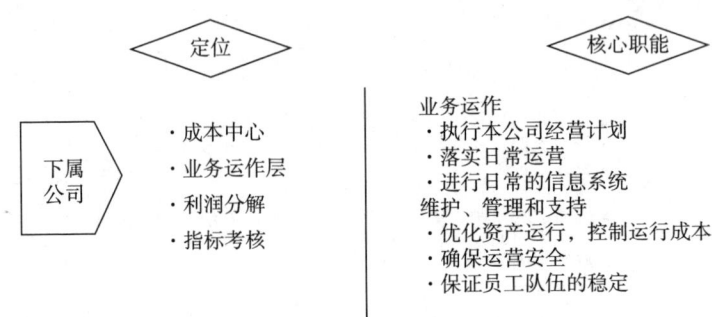

图 4-7　下属公司的定位与核心职能

===案例分析===

宝钢如何推行平台战略

宝钢集团已成长为全球现代化程度最高、最具竞争力的钢铁联合企业之一，经营业绩保持国内行业领先，也处于全球钢铁企业前列。之所以业绩优异，主要在于宝钢的经营理念及其平台化战略转型。

一、宝钢为何推行平台化

在眼下全球钢铁行业进入严冬的常态下，宝钢集团也倍受前所未有的压力与考验。在堪称中国境内钢铁工业转折之年的 2015 年，全国粗钢产量出现了近 34 年来首度负增长，大批钢铁企业出现巨额亏损，宝钢也未能独善其身，业绩出现同比下滑态势。

面对钢铁行业日趋严酷的竞争，宝钢推动自身平台化转型发展，并带动钢铁产业转型升级。

二、宝钢如何通过平台化转型做大做强做优

在去产能进程中，宝钢集团将同时着眼于做强做优。盘活与整合集团内优势富余产能，寻找机会实现钢铁产能"走出去"，与新兴国家共享"一带一路"战略，优化供应链的全球布局，整合优化资源配置，拓展业务发展空间，提升对战略客户的全球供应能力和服务能力。

宝钢集团进一步明确了"一体两翼"的战略定位，即宝钢要从一个以钢铁制造为主的企业，逐步向一个绿色、精品、智慧制造和平台化、生态

圈的钢铁服务型企业转型。

同时，运用互联网技术手段，打造一家集交易、结算、物流仓储和加工配送，以及金融等功能为一体的钢铁生态服务公司。构筑了面向钢铁行业开放的第三方服务体系，成为宝钢战略转型的核心平台，能够带来更大的客户价值实现和潜在盈利空间。

宝钢集团启动总部改革后，平台总部成立了钢铁业发展中心、服务业发展中心、金融业发展中心、不动产业发展中心。向钢铁价值链延伸，深度挖掘产业链价值，发展钢铁服务业。

第三节　背板：团队文化

企业平台结构的背板是团队文化。企业平台并不是简单的商业利益的叠加，而是需要建设团结、有气魄、有格局的企业文化体系，从使命、价值观上面完成对企业平台所有主体的融合和统一，从而实现彼此基于平台上更大的商业认同并彼此维系。

企业的平台化转型必然带来文化的转型，即由竞争文化向合作文化的转变，在这种企业文化模式下，企业会逐步演变成一个拥有多种资源的人进行合作的平台。企业平台化后，员工个人与组织之间的关系发生了较大变化，很多企业需要思考的问题是：以什么样的价值吸引人才加入平台？怎样驱动原来的员工接受和实现平台化的发展？而员工层面要考虑的问题是：我为什么要接受一个平台型组织？如何管理一个新的组织和新的平台？传统的管理者能够实现这样的转变吗？

企业平台化的优势在于自由组合、市场驱动、创新驱动、利益共享等。基于此，企业要创建有竞争力和可持续的平台，要持续地吸引个体加入平台放大价值，就必须重视团队文化的建设，需要进一步由组织向个体倾斜、强化个体的分享机制等。

公司平台的文化建设，其目标是形成员工创业意识、管理意识、沟通意识和团队的凝聚力。通过创业利益的及时核算和兑现，增进相互信任和情感，逐步营造互敬互爱、互帮互助、友好合作的良好氛围。

一、企业平台的团队文化有几个挑战

第一，如何树立理想远大的企业形象，传播成为行业领导者的强力愿景，增强影响力。

第二，如何基于双方共同的价值认同完成对其整合。

第三，如何建立共同的团队目标。

第四，对整合后队伍：如何以文化缓解摩擦，通过统一的企业文化将散乱的力量汇成一股洪流，补充完善利益分配机制解决企业内部冲突的功能，有效降低内部交易成本。

第五，对平台创业者：如何对内凝聚人心，为阿米巴组织和平台创业者树立崇高的使命、奋斗的方向，寻找精神认同，成为其精神归宿。

二、建设企业平台团队文化的建议

第一，选好优秀的团队领导。导入平台阿米巴之后，组织结构的扁平化、知识更新的加速化倾向日益凸显，阿米巴团队领导应为团队成员提供发挥才智的空间，注重培养下属，鼓励和支持下属完成更艰巨的任务。

第二，管理者进行适当的角色转换。企业的基层管理者们必须实现从传统的经营实践者角色向充满进取精神的企业家角色的转变，中层管理者们必须实现从行政管理者向支持辅导型教练角色的转变，高层管理者们则必须实现从资源分配者向制度建设型角色的转变，高层管理者的主要贡献是为组织提供一种视野和活力。

第三，信任和授权。平台阿米巴模式中，阿米巴团队一个很大的特点是信任。

一是阿米巴团队成员间高度信任，即团队成员必须彼此相信各自的正直、个性特点、工作能力。

二是阿米巴管理者对团队成员的信任，主要表现为组织过程中的透明度和公开性。为此,企业高层管理者必须致力于创造一种支持团队建设的、开放性的组织文化。这种文化既能支持团队成员积极开发自身技能,建立一种勇于承担风险的自信心,又能接受来自基层对上级管理者制定的战略方案、管理模式的种种质疑,容许团队成员工作中的失败,使团队成员最大限度地释放创造性潜能。

第四,给予阿米巴团队管理充分的尊重。

一是阿米巴团队内部的每个成员间能够相互尊重、彼此理解,否则,阿米巴团队将无法运行而走向解散。

二是阿米巴组织的管理者能够为团队创造一种相互尊重的氛围,确保团队成员有一种完成工作的自信心。人们只有相互尊重,尊重彼此的技术和能力,尊重彼此的意见和观点,尊重彼此对组织的全部贡献,阿米巴团队共同的工作才能比这些人单独工作更有效率。

第五,培养阿米巴团队的创新精神。一个具有创新精神的阿米巴团队具备这样的特点:在团队风气上,能够容忍不同的观点,支持在可接受范围内进行不同的试验;在成员的忠诚程度上,人们愿意留在团队,共同拥有相同的价值观,并愿意为此付出努力;在成员合作方式上,团队成员之间能够坦诚交流,互通信息。这样的阿米巴团队要有一个长期的培养过程才能形成。企业领导必须在组织上为团队建设提供如下支持:

一是明确阿米巴团队的目标。

二是给予一定的资源。

三是提供可靠的信息。

四是不断地培训和教育。

五是定期反馈信息。

六是技术及方法的指导。

第六,支持和利用阿米巴团队来实现平台组织的目标。一个积极的、运转灵活的阿米巴团队不但非常了解自己的目标体系,而且会积极主动地与平台组织的其他阿米巴保持友好的合作关系。把平台组织的目标作为共同目标,为阿米巴团队成员导航,让团队成员知道要向何处去。

第四节 天花板：监督审计

企业平台结构的天花板是监督审计。在转型与发展过程中，注重企业经营效率提升的同时，注重对风险的管控，是每个平台公司发展过程中必然需要面临的一大课题。对于平台阿米巴而言，需要依法依章程管好资本、健全公司治理、完善监督评价，提高监管的科学性、有效性，完善公司内外部监督体系，并通过制度和流程体系再造，实现平台企业风险管理能力和运营效率的提升。

一、企业平台为什么要监督审计

平台型企业需要高水平和更为严格的内部审计制度。高水平的内部审计制度能客观监督企业出台政策的落实情况，能提供准确的审计数据和报告，进而提升企业的经营效率，提高效益，但这需要高效科学的方式来支持高水平的内部审计制度。

企业平台监督审计的目标应该是：

首先，内部审计一定要遵循国家的审计准则规范、章程。

其次，通过内部审计要使企业的审计质量达到既定的标准，使内部审计不再只是监督的作用，让其成为为企业服务的服务者，从而实现企业的价值最大化的目标。

二、构建企业平台监督审计的建议

（1）将企业平台监督审计工作以标准原则的方式确定下来，加强审计机构的独立性。

企业平台监督审计制度主要是指通过一定的监督来对自身的财务状况，以及经济活动进行相应的评测，来促进企业经营目标的实现。企业平台阿米巴都有自身的特点，且它们之间关系十分复杂，利益相关的联系非常紧密，要在审计工作中处理好这些阿米巴组织的关系是不容易的。因此，企业平台需要一个针对每一个阿米巴都适用的审计工作标准，并将这些以标准、原则的方式确定下来，以统一的标准开展审计工作。如此，才能更好地开展企业平台监督审计工作，合理利用资源，实现监督审计工作的目的。

此外，必须加强监督审计机构的独立性。主要是从审计工作的职能部门入手：

一是要使审计机构和审计人员处于超脱地位，不参与经营活动。

二是审计工作的职能部门自身的经济利益与最终的审计结果脱离联系，以保证审计机构的独立性。

（2）有效利用高科技、信息资源。

为了提高企业平台监督审计工作的效率，信息化审计是企业平台应做好的课题。传统的审计工作是在现场进行的，有相当长的时间花在了数据的收集、整理、统计、分析上，这种审计方式有很强的滞后性，已经不能适应企业平台的审计工作。而将审计工作信息化，能有效避免这种滞后性。因此，很多导入阿米巴平台模式的企业在不断推进信息化审计工作，利用软件系统将现场与非现场审计结合起来，有效地避免了可疑数据，为企业集团的财产安全提供了数据支持。

（3）改进监督审计制度体系。

第一，强化对企业平台监督审计过程的监督，制定健全完善的财务管理制度，这样能提高监察人员的督导工作的规范化，使其有章可循。开展内部审计执业人员自查，这样能够强化内部审计执业人员的质量控制意识，提高其工作效率。设置专门的督导小组。

第二，加强监督审计质量的考核与评价。企业平台要对监督审计质量进行控制，提高审计质量，就必须从实际出发，结合企业自身的优势条件，从人力要素、监控要素、督导要素和制度要素入手，推动监督审计质量控制的发展，推动企业平台监督审计的发展。

本章总结

⊙企业平台结构中的支柱，主要是企业平台总部提供战略决策功能，属于企业总部高度集权的管理。

⊙战略决策是自上而下的模式，最显著的特点就是企业的高层管理决定整个企业的经营方向，并对各个阿米巴组织提供走向这一方向的具体指导。

⊙企业平台的主要结构中，其面板就是共性服务。可选择搭建面向现有行业的整合型平台，通过总部平台对下属阿米巴经营单元提供服务，并通过市场化的交易机制设计，明确集团总部与各业务板块之间、业务板块之间、业务板块内部的利益分配、内部交易机制。

⊙企业平台结构的背板是团队文化。企业平台需要建设团结、有气魄、有格局的企业文化体系，从使命、价值观上面完成对企业平台所有主体的融合和统一，从而实现彼此基于平台上更大的商业认同并彼此维系。

⊙企业平台结构的天花板是监督审计。对于平台阿米巴而言，需要依法依章程管好资本、健全公司治理、完善监督评价，提高监管的科学性、有效性，完善公司内外部监督体系，并通过制度和流程体系再造，实现平台企业风险管理能力和运营效率的提升。

中国式阿米巴落地实践之
持续盈利

第五章
建设平台的流程步骤

企业平台发展越快、规模越大，标准化、流程化的管理体系构建越重要、越紧迫，才能支撑企业各阿米巴业务的分工、运作，保证企业平台获得长期成功和永续经营。本章重点阐述建设企业平台的流程步骤。

第一节　战略定位

企业平台的战略定位就是将企业的产品、形象、品牌等在预期消费者（客户）的头脑中占据有利的位置，它是一种有利于企业平台发展的选择。对企业平台而言，战略是指导或决定企业发展全局的策略，它需要回答四个问题：企业平台从事什么业务（产品或服务）？企业平台如何创造价值？企业平台的竞争对手是谁？哪些客户对企业平台是至关重要的，哪些是必须要放弃的？如图5-1所示。

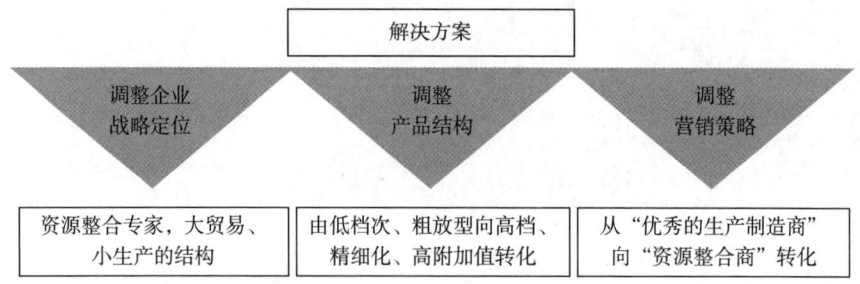

图5-1　企业平台的战略解决方案

一、企业平台战略定位的特点

（1）独特的价值链，使竞争对手难以模仿。

企业平台里的业务活动分为基本活动和辅助活动，基本活动涉及企业生产、营销、原料储运、成品储运、售后服务，辅助活动涉及人事、财务、研究与开发等，基本活动和辅助活动构成了企业的价值链。要使企业平台有特色，就要有一个不同的、为客户精心设计的价值链。价值链上的各项活动，必须是相互匹配并彼此促进的。这样，企业平台的优势就不是某一项活动，而是整个价值链一起作用，从而使竞争对手难以模仿。

（2）平台战略定位时要做清晰的取舍。

战略本身就是一种选择，因此定位时要做清晰的取舍，要确定哪些事是必须要做的，哪些事是要放弃而不去做的，这样可以使企业平台集中精力于自己的优势，使竞争对手很难模仿自己的战略。企业平台要做大做强做久，从成功到成熟，做自己该做的事，放弃那些自己不擅长的事情，没有放弃就没有定位。

（3）战略的长期性和连续性。

企业平台的战略必须是连贯的，任何一个战略必须要实施三四年，否则就不算是战略。如果每年都对战略进行改变，就等于是没有战略，这样企业就总是在追求潮流而失去特色。另外，企业平台的战略必须由企业高层领导人最终确定，并由他来指导并推行。但如果企业领导人变更，战略也跟着变，这是企业不成熟的表现，除非企业出现了重大问题。

（4）企业平台战略定位构建核心竞争力。

只有建立在差异化的核心竞争力基础上的企业平台战略，才能使企业平台不断保持优势，更重要的是它能够创造、建立新的竞争优势，这是企业平台战略决策的核心。因此，具有动态性质的核心竞争力是企业平台追求的长期战略目标，是企业平台获取持续竞争优势的源泉。

在构建企业平台核心竞争力的过程中，可以集中企业的资源于关键领域。独特的价值链要求企业密切关注组织的资源状态，要求企业特别关注和培养在价值链的关键环节上获得重要的核心竞争力，以形成和巩固企业的竞争优势。

二、如何进行企业平台的战略定位

进行科学的企业平台战略定位，应该遵循科学的方法，如图5-2、图

5-3所示。

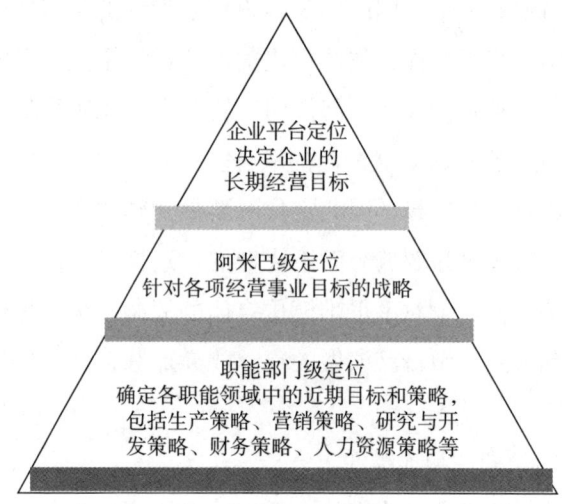

图 5-2 各级战略定位

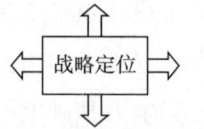

图 5-3 企业平台战略分析

第一，要进行市场调查和市场分析，对企业平台存在的外部环境条件进行科学的分析，寻找企业平台发展的机遇，尤其要对行业吸引力的五个关键要素进行认真评估。这五个关键要素是市场容量、市场增长率、行业盈利能力、人员来源、法律及监管水平。如果某行业市场广、市场增长率高、行业盈利能力强、人员来源广、法律及监管水平宽松，则说明该行业的吸引力大，企业定位于这样的行业，将会获得比较好的业绩。

第二，准确评估企业平台自身的能力特点，找到自己的核心竞争优势，尤其要准确分析自己的竞争能力水平，包括企业研发能力、生产能力、营销能力、管理能力、财务实力、创新能力。因为这些能力决定了企业的业务范围、服务质量、市场范围、竞争策略和盈利水平。

第三，注意对竞争对手和相关市场要素的分析。企业在进行平台战略定位时，必须考虑竞争对手的实力及其所采用的竞争策略对自己的影响等要素，同时还要考虑供应商、经销商讨价还价的能力，替代者和潜在进入者的威胁，从而确定自己的竞争战略定位。

评点：

企业平台的战略定位是一项复杂而又十分重要的工作，战略制定者必须慎重对待。如果企业平台的战略定位不准确或发生失误，那么，战略理念再优秀，战略规划再具体、科学，也将是徒劳无益的。

第二节 资源划分

企业平台战略定位之后，就要进行战略资源划分。资源划分是指企业平台按资源划分方案，对企业平台所属资源进行的具体分配。企业在推进平台战略的过程中的战略转换，往往就是通过资源划分的变化来实现的。资源划分是企业平台战略规划的核心任务。

一、企业平台战略与资源划分的关系

企业平台进行战略定位之后，必须对其所拥有的资源进行划分（如图 5-4 所示），以更好地保障企业平台战略的有效实施。体现在：

（1）资源是企业平台战略实施的重要保障。

企业平台战略与资源相适应是企业在战略实施的过程中必要的资源保障。企业平台战略决策必须建立在现有资源条件的基础上，任何偏离企业所能达到的资源条件的战略，都是一厢情愿的战略，企业平台战略执行同样需要一定的资源基础。

（2）企业平台战略实施，就要提高资源的利用效率。

好的平台战略不仅能使资源得到有效利用，还能使其效用最大化。战略应该促使企业充分挖掘并发挥各种资源的潜力，特别是无形资源的潜力。

（3）企业平台战略应该促进资源的有效储备。

所谓有效储备是指必要的资源以低成本、快速度、在适宜的时机进行储备。企业平台战略在执行中，通过现有资源的良好组合和有效利用，可以在变化中创造出新的资源，从而为企业战略储备资源。

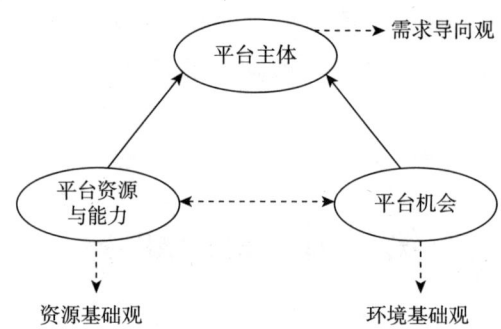

图 5-4　企业平台战略与资源划分的关系

二、企业平台资源划分的原则

企业平台进行资源划分时，应遵循以下原则：

（1）抓住企业平台成功的关键要素。

企业中的优良资源应首先满足企业平台关键的成功要素和需完成的关键任务。

（2）把握阿米巴项目实施的缓急。

阿米巴项目或任务的时序安排是平台战略所规定的，但要遵循项目间或者活动本身的内在规律性。企业在资源划分时，要明确各项战略任务的优先次序，按任务时序划分资源。在企业平台战略中，还应确定不同业务在什么时候进入、什么时候扩张和什么时候产出。业务组合应该能够保证企业在现金流，以及其他资源方面实现动态平衡，资源配置在时序上的缓急，应该与实现这些平衡相适应。

（3）平台战略导向的资源划分。

资源划分既要立足于当前，又要着眼于长期。企业平台不能被短期利益所吸引，而应该使战略资源集中，通过聚焦资源成就大的事业。

如果资源配置符合平台战略发展方向，而且能够盈利，表明资源使用效率较高。如果企业平台继续投入资源，可能会放大这种效果，从而进一步优化资源配置，推动平台战略执行，提高企业平台竞争能力。在此区域的资源应发展成为企业平台的核心资源。

三、企业平台资源划分的方法

企业的资源有很多方面，与实现战略目标直接相关的资源主要包括两个方面：财务资源和人力资源。我们重点谈这两方面的战略资源划分。

（1）人力资源的划分。

人力资源就是企业平台所拥有的人才队伍及其人才和未来要发展的业务之间的匹配程度。人力资源的多少和人力资源与业务匹配程度的高低，将在很大程度上影响业务发展的趋势和发展速度。

企业平台战略人力资源划分包括三个方面的内容：

第一，为各个战略岗位分配现有的管理和技术人才，其中重点是相关业务领军人物的配置。

第二，对企业平台战略实施中缺少的人才进行外部招聘。一方面及时提供战略实施需要的人才；另一方面适时增加企业的人才储备。

第三，在企业平台战略实施过程中，保持对各阿米巴单元战略执行和人力资源状况的跟踪，及时调整企业平台各阿米巴组织人力资源的配置。

企业平台人力资源划分的重点，是详细考虑企业平台战略和经营模式对人力资源的需求，包括所要求的人数、人员所应拥有的技能和水平等，具体配置时需要从人力资源的构成、招聘、培训三个方面考虑。在招聘和选聘时，需与组织的战略方向和所经历的变革强度结合起来。如果经营模式变革不大，则可以大量使用现有员工或经过培训后使用。反之，经营模式变革越大，则越应吸收新人加入。

（2）财务资源的划分。

财务资源就是企业所拥有的现金，未来可预期的利润、未来可以获得的债权或股权融资等。财务资源一般用于企业内部技术改造投入，增加流动资金，或者用于并购相关企业时的现金支出。财务资源是支撑企业平台发展的关键资源。

企业平台一般采用预算的方法来分配各种资金资源。而预算是一种通过财务指标或数量指标来显示企业目标、战略的文件。通常采用以下几种预算方式：

第一，零基预算。它不是根据上年度的预算编制，而是将一切经营活动都从彻底的成本－效益分析开始，以防止预算无效。

第二，规划预算。它是按规划项目而非职能来分配资源。规划预算的期限较长，常与项目规划期同步，以便直接考察一项规划对资源的需求和成效。

第三，灵活预算。它允许费用随产出指标而变动，有助于克服"预算游戏"及增加预算的灵活性。

第四，产品生命周期预算。在产品的不同生命周期中有着对资金的不同需求，而且各阶段的资金需求有不同的费用项目。这时产品生命周期预算就根据不同阶段的特征来编制各项资金的支出计划及原则。

在企业平台资金的分配中，应该遵循两项基本原则：

一是根据各阿米巴单元、各项目对整个战略的重要性来设置资金分配的优先权，以实现资源的有偿高效利用。

二是努力开发资金在各阿米巴单元的潜在协同功能。

第三节　平台搭建

企业平台战略定位和资源划分之后，我们开始实施企业平台搭建工作，全方位寻求解决企业现存问题的措施和方法，对企业的组织结构、经营模式、价值导向、驱动力进行再造，无边界、大跨度的组合资源，逐步建立一个"人人成为经营者"的合伙、合作的企业平台。

一、企业平台搭建的基本构想

企业平台搭建，主要以"把企业做成平台，企业才能做大（格局）；把平台做成阿米巴，企业才能做强（专业）；把阿米巴做成合伙制，企业才能做久（机制）"为核心内容。

基本构想的核心要素是激励员工内部创业的积极性，通过平台阿米巴机制的构建，使员工成为经营者和合伙人。既能打破传统科层体制的桎梏，又能实现个人兴趣与能力有机结合，增强公司平台的竞争活力；既能顺应互联网经济的发展，又能最大限度地激发员工的创造力，充分体现以人为本的发展理念。通过独立核算、自主经营的阿米巴经营模式，实现低成本、高效益的经济共享，帮助企业创造高收益。

二、企业平台的组织结构

企业平台组织结构，必须最大限度地发挥平台内部创业人员的积极性和创造性。

企业平台的组织架构不再按科层规则设计，而是把直接面向市场的阿米巴组织引入公司平台的内部运作。企业平台上的各阿米巴组织既可以是一个成员，也可是一个团队。团队成员可以是相对固定，也可以是根据任务临时结合；可以是平台内人员的自由结合，也可以是线下线上人员的自由结合。创业团队内部，可以是合伙、合作关系。各个阿米巴根据本巴的工作业绩和事先约定的交易费用标准，获取自己的创业收入。在努力推进公司经营规模逐渐扩大的同时，最大限度地激发公司各方的创造活力。

公司的董事会、总经理承担企业平台建设的组织领导责任，紧紧围绕着拓展平台业务规模，促进员工创收，实现股东权益回报率的目标，确定企业平台的发展方向。企业平台的投资组合、发展战略、经营模式、人员组合等，应成为公司领导的基本工作任务，其核心职能是做强平台、做大业务流量。

企业平台组织结构如图5-5所示。

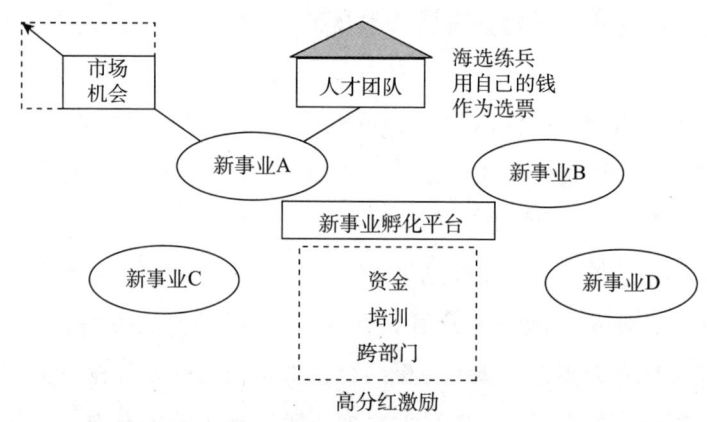

图5-5　企业平台组织结构

三、企业平台的管理思路及目标任务

为了确保公司按照新的组织架构高效运转，将阿米巴经营模式和企业平台的管理紧密结合。管理的实践充分体现企业平台的创业特点，促进创业效率的提高。

企业平台实行目标管理、自我控制、自负盈亏、绩效兑现的基本管理思路，全面贯彻扁平化管理原则，让做具体工作的人权责到位，正如任正非说："让听见炮声的人呼唤炮火。"

各阿米巴组织对自己的工作目标都应有清晰的描述，从投入产出的指标开始，对工作内容要有认真的思考和规划布局，对落实任务目标的工作标准、组织措施、办事程序、过程督查、经验总结等要有精心的设计和具体的安排。各阿米巴组织的任务目标和工作安排，在相应的范围内应及时通报，争取公司领导和有关人员的支持。

通过目标管理的自我控制，最大限度地激发阿米巴成员的积极性和创造性，推进员工由打工意识向创业意识转变，老板与员工的关系由雇佣关系转变为合伙、合作创业。公司努力创造条件，通过引进、培养、凝聚创业团队和创客，不断创造和扩大平台业务流量，在全力创造物质成果的同时，把人才成长和情感凝聚列入公司的目标管理。

阿米巴人才的培养以创业能力为核心，以工作的目标管理为基本手段。通过帮助阿米巴组织正确设立创业目标、合理计算投入产出、高效进行资源组合、采取恰当的工作措施、实行合理的办事程序，提高阿米巴团队的创业能力。

四、企业平台的产权架构

公司股东的选择和股权架构的管理是企业平台建设的前提和基础。股东的选择应该以人才为主，人才合作和资金合作相结合。股东是投资者，同时又必须是创业者。

股东的创业绩效应该与其投资和投资回报相协调。在贯彻落实公司法关于股东条件和职责、原则的前提下，公司股东可以协议进出条件，根据公司平台发展需要，按年度进行股东员额调整，逐步形成股东进出自由、合作愉快的创业局面。

股东投资方式灵活多样，既可以做公司股东，也可以单列注册，做平台股东。平台实行统一政策，规范管理。

随着公司平台经营规模的发展和资金实力的壮大，平台产权架构将适时转向所有权与经营权相分离、经营权与管理权相分离的运作模式。在两权分离的模式下，公司投资的项目选择和经理人选择紧密结合，被选中的项目经理人必须对项目有确保发挥主人公意识的投资额度。

不管是人才和资本相结合的产权运作模式还是产权两次分离的运作模式，最根本的目的是通过产权结构的动态管理，最大限度地发挥经营人才在企业管理中的主导作用。

五、去中心化的"扁平化"运作

企业平台搭建之后，企业平台总部的职能不仅仅是指挥、调度、规划布局，更是为阿米巴运营提供服务。阿米巴组织是公司平台运作的中心，企业平台领导及各服务主体通过自己的服务保障，促使阿米巴运作降低成本，提高运行效率。

===案例分析===

贝因美企业平台转型之路

近几年来，贝因美通过实践探索逐步推进关联业务多元化发展，向构建全新的平台生态价值链转型。从2万亿的婴童经济成功转向10万亿以上的亲子家庭消费蓝海。在平台打造上，贝因美正在向O2O营销模式转型，全面转型适应信息化互联网时代的合伙人制阿米巴经营模式。

一、贝因美为什么进行平台转型

平台转型已经成为所有企业应对挑战的主要战略。

国内奶粉行业早已过了黄金发展期，贝因美早在2012—2013年对此已有感受。电商和海淘的兴起，加速了行业下滑，正所谓"不转型等死，转不好找死"。经过几番研讨后，贝因美选择走平台转型之路。

二、贝因美如何进行平台转型

贝因美作为母婴行业的领导品牌，紧跟互联网发展的步伐加快平台化转型。贝因美平台主要为亲子家庭提供全方位的产品和服务。

对于传统企业来说，要实现平台转型，就需要继续深化"企业平台+合伙人+阿米巴"落地，以平台化新思维，建立内外部的连接、共享、协同机制，把各个环节都统一到企业平台上，实现业务、财务一体化，为企业管理运营、客户体验提供有力的决策指导和支撑。

贝因美的企业平台转型，其实是适应新环境的下一个综合竞争力的打造，除了强化原有的核心竞争力外，固化基础竞争力，打造可持续竞争力。

贝因美改革集中在公司内部结构上，包括搭建骨干框架，进行流程再造。通过内部流程再造，产业链整合和营销渠道变革等转型升级措施，使贝因美成为一家可以利用全球乳业资源的企业，从而减少周期性风险冲击。

同时推行营销渠道的变革。包括设立营销控股子公司，构建营销领域的业务实施平台，设立15家营销全资子公司，赋予子公司更多的销售经营责任；对部分客户优化，由原本的经销商体制转变为代理商体制，通过代理商的转制，鼓励优质的客户（代理商）做大做强，把好产品好资源集中在有意愿发展壮大的代理商手中，给代理商带来可持久保障的品牌及利润的优势，增强渠道变革带来的竞争力。贝因美也通过持续招商，吸引更多的优质代理商，与贝因美共同发展。

面对渠道变革必须要对此进行有针对性的调整。从经销商向代理商转变是国际行业总体的发展趋势，贝因美需要顺应行业的发展规律，真正达到平台转型的目的。

第四节　业务重组

企业平台进行业务重组，主要是对企业业务流程的重新思考和重新设计，目的是实现成本、质量、服务、速度和经营效益的大幅改进。

一、企业平台进行业务重组的目的

建设企业平台，需要进行业务重组，其目的主要是：
第一，获取战略机会。重构企业平台未来的发展机会。

第二，发挥协同效应。在生产领域，通过业务重组可产生规模经济性；可接受新的技术；可减少供给短缺的情况；可充分利用未使用的生产能力。在市场及分配领域，通过业务重组可产生规模经济性；是进入新市场的捷径；扩展现存分布网；增强产品市场的控制力。在财务领域，通过业务重组可充分利用未使用的税收利益；开发未使用的债务能力。在人事领域，通过业务重组可吸收关键的管理技能；使多种研究与开发部门融合。

第三，提高管理效率。原有的部门管理者以低效率的方式经营，当其被更有效率的阿米巴组织合并后，原有的管理者可能会被替换，从而使管理效率提高。

第四，增强核心竞争力。通过业务重组，提高经营集约化水平，要向一流的企业看齐，不断增强自身的核心竞争活力和能力，增强对市场冲击的对抗能力。

二、企业平台业务重组的原则

建设企业平台的业务重组需坚持以下原则：

第一，规模效益原则：在产业结构上考虑能取得较大销售收入的产业，以做大做强为主要战略调整目标，实现规模效益。

第二，盈利能力原则：为了业务重组后企业平台具有较好的盈利能力，需要对现有业务进行梳理。根据业务重组的目的，针对不同类别的业务选择不同的处理方案。

第三，注重可操作性原则：为保证方案的可操作性，业务重组一般是按先易后难、注重可操作性的原则设计。

第四，完整产业链原则：在产业链中处于原材料及主要产品的优势地位的业务，划入为优先遴选范围。

第五，可持续发展原则：对参与重组的业务，要注重其可持续发展能力，对已进入后成熟期或衰退期的业务要慎重整合。

三、企业平台业务重组的步骤及策略

（1）业务重组实施步骤。

柏明顿的咨询客户中，有一家导入平台阿米巴的大型企业集团，该企业集团需对旗下的业务板块进行整合，但其产品集合非常庞大，有优势业务十五种，另有发展潜能的业务近十八种，还有一般业务和劣势业务八种。该企业集团建设平台的过程中，为使业务重组能够顺利推行，其业务重组过程按以下步骤进行：

第一步：论证业务重组的必要性和可行性。

第二步：确定业务重组的目标。

第三步：确定业务重组的原则。

第四步：确定参与业务重组的业务群。根据该企业集团的产品集合，根据产业链趋同原则，划分为五大类不同的业务集群。

第五步：确定每类业务中参与重组的优势业务，即选定业务重组范围。

第六步：提交可执行的操作方案。提交各种可能的操作方案，其中需要决策的问题主要有：业务重组的发起主体；业务重组过程中进入的先后顺序；优势业务的业务组合；业务重组的操作难度，包括完成时间的长短、资产和人员剥离的难度等。

第七步：业务重组决策。在充分考虑各方面因素后，制定出业务重组决策方案，直接付诸实施。

（2）业务重组之后组织架构及管理模式策略。

企业平台业务重组的方案出台之后，还要完善组织架构及管理模式。我们同样以前面柏明顿客户为例子，该企业集团的组织架构原有模式是直线-职能制，通过企业平台业务重组之后，将其调整为阿米巴组织架构。在四个业务领域设计为一级阿米巴，每个一级巴下面划分为若干个二级阿米巴。这样做的好处是从产品的设计、原料采购、成本核算、产品制造，一直到产品销售，均由阿米巴及所属工厂负责，实行独立核算、自主经营,企业平台总部只保留人事决策、预算控制和监督大权,并通过利润等指标对阿米巴进行控制。企业高层管理人员将部分权力分给阿米巴组织,减少了自己的行政事务,从而把精力集中到战略问题上来。

业务重组实施路线如图5-6所示。

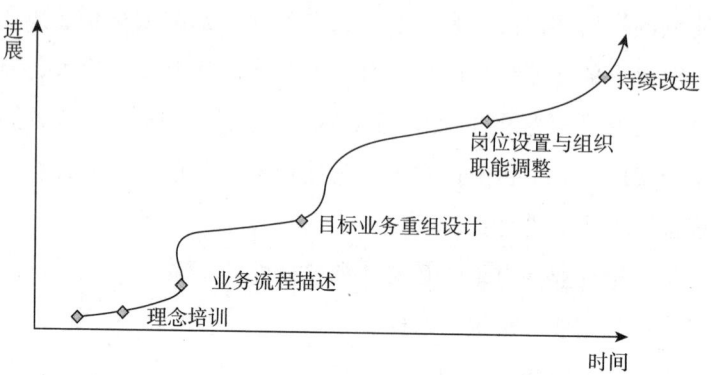

图5-6 业务重组实施路线图

===案例分析===

汉能,如何从制造商转型做平台

汉能作为一家传统能源企业,也正在进行平台转型。从2012年到2014年的两年间,汉能相继并购了四家世界领先的薄膜太阳能企业。通过全球技术整合,汉能掌握多条产品技术路线,成为在规模、技术上皆领先全球的薄膜太阳能企业。收购之后,汉能进行技术上的转型升级,想要将薄膜发电的元部件应用到更多的日常生活场景中。比如在包包上装上太阳能充电宝、在遮阳伞上装上太阳能发电光板,为人们提供照明、听音乐、释放冷气等所需的电力。

从传统能源企业转型到高科技平台企业,其过程是痛苦而艰难的。经营观念、人才、技术、管理方面的转型,处处皆是挑战。

在转型方式上,汉能选择与各行业专业厂商协作。一方面由汉能提供新型太阳能解决方案;另一方面由厂商提供渠道、品牌和产品技术,这样的结合将彼此的利益有效捆绑,实现了优势互补,加快推出新产品,也使得汉能从一个传统的制造商转变成产品开发的平台，并且实现了跨行业整合。

汉能的平台转型，可以为制造型企业转型提供有用的参考和借鉴。

第五节　外引内创

建设企业平台的一个重要流程、步骤，就是引外内创。即企业平台既要从外部引进优秀人才，又要从内部鼓励员工创业。充分调动和发挥企业现有人才的积极性和创造性，也通过培养、培训、吸纳或引进等途径，聚集和网罗战略性人才。企业平台通过"外引内创"激活组织，让人人成为经营者，不断提升企业平台的核心竞争力。

一、企业平台引进核心人才和业务

人才是企业平台最重要也是最稀缺的战略资源和核心能力，人才资源战略管理成为企业发展战略管理的重要组成部分。

人才资源如此重要，我们建立企业平台时，应审时度势、未雨绸缪，从战略和全局的高度，深刻认识人才在企业平台未来发展中的基础性、决定性、战略性作用。通过激励和竞争机制，创造以人为本、人尽其才的良好环境；建立竞争上岗、能上能下、能进能出的人力资源制度，使企业平台增强综合实力，提高整体竞争力。

企业平台从外部引进核心人才和业务，需要注意几点：

（1）制定人才战略。

人才的引进、使用、培养及其队伍建设，都要与企业平台发展的现实需要、长远需要相协调；要从企业平台发展的长远战略目标出发，有计划、有步骤、有重点、实实在在地制定人才战略。

（2）结构上定位。

一是重点关注高层次、高素质人才；二是在人才引进上，要以"战略发展人才"为主。

（3）企业平台必须具有磁石效应。

对于引进人才，可以把企业平台比喻成一个"磁场"，这个"磁场"就是企业文化，以及一系列的制度和阿米巴经营模式，形成了对人才、资源、资金、技术等长期的磁石效应。"磁场"的作用就是吸引"好铁、好钢"——高层次、高素质人才，到企业平台大"磁场"中来，共同实现企业平台的发展战略目标，创造高收益。通过阿米巴经营模式，努力把大家培养成才和造就一批企业家，若干年后把大家输送出去独当一面。

（4）放开胸怀引入很多本身不属于你的业务。

二、企业平台鼓励内部员工创业

企业建设平台的过程中，如何避免优秀人才的流失，保持企业持续发展活力？企业需谋求更有效的激励机制，保留核心优秀人才，而"内部创业"机制能在组织内部满足创新精神的优秀人才的高层次物质需求，并转化为企业平台发展的新动力。

（1）为什么鼓励员工内部创业？

企业建设平台，需要不断思考如何有效地激励核心优秀人才。内部创业对企业平台而言，是一种人力资源战略选择，它能为企业发展保有最珍贵的核心竞争力——核心人才。

内部创业机制改变传统报酬观念，改善企业内部分配机制，进行科学薪酬设计，使得员工对报酬的期望转变为最大限度地挖掘个人潜力和实现个人价值，促进人才与企业共同发展，从而有效地解决优秀人才流失的问题。

内部创业机制也为优秀员工提供了更广阔的职业生涯发展空间。企业平台有效运用内部创业机制，能帮助员工开展职业生涯规划，更好地满足员工个人发展的需求，从而使得他们能留在企业，服务于企业。

（2）如何实施内部创业？

应用内部创业模式的企业中，美国企业如杜邦、GE 和施乐等知名大公司，日本松下等企业也开始推行内部创业。华为公司等一批企业也已经加入内部创业的实践。

内部创业已越来越普遍地成为企业平台培育创业精神、不断创新求生的"利器"。那么，企业平台如何实施内部创业呢？

第一，培育创新文化，为员工内部创业护航。企业平台创造一种组织的理念，为企业的创新文化赋予了灵魂。

第二，成立创业基金，让阿米巴及员工无后顾之忧。比如松下公司设立公司创业基金，用于支持员工创业。通过商业计划书，获资助者一般需经过面试、筛选、培训和考察而定。此外，为了鼓励员工创业，松下公司还进一步规定，创业者初期出资比例可以在30%以下，以后再从松下公司回购股份，即使创业失败，5年内仍可回公司继续工作。

企业通过投入一笔创业基金，由员工提交创业计划书，由公司评定后择优投入创业基金，使员工手握资源，围绕创新的权利、机遇、价值和快乐，全心投入，成为勇于向新生事物挑战的创业人才。

第三，运作项目合伙人制，员工与企业共成长。企业平台运用项目合伙人制，是阿米巴原理与内部创业领域本土化和个性化的应用，倡导"人人成为经营者"，通过利益绑定，共享企业发展利益。

第四，推行阿米巴经营模式。阿米巴经营模式为内部创业提供了有力的庇护，可以降低失控的风险，待业务成熟后，再逐步实现独立运营。阿米巴经营模式的后续运营发展由企业决定。阿米巴内部创业方式是，一开始作为公司部门存在，阿米巴组织在公司的庇护下，集中优势资源开展业务。每一个新品牌首先作为一个业务单元（即阿米巴）而并非独立的法人公司存在，待品牌走过成长期形成自身无形资产之后，再剥离该品牌独立运作并逐步让渡股权给予品牌的有功之臣。

总体而言，建立企业平台能把员工的积极性、创造性调动起来，能把员工个人发展与企业平台的发展机会结合起来，把企业平台的资源优势与阿米巴组织的灵活性协调起来，这就是最好的内部创业模式。

第六节　激励机制

我们建设企业平台，也要因地制宜、合理地运用激励机制。根据内外环境的实际情况不断地改进、完善和调整激励机制的方式，使企业平台在一个良好的轨道内运行。

一、企业平台激励机制设计的必要性

建设企业平台之所以要设计激励机制，主要出于这几点考虑：

第一，企业平台核心员工目光短浅，短期行为带来甚至隐藏更大的风险。

第二，企业平台历经长足的发展，但创业核心员工激励不足，满意度低下。

第三，企业平台薪酬激励形式单一，无法调动核心员工的积极性。

第四，企业平台激励力度不足，核心人才流失严重。

第五，企业平台公司面临上市、改制等产权变化，需要承认核心员工的历史贡献。

二、企业平台激励机制的主要作用

（1）企业平台与阿米巴组织的经营目标一致。

企业的董事长、总经理，他们所追求的目标与阿米巴负责人追求的目标是不一致的。此时，通过股权激励，可以把阿米巴经营者的薪酬与公司的长期业绩更为紧密地联系在一起，从而矫正阿米巴经营者的某些短期行为。使得企业平台与阿米巴组织的目标趋于一致。

（2）避免人才流失。

企业平台通过激励机制设计，有效地避免公司人才流失，并能为公司吸引更多的优秀人才。公司在给予阿米巴经营管理人员期权期股时，可以附加一些限制条件，如规定在期权授予后一年之内不得行使该期权，以后几年内可以行使部分期权。这样，阿米巴经营者在上述限制期间内离开公司则会丧失剩余的期权，这就是所谓的"金手铐"。

（3）改善治理结构。

有利于改善公司法人治理结构，给予企业骨干人员股权激励，使他们成为公司的股东之一，有利于改善公司法人治理结构。对一些平台型的上市公司而言，骨干人员参股，有利于经营者规范操作，避免个别大股东的不规范行为。

三、企业平台实施激励机制的主要方式

激励机制包括长期激励机制和短期激励机制。企业平台应该注重长期激励机制。通过长期激励机制，激励阿米巴经营管理者与员工共同努力，使其能够稳定地在企业中长期工作并着眼于企业的长期效益，以实现企业平台的长期发展目标。平台阿米巴采取管理层和技术骨干持股有利于稳固公司的核心团队，激活企业发展内生动力。

最常见的长期激励计划形式是员工持股计划。员工持股计划包括以下几个方式：

第一，股权激励。对于公司的高管及核心人员采取股权激励方式，直接将公司的高管及核心人员登记在股东名册，并且进行工商变更登记。这种方式能够最大限度地激励团队员工，目前高新技术类的平台企业在设立之初普遍采取这一方式，但是也存在股权纠纷的隐患。

第二，期权激励。公司原始股权有限，人数的不断增加势必稀释团队创始成员的股份。基于此，大部分公司会对中层管理人员采取期权奖励的方式。但是随着行权期限的到来，创始成员股份稀释的问题会较为突出。

第七节　约束退出

建设平台最后的流程步骤是约束机制和激励计划退出机制的设计。通过把二者很好地结合起来，调动阿米巴经营者的积极性，并与所有者利益一致，实现激励和约束兼容。

一、建立和完善约束机制

建立和完善约束机制，企业平台可实行对各阿米巴经营者和专业人才业绩考核及一定的监督、控制，平时考核、年终考核、聘用期满考核相结合，考核结果应与利益挂钩，实现真正的约束。

建立约束机制，需要做好：

第一，强化企业审计监督，这是企业平台建立约束机制的基础。

第二，健全和完善公司治理结构和内部权力制衡机制，这是企业平台约束机制的重要保证。

第三，建立健全责、权、利对等的激励约束机制。企业平台根据责、权、利相结合和激励与约束相对等的原则，精心设计阿米巴经营者的激励约束制度方案，使阿米巴经营者的经营目标责任、绩效考核和激励约束有机结合起来。

二、激励计划退出机制

（1）企业平台为什么要有退出机制？

首先，企业对核心人才实行股权激励，通常要求激励对象长期为企业服务并达到一定的业绩标准。当激励对象没有达到服务期要求，或者企业没有达到实现约定的业绩标准的时候，就要通过退出机制收回已经授出的激励股权，这样才不会违背实施股权激励的初衷。

其次，企业平台在走资本化的道路上，要对股权架构进行整体布局。企业用于员工持股或股权激励的部分非常有限，如果没有退出机制，很可能会陷入无股激励的境地。通过退出机制收回离职人员手中的股权，可用于新进人员的激励及原有人员的持续激励。

（2）企业平台如何设计退出机制？

第一，退出企业即退出股权。激励对象离职即收回股权，这是设置退出机制所要遵循的基本原则。

第二，明确退出价格及退出程序。企业在设计退出机制的时候，要明确股权转让的价格和程序。

第三，利用有限合伙持股平台，降低激励对象的违约风险。有限合伙平台更具灵活性，合伙协议可以明确约定有限合伙人（激励对象）强制退伙的情形，从而实现激励对象的强制退出。激励对象如有异议，则由其发起诉讼程序，主动权将掌握在企业的手中。

本章总结

⊙企业平台的战略必须是连贯的，任何一个战略必须要实施三四年，否则就不算是战略。

⊙只有建立在差异化的核心竞争力基础上的企业平台战略，才能使企业平台不断地保持优势，更重要的是它能够创造、建立新的竞争优势，这是企业平台战略决策的核心。

⊙企业平台战略定位之后，就要进行战略资源划分。资源划分是指企业平台按资源划分方案，对企业平台所属资源进行的具体分配。

⊙企业平台战略定位和资源划分之后，我们开始实施企业平台搭建工作，全方位寻求解决企业现存问题的措施和方法，对企业的组织结构、经营模式、价值导向、驱动力进行再造，无边界、大跨度地组合资源，逐步建立一个"人人成为经营者"的合伙、合作的企业平台。

⊙建设企业平台的一个重要流程、步骤，就是引外内创。即企业平台既要从外部引进优秀人才，又要从内部鼓励员工创业。

⊙我们建设企业平台，也要因地制宜、合理地运用激励机制，根据内外环境的实际情况不断地改进、完善和调整激励机制的方式，使企业平台在一个良好的轨道内运行。

⊙建设平台最后的流程、步骤是约束机制和激励计划退出机制的设计。通过把二者很好地结合起来，调动阿米巴经营者的积极性，并与所有者利益一致，实现激励和约束兼容。

中国式阿米巴落地实践之
持续盈利

第六章
建设平台的注意事项

建设企业平台已经是互联网时代企业发展的趋势。与腾讯、阿里巴巴等顶级企业平台相比，很多企业在平台建设的认识和投入上都存在巨大的差距，能够把建设企业平台提到战略层面的企业更是凤毛麟角。

建设企业平台，我们应注意这些事项，即短期利益与长期利益的平衡、局部利益与整体利益的平衡、物质利益与精神利益的平衡。如图6-1所示。

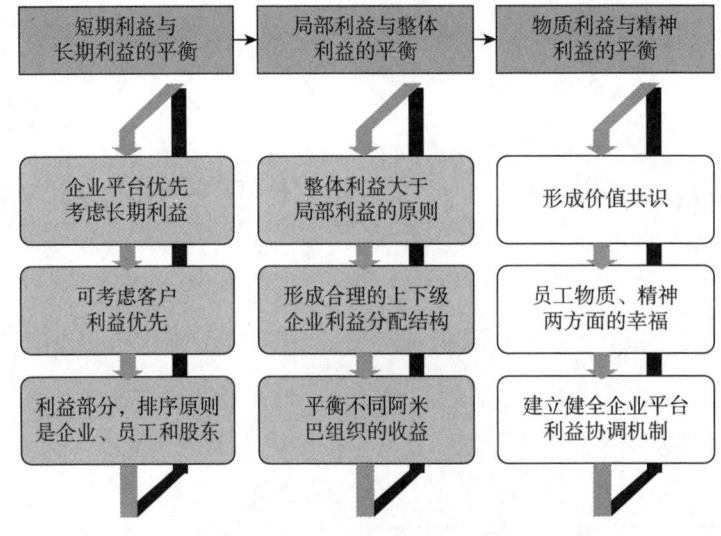

图6-1　建设平台的注意事项

第一节　短期利益与长期利益的平衡

一个企业平台，如何才能做强做大做久？即企业平台如何才能在长期利益和短期利益之间取得平衡？

建设企业平台，必须平衡好短期利益与长期利益的关系。需要考虑企业平台的现在和未来、短期利益和长期利益。如果短期利益是以危及企业平台的长期利益，甚至企业的生存为代价而获得的，那就不能说这样的企业平台取得了成功。如果为了不确定的未来而使企业平台当年冒着灾难性风险,那这种经营决策也是不负责任的。

我们建设企业平台,导入平台阿米巴,必须既有利于当前的目标,又有利于长期的根本目标。即使不能把这两个方面协调起来,至少也要在二者之间取得合理的平衡,即企业平台不能为短期利益而放弃长远目标。同时,企业平台也不能因为仅仅考虑到长期目标而不考虑短期利益。短期利益与长期利益的关系并非是"非此即彼"的关系,企业管理者必须在两种利益之间协调和平衡。

重点提示:

建设企业平台,必须平衡好短期利益与长期利益的关系。需要考虑企业平台的现在和未来、短期利益和长期利益。

一、短期利益与长期利益获得平衡的原则

(1) 在不危及企业平台生死存亡时,企业平台优先考虑长期利益。

危及企业平台生死存亡的事情,通常指公司平台破产、被兼并和收购这类能使企业平台不复存在的事情。因此,企业平台能正常运作时,应尽可能把长期利益放在短期利益之前,多做有利于长期利益的事情。这也要求企业平台具有战略意识,能够抵御短期利益的诱惑。

(2) 当企业平台利益与客户利益发生冲突时,可优先考虑客户利益优先。

企业平台要想生存和发展,不仅需要今天的客户,更需要明天的客户。把客户利益放到企业之前的原则,是在企业平台和客户利益发生冲突时,企业平台可适当限制自己追求利润的本能,先考虑客户利益。因此,注重长远利益的企业平台,才能够持续盈利。

(3) 当员工利益、股东利益和企业平台利益发生冲突时,排序的原则

应该是企业平台利益、员工利益和股东利益。

在企业平台中，企业扩大生产的利益应该放在第一位，员工增加福利和涨工资排在第二位；当业务下降、利润受影响时，企业不应该轻易裁员，要保持员工稳定。股东利益放在最后，股东在企业的角色是投资人，投资人自然要承担最大的风险，因为也享受最大的收益。这样排序，才有可能实现企业平台短期利益和长期利益的平衡。

（4）在绩效考核中，既要考核可量化的指标，也要重视非量化指标。

在绩效考核中，企业平台既要考核可量化的指标，比如产量、合格率、市场占有率、销售额、利润等，也要重视非量化指标，赋予它同量化指标同样的权重，以平衡企业的短期利益和长期利益。

二、短期利益与长期利益如何平衡

企业平台如何平衡短期利益与长期利益，使企业能够长期地生存和发展呢？

（1）需要处理好顾客（客户）和企业之间的关系。

无论什么时候，企业都要把客户利益放在第一位。忘记了客户，就是忘记了企业的生存之道。当企业平台的短期利益与客户利益发生冲突的时候，始终要把客户利益放在第一位。

（2）处理好员工与企业平台的关系。

要想摆正企业平台的长期利益与短期利益的关系，处理好员工和企业的关系是重要的一条。阿米巴经营模式的本质是对人的尊重和发挥人的主观能动性。企业为阿米巴组织及员工提供创业的平台，员工也为企业平台创造价值。如果员工都没有了，企业平台还能生存和发展吗？

（3）企业平台究竟是为了谁的利益而经营？

为了在短期利益和长期利益中取得平衡，企业的管理者必须回答这样一个问题：企业平台究竟是为了谁的利益而经营的？

如果企业平台是为了股东的利益而经营，那么企业平台就会注重短期利益。因为每一个股东都想很快地得到回报，而且是最大的投资回报。

如果想成为优秀的企业平台，为了更长远的利益，那么企业不仅要考核销售额、短期的利润，还要考核非量化指标。比如思考企业可持续发展的关键因素；提升阿米巴经营者的领导能力；建设企业文化，都要对员工进行培训等。这些活动对于企业的长期发展起着重要的作用。

（4）处理好创新的问题。

企业平台成为创新型组织，首先需要具有强烈的使命感和对企业目的的认识，然后把使命感和企业目的转化成愿景，能够为了这个愿景坚持不懈地努力。企业平台在创新上的投入，即企业平台为了长期利益的考虑。企业有了创新成果，就能够更好地提供产品或服务价值，持续地赢得客户的青睐，而不仅仅是考虑股东的短期利益。

如果企业的目的就是短期内使股东利益最大化，即赚钱，那么企业在创新上就不会有太大的投入。因为创新需要时间，如果企业只想着短期的收益能力、投资回报，企业就不会花时间去研发重要的创新成果。

第二节　局部利益与整体利益的平衡

建设企业平台，关注局部利益的同时服从整体利益。阿米巴经营时刻关注企业平台的全局利益，在企业年度经营计划的指引下展开阿米巴经营，在局部利益和整体利益发生冲突与矛盾的时候，局部利益必须让路，优先考虑整体利益。

一、把握整体利益大于局部利益的原则

企业平台需要实现整体利益与局部利益的平衡。在整体利益与局部利益之间，企业平台优先考虑整体利益，有时为了整体利益不惜牺牲局部利益。

（1）企业平台应调节好局部利益和整体利益之间的关系。

企业导入平台阿米巴，有些阿米巴经营者会局限于本阿米巴利益而舍弃其他部门的利益，导致阿米巴组织之间冲突不断，使得阿米巴组织之间

的配合越来越少，从而影响整个企业平台的发展。如果每个阿米巴都为了各自利益而恶性竞争，最终倒霉的是企业平台。

阿米巴组织之间的冲突极大地影响了企业平台的运行效率，给企业内部造成了不和谐的局面，从而影响企业为客户提供产品和服务的质量，最终导致企业效益的减少而影响企业员工的收入。因此，我们考虑阿米巴员工利益最大化应建立在企业平台利益最大化的基础上，加强阿米巴之间的合作，才能实现局部利益与整体利益的平衡、企业平台与阿米巴组织的共赢。

（2）企业的管理者必须建立全局意识，才能减少阿米巴组织之间的冲突，加强阿米巴联动效应，形成优势互补。

企业管理者既要鼓励阿米巴组织创造高收益，也要注重企业平台的收益。当企业平台实现整体利益与局部利益的平衡，才能使每个阿米巴组织团结合作，才能为企业的客户提供优质的服务，才能给企业和客户带来切实的效益，从而为企业平台的百年基业开创新的局面。

（3）整体利益与局部利益的平衡，是在服从大局前提下的平衡。

但这并不是无原则的平衡，不是迁就、照顾、"和稀泥"，也不是谈判、妥协，更不是讨价还价。讲求整体利益与局部利益的平衡，要正确处理好企业平台与阿米巴组织的关系，正确处理好个人利益与集体利益，个人利益与人民利益、国家利益的关系。当局部利益与整体利益发生冲突的时候，应当把集体利益放在第一位，局部利益服从整体利益。在这个前提下，兼顾各方利益是必要的。兼顾各个阿米巴组织的利益，要以不损害其他阿米巴利益为前提。在这个基础上，降低摩擦成本，实现企业平台下各方利益双赢，这是建设企业平台最理想的结果。

二、企业平台如何有效实现整体利益与局部利益的平衡

第一，企业平台形成合理的上下级企业利益分配结构。

第二，企业平台根据下属阿米巴不同的实际情况，选用不同的利益分配办法。

第三，应在上下级利益之间平衡。一方面，企业平台应聚集足够的财

力进行项目投资，调节企业平台的发展方向，真正成为投资中心；另一方面，阿米巴组织留有一定的剩余利润，进行再生产和持续发展。

第四，为保障企业平台的整体利益，促进新经济增长点的培育，扩大和保障市场占有率，平衡不同阿米巴组织的收益，需要运用内部定价来调节不同阿米巴的利润状态，并通过选择不同的利益分配手段，达到企业内部经营竞争上的公平。

第五，当阿米巴组织牺牲局部利益，而有利于企业平台整体利益时，企业平台应通过一次分配或二次分配机制，对阿米巴组织进行补偿。

案例分析

从品牌商转型做企业平台

荣昌洗衣连锁店原本是一家传统型企业，在行业内排名前三，拥有近千家自营门店和加盟店，很明显是一家拥有丰富行业经验的洗衣领导企业。

2013年开始向平台转型，做了"e袋洗"O2O在线洗护平台。企业平台转型的最初阶段，"e袋洗"只有微信公众号，客户下单后1小时内由专人上门收衣，送洗后三天内送回。"e袋洗"的首创模式为"按袋计费"，相比传统计件方式，用户只需将袋子完全塞满即可，与件数无关。衣物数量少的用户可以选择按件清洗，满足了用户多样性的洗衣需求。

然而，市场占有量扩大后，"e袋洗"的发展遇到了瓶颈——如果要将衣物送到荣昌设在北京郊区的大型中央工厂进行清洗，来回路上就要花费整整两天的时间。为了缩短洗衣时间，"e袋洗"发现可以利用居民小区附近已开设的洗衣门店来消化订单。虽然很多门店并非公司所有，但为了最大限度地满足用户，"e袋洗"决定为其他洗衣品牌的门店引流。目前，市场上的很多洗衣门店存在着大量的产能闲置时间，"e袋洗"送来的单子正好弥补了这个空缺。

门店的收入是增加了，但洗衣竞争品牌商可不乐意，他们试图禁止旗下门店接"e袋洗"的单子。但洗衣门店的收入越来越倚重"e袋洗"，门店反而开始怀疑每个月向品牌商支付不菲的加盟费是否值得，而公司为了避免偏私的猜疑，决定将250家荣昌自有门店关闭或转让，专心致志地为整个行业服务。

为了拓宽服务范围，"e袋洗"还发展了邻里小区中的"40后""50后"大妈们来帮助收送衣服。大妈们每接一单获利10元。目前，"e袋洗"在全国已拥有上万名大妈管家，平均月收入超过3000元。大妈尝到甜头乐于相互推荐，管家规模迅速壮大起来。

"e袋洗"的出现颠覆了整个洗衣行业，引领和建立了行业标准。"e袋洗"的成功充分说明了平台对洗衣行业的三个颠覆：

第一，"e袋洗"使洗衣门店直接面对消费者，弱化了品牌商作为中间者的重要性，此为去中间化。

第二，"e袋洗"将洗衣的价格减半，提供上门收送服务，极大地方便了用户，从而开发出许多新用户，为洗衣行业带来更多的流量和价值，此为去中心化。

第三，"e袋洗"利用迅速壮大的大妈资源，从洗衣业务延伸到做饭、做家务、照顾老人等居家护理业务。未来，"e袋洗"将发展成为一个居家服务的综合管家平台，此为去边界化。

从传统的洗衣品牌到综合管家平台，荣昌的平台转型之路值得传统企业借鉴。

荣昌平台如图6-2、图6-3所示。

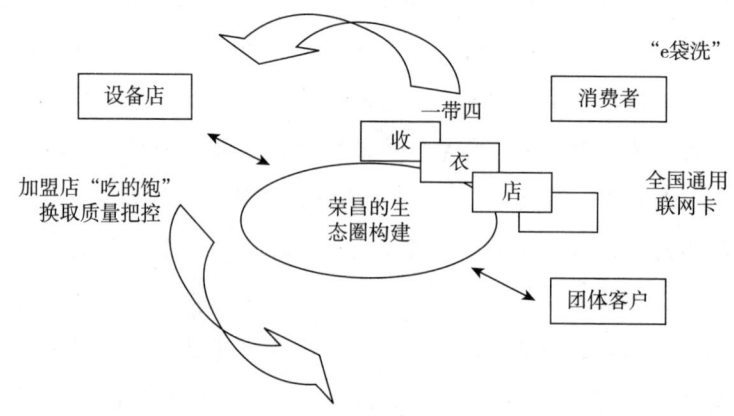

图6-2 荣昌平台生态圈构建

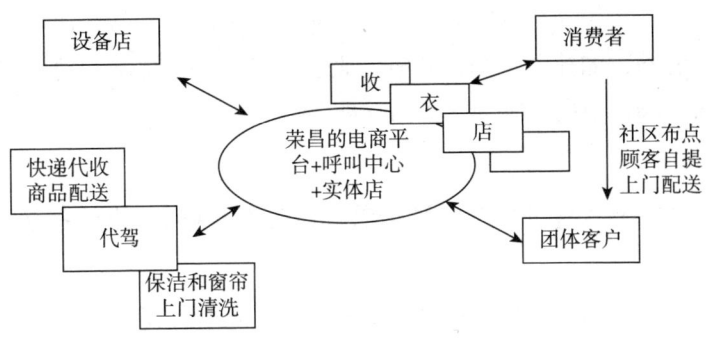

图6-3 荣昌的平台战略定位

第三节 物质利益与精神利益的平衡

建设企业平台，如何在复杂的利益交织中，理清利益脉络、找准物质利益与精神利益的平衡点至关重要，也是企业平台可持续发展的关键。

鱼和熊掌不可兼得。所以，物质利益与精神利益必然存在一定的冲突，而一个成功的企业平台必须能够平衡精神利益与物质利益的冲突，并且从中获取利益。以京瓷公司为例，其经营理念是追求全体员工物质跟精神两方面获得幸福的同时，为社会做出贡献。

一、物质利益与精神利益的定义

企业平台内各阿米巴及员工的物质利益划分为两大类：一是资金，即为阿米巴的发展提供可靠的现金流，还有员工的报酬等；二是资源，这是为阿米巴的发展提供物质基础、技术支撑和人才保障。

精神利益是指满足员工生存和发展需要的一切精神生活条件的综合，不能用货币衡量，通常以声誉、名望、自我实现，以及价值观念、文化等多种形式表现出来。为了便于分析，我们把企业平台内各主体的精神利益分为两个层次：一是内化的精神利益，即知识积累、能力提升、企业文化的塑造等,这类精神利益的实现可直接满足员工内在的精神需求;二是外化的精神利益,如社会声誉、名望、地位等,这类精神利益的实现可以直接扩大员工的社会影响力和社会知名度。

二、为什么企业平台追求物质利益与精神利益的平衡

利益是由物质利益与精神利益构成的,是相互关联的、不可分割的、对立统一的整体。

建设企业平台,导入平台阿米巴,企业必须做到义利并重、相互制衡、扬长避短、趋利避害,这才是最好的选择。对于义与利,非此即彼、厚此薄彼,都是有害的。

即便是稻盛和夫这种被誉为"经营之圣"的企业家,也不可能避开金钱和物质而高谈阔论如何激励员工,阿米巴经营者必须为了员工物质、精神两方面的幸福而竭尽全力。

在经营的过程中,稻盛和夫曾经意识到:"对于公司来说,有比实现自己的梦想更重要的目的。"这个目的就是:"保障公司员工及其家属的生活,让他们得到幸福。"以这件事为契机,京瓷公司的经营理念转变为:"以实现全体员工物质和精神两方面的幸福为己任,为人类社会的进步和发展做出贡献。"

"物质和精神两方面的幸福"指的是在追求经济上的稳定和丰富的同时,通过职场上的自我表现,获得生活、工作的价值等"心灵上的满足"。在此基础上,还有磨炼技术,不断制造出优秀的作品,产生"为科学技术的进步,为人类的生存和社会的发展做出贡献"的想法。通过明确企业存在的意义,使得员工的力量汇聚到一起。

 评点:

建设企业平台,导入平台阿米巴,企业必须做到义利并重、相互

制衡、扬长避短、趋利避害，这才是最好的选择。对于义与利，非此即彼、厚此薄彼，都是有害的。

三、物质利益与精神利益平衡的主要措施

利益平衡的目的是为了保障相对公平的利益分配，确保企业平台的稳定性，减少激烈的利益冲突，提高企业平台的整体效益。所以，从这个意义上来说，利益平衡就是一种公平的利益分配状态。

建设企业平台，可以借鉴如下措施以期实现物质利益与精神利益的平衡：

（1）促使企业平台内各阿米巴组织之间形成价值共识。

阿米巴组织是在企业平台内生存和发展，各阿米巴的目标不一致，利益诉求也有差异，阿米巴之间产生冲突的最主要的原因是各阿米巴片面追求物质利益而忽视精神利益、追求短期利益而忽视长远利益、追求个体利益而忽视整体利益。因此，要解决利益冲突：

一是要使企业平台内各阿米巴树立价值理念，正确处理物质利益与精神利益的关系，实现物质利益与精神利益的双赢。

二是使各阿米巴树立长远的价值理念，正确处理短期利益与长期利益的关系，实现企业平台的可持续发展。

三是使企业平台各阿米巴树立整体的价值理念，正确处理个体利益与企业平台整体利益的关系。在实现企业平台整体利益最大化的过程中，实现个体利益。

（2）制定处理利益冲突和协调利益关系的原则和方法。

通过制定相关原则和方法，可以引导、规范并调节企业平台内各阿米巴之间的利益分配，有利于实现阿米巴之间的利益平衡，规定企业平台利益分配的指导思想和基本原则、规定处理利益冲突和协调利益关系的原则与方法等。甚至可以成立企业平台利益协调机构，为企业平台内各阿米巴的利益协调提供一个平台，并逐步建立健全企业平台利益协调机制，合理有效地协调阿米巴组织之间的利益。从而保障企业平台的高效、协调发展。

（3）建立企业平台内各阿米巴组织的利益分配机制。

建立企业平台，各个阿米巴组织应该享有平等的地位，彻底改变强势阿米巴掠夺弱势群体利益的状况。企业平台上的每一个阿米巴组织，都要真正地尊重对方，公平公正地分割利益，尽可能使每个阿米巴的投入与其所得到的利益匹配。只有这样，双方的合作才能长久，才能实现"风险共担，利益共享"，才能创造更多的增值利益，最终实现短期利益与长期利益的平衡、局部利益与整体利益的平衡、物质利益与精神利益的平衡。

本章总结

⊙建设企业平台，必须平衡好短期利益与长期利益的关系。需要考虑企业平台的现在和未来、短期利益和长期利益。

⊙我们建设企业平台，导入平台阿米巴，必须既有利于当前的目标，又有利于长期的根本目标。即使不能把这两个方面协调起来，至少也要在二者之间取得合理的平衡。

⊙在不危及企业平台生死存亡时，企业平台优先考虑长期利益。

⊙当员工利益、股东利益和企业平台利益发生冲突时，排序的原则应该是企业平台利益、员工利益和股东利益。

⊙建设企业平台，需要关注局部利益的同时，服从整体利益。阿米巴经营时刻关注企业平台全局利益，在企业年度经营计划的指引下展开阿米巴经营，在局部利益和全局利益发生冲突与矛盾的时候，局部利益必须让路，优先考虑整体利益。

⊙作为企业的管理者，必须建立全局意识，才能减少阿米巴组织之间的冲突，加强阿米巴联动效应，形成优势互补。

⊙建设企业平台，如何在复杂的利益交织中，理清利益脉络、找准物质利益与精神利益的平衡点至关重要，也是企业平台可持续发展的关键。

⊙建设企业平台，导入平台阿米巴，企业必须做到义利并重、相互制衡、扬长避短、趋利避害，这才是最好的选择。对于义与利，非此即彼、厚此薄彼，都是有害的。

第二篇

把平台做成阿米巴

中国式阿米巴落地实践之
持续盈利

第七章
阿米巴经营模式的
核心思想

阿米巴经营模式的核心思想，概括起来有三点：

一是把大组织划分成多个小组织。

二是每个组织独立核算经营结果。

三是组织之间进行内部定价交易。

第一节　把大组织划分成多个小组织

阿米巴经营模式的核心思想之一，就是把大组织划分成多个小组织，每个小组织独立经营、自主核算。培养具有管理意识的领导，让全体员工参与经营管理，从而实现"人人成为经营者"的经营方式，重新赋予大公司创业时的活力。如果想让我们的课堂气氛好起来，一定要分成若干个小组来做。其实这样做我们是一个群体、一个组织，今天来听课的不是一个群体，而是一个组织。你分享他的目标，就变成一个组织了，就是把一个大组织分成若干个小组织。

公司的发展需要由小到大、由大归小的组织发展回归，将大公司进行阿米巴单元划分，重新赋予大公司创业时的活力。

某公司的陶瓷产品有混合、成型、烧结、精加工四道工序，就将这四道工序分成四个阿米巴。每个阿米巴都像一个小企业，都有经营者、销售额、成本和利润。这样就可以真正落实"人人成为经营者"的方针，发挥企业每一位员工的积极性和潜在的创造力，把企业经营得有声有色。另外，阿米巴可以随环境变化而"变形"，即具有适应环境的灵活性。

第七章 阿米巴经营模式的核心思想

 重点提示：

阿米巴经营模式的核心思想之一，就是把大组织划分成为多个小组织，每个小组织独立经营、自主核算。

一、把大组织划分成为多个小组织的重要意义

在企业平台战略下，为实现经营目标和发展需要而进行的组织设计，将大组织划分成可以独立完成业务且可以进行独立核算的阿米巴，将有利于公司对经营方向的把控。主要体现在如下几点：

（1）打造自主经营的小组织。

将企业组织划分成若干个"自主经营"的小组织，把大企业化小，同时具备规模和灵活性。

（2）内部市场化交易。

内部交易，直接传递市场竞争压力，以"内部市场化"运作机制来促进企业外部竞争。

（3）全员做"老板"。

促使员工从"被动执行"转变为"主动创造"的经营者，释放企业潜能，能够培养跟老板理念一致的经营人才。

（4）系统地看企业的健康状况。

以独立核算为基础，将经营的实际情况看清、看透、看系统。同时，运营科学的组织业绩管理及业绩评价来衡量员工的贡献，并实现循环改善。

二、把大组织划分成为多个小组织的原则

把企业平台做成阿米巴，需要把大组织划分成多个小组织，其原则体现在：

（1）组织扁平化原则。

阿米巴组织层级尽量不超过三层，否则需重新审视组织划分。组织扁平化是指通过减少企业的管理层级、压缩职能部门，以便使企业快速地将决策权延至企业生产、营销的最前线，从而为提高企业效率而建立起富有弹性的新型管理模式。组织扁平化使组织变得灵活、敏捷，富有柔性、创造性。它强调系统、管理层次的简化、管理幅度的增加与分权。

（2）内部交易简单及核算简单原则。

阿米巴组织的划分虽然越小越好，但是必须以交易简单、核算简单为前提。

将大组织划分成多个小组织，需要考虑在阿米巴组织之间的内部交易、核算办法和核算体系设计上力求简便易行、好学易懂，使员工乐于接受，容易明确阿米巴的经济责任。

（3）体现重要性与成效性原则。

大组织划分成多个小组织，最好能够有针对性地解决目前组织凸显的问题，以及预期在收入增加，成本、费用降低等方面短期内会有显著的体现。

在组织划分过程中，还要充分考虑到各阿米巴组织的责任、权力和利益，要能够清晰界定权利和义务、合理分配收益。只有这样，才能确保阿米巴经营模式在企业平台中顺畅运行。

三、大组织划分成多个小组织的正确标准

"阿米巴就是将君主的权力关在笼子里，将员工的潜能释放出来！"将君主的权力束之高阁的同时就是员工潜能的极大释放，这才是阿米巴魅力的核心和企业生机的原动力。

大组织划分成多个小组织，通过组织的扁平化和精细化的授权机制，充分赋予了各阿米巴自主经营的权力。同时，通过信息和数据的开放透明化，真正实现由下而上的可视化经营和实时纠偏、永续改善，让员工充分参与经营，企业的活力场因此而构建。

大组织划分成多个小组织，需要遵循表7-1的划分标准。

表7-1 大组织划分成多个小组织的标准

原则	说明
实现企业平台发展战略	以企业整体效益为前提
最大限度划小经营单元	独立的核算单位；组织产出明确，具有独立完成某项业务的能力；充分考虑阿米巴组织的责任、权利和利益
具有合适的经营管理者	哲学（核心价值观、主人翁意识）、能力（经营能力、领导能力）

（1）实现企业平台发展战略。

把平台做成阿米巴，其主要目的是完成企业平台战略目标，实现企业平台的飞速发展。因此，大组织划分成多个小组织，就是要有利于贯彻企业平台发展战略、实现企业的战略目标。如果由于组织的划分，导致企业的管理运营混乱，或者各个阿米巴组织"明争暗斗"，导致企业沦为一盘散沙，难以完成战略目标，那么就要调整阿米巴组织的划分思路和方法。

（2）最大限度地划小组织。

把平台做成阿米巴，就要最大限度地划小组织，努力追求"销售额最大化、成本费用最小化"的经营效果。

当然，最大限度地划小组织并不是说组织越小越好，而是要在能够独立核算与独立完成业务的基础上进行最大限度地划小，而且确保阿米巴组织以最低的成本取得最大的经济效益。

（3）具有合适的经营管理者。

大组织划分成多个小组织，一个重要的前提是，所划分出来的小组织必须有合适的经营管理者。这个经营者必须具备"追求全体员工物质和精神两方面幸福，并为社会做贡献"的明确信念，还要具备经营能力和管理能力。只有这样，才能带领组织成员在工作中创造价值，激励全体员工为了企业平台的发展而齐心协力地参与经营。

≡案例分析≡

出国留学机构如何平台化转型

柏明顿的阿米巴咨询客户中，有一家出国留学咨询服务公司。该公司的业务涉及出国留学、海外移民、游学、签证等领域。主营业务全国布局已经完成，急需在以下方面得到快速提升：

一是提高区域市场份额、提升单店盈利能力（从以前追求申请人数转变为以利润为目标）。

二是提高产品开发与产品整合、院校开发与深度合作。

三是提高资源入口数量及资源转化率。

四是迫切需要解决申请高峰期拥堵、客户个性化需求等问题。

一、实施平台化转型方案简述

为了实现上述目标，这家出国留学咨询服务公司与柏明顿咨询合作，实施平台化转型。其实施方案简述如下：

1. 战略梳理、组织变革、职能定位

战略：突出主业、兼顾辅业、放弃多元。

组织：扁平结构、做虚总部、做实分部。

2. 注重开源、利润导向、产品整合

明确利润指标、强化产品管理、增加资源入口、促进销售、提高文案质效。

3. 企业平台、系统分巴、员工创业

辅业注册公司、员工竞聘上岗、跟投成为股东、对内对外服务、股份工资分开。

主业分巴，共设立各级阿米巴113个。

4. 经营会计、多设交易、减少分摊

预算巴分为服务与管控职能，服务部分全部定价进行内部购买，管控部分进行分摊。

运营中心、申请中心、国际发展中心均为利润巴，全部实行内部定价，服务购买。

5. 工资保底、重在奖金、超额转股

各巴工资全部计入各巴成本，定岗定编定薪；年度高薪亦按集团统一标准。

奖金预提，当月发放60%、季度发放80%、年底结算20%；奖金总额上不封顶，最高发放工资的三倍，余额转股。

奖金余额转为本巴股份，享有分红权、资产增值权。若是公司进行资本结构调整，可按比例转为公司股份，员工如果不愿意转，可以结算余额，三个月内支付完毕。

二、实施平台阿米巴之后的效果

原有3000多名员工，分巴后减少了327人，约占11%，以工资、福利、费用15万元/人/年计，直接降低成本约5000万元/年。

办公室退租一层共3000多平方米，每年减少租金、水电费用1300多万元。

营业额和利润明显增长，员工积极性非常高。

第二节　每个组织独立核算经营结果

每个组织独立核算经营结果，即通过核算制度，使各个部门、各小组，甚至某个人的经营业绩变得清晰透明。一般来说，大公司的员工很难对自己工作的具体成果有实在的感觉，他们常常只是公司庞大系统中的一个小小的齿轮，很难感知到自己对公司到底有何贡献。从这点上看，每个组织独立核算经营结果，将成为激励员工的动力。

每个组织的经营成果直接取决于成本的控制，促使每个组织和员工都要会"算账"，而且为了降低成本，账算得越来越细，核算项目内容，尤其是费用的规定逐层细化，比如将水电费细化成了水费和电费。在员工看来，这样做出的核算结果就像一位细心的家庭主妇的家务账，一家人每天花的每一分钱都能找到去处，既详细又易懂。

因此，把平台做成阿米巴，即构建一种"人人成为经营者"的经营体系，每位员工都要充分掌握自己所属的阿米巴组织目标，在各自岗位上为达到目标而不懈努力，在过程中实现自我。公司会按月公布各个小组当月的经营状况、每个组员及小组所创造的利润，及其占公司总利润的百分比等，一目了然。

每个组织独立核算经营结果，我们就需要了解经营会计的逻辑和主要工作。

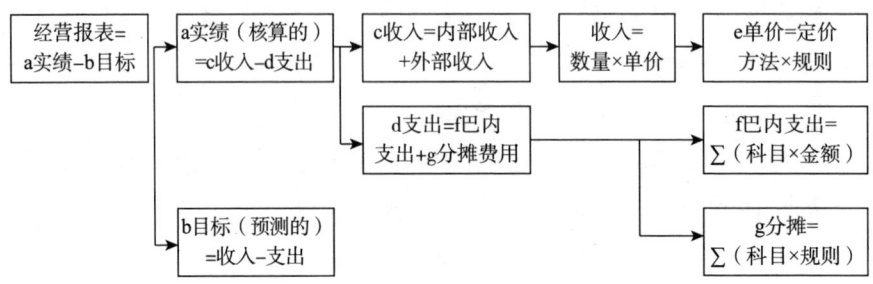

图7-1　阿米巴报表与阿米巴经营会计的关系

从图7-1可以看出，从阿米巴报表的生成来倒推阿米巴经营会计到底应该做哪些工作？它们之间是什么逻辑关系？

第一条：经营报表=实绩-目标。

这个很容易理解，也就是说衡量一个巴的经营状况的好坏，是将实际业绩对照预测的目标。如果实际业绩超过预测的目标就是好的，反之，就是不足的。而不是将实际业绩简单地对照上一周期的业绩。比如今年同去年比，即使有进步，也未必能说明这个巴的经营状况是良好的。这是一个很重要的原则。

除了以销售收入、利润、利润率作为对比维度外，还可以用投资回报率、净资产收益率等作为标准。稻盛和夫特别强调以单位时间的附加值作为标准，当然也可以，但我的经验是不一定只有这一个维度。

第二条：实绩=收入-支出，目标=收入-支出。

实绩是指事后核算出来的真实的结果，而目标只是事前预测的结果。

第三条：收入=内部收入+外部收入。

一个经营性质的阿米巴，有时是可以对外销售产品或服务的。如果阿米巴模式推行得好，从理论上讲，每个巴都可以对外经营，除非是公司的核心技术、核心商业机密。

比如人力资源部既可以对内招聘，也可以成立猎头公司对外招聘，核心是不能把自己公司的人才猎到外边谋利。

第四条：支出＝巴内支出＋分摊费用。

每个巴肯定都有人、财、物的费用，这部分全部计入巴的经营成本。

上级单位可能是职能部门，由于没有独立的收入，而且其服务都是对内、对下的，那么他们的费用当然应该由下属的经营单元来承担，比如战略部、审计部等。至于分摊的维度，可以有营业收入、利润、人头数、使用面积等多个维度。

分摊时要注意"逐级分摊"这个概念，比如总经办的费用分摊到生产巴和销售巴，销售巴又分为南区、北区两个二级巴，那么这两个二级的分摊就来自总经办、营销副总办。

第五条：价格＝定价方法×规则。

这条内容本章第三节会重点介绍，此处略。

第六条：科目。

就是建立各巴的财务科目，一定要界定清楚。否则，巴的经营结果就计算不出来，或者不准确。

比如两台同样的设备，A巴使用的已经折旧完毕，理论上，从财务的角度来说它的成本为0；而B巴使用的那台设备是刚购进的，当然需要有折旧的成本。可是这两台设备其实目前运行非常良好，日后一定时期内并不排除A巴的这台设备需要大维修，甚至要重新更换设备，那么这就需要界定科目与成本计算的标准了，否则就不公平。

重点提示：

一个经营性质的阿米巴，有时可以对外销售产品或服务的。如果阿米巴模式推行得好，从理论上讲，每个巴都可以对外经营，除非是公司的核心技术、核心商业机密。

第三节　组织之间进行内部定价交易

把市场导入企业内部的平台，这就涉及组织之间进行内部定价交易，这也是阿米巴经营模式的核心思想之一。

一、为什么组织之间进行内部定价交易

阿米巴经营模式中，引入外部的市场机制，企业平台内的组织之间将原来的交付关系转化为交易关系，相互间进行产品或服务交易。"从交付到交易"，是成功实施阿米巴的标志。

内部交易的前提是确定好各组织之间的产品或服务价格。定价是经营之本，定价体现经营头脑。每一个阿米巴都是一个小的利润中心，所有阿米巴都负有核算责任。每个阿米巴的领导人都必须负责本巴的定价，考察每一种产品的核算，在正确的经营理念指导下，实现利润最大化。

二、组织之间如何进行内部定价交易

组织之间进行内部定价交易，是阿米巴取得业绩和利润的关键。阿米巴组织内部定价是企业内阿米巴组织之间由于相互提供产品、半成品或劳务而引起的相互结算、相互转账所需要的一种计价标准。科学制定内部价格，能够使各阿米巴"利润"相对客观、真实。组织内部定价与公司经营战略和公司的内部控制、管理制度相关。组织内部定价不是"拍脑袋"出来的，而是要结合历史数据的分析，以及参考外部市场价格，才能制定出最科学的内部交易价格。

阿米巴内部定价的意义在于：提升各阿米巴内部资源的有偿使用意识；形成完整的交易价格体系；完善阿米巴有偿服务质量标准；通过阿米巴内部定价，使阿米巴获得直接的经济效益。

组织之间进行内部定价交易，就要企业平台内部市场化。阿米巴内部交易的实际操作方式是：把下一道工序的阿米巴视为上一道工序阿米巴的客户，各阿米巴之间以产品与有偿服务的方式，按市场化运作方式进行交易。

企业平台内部多个阿米巴之间，利润中心与成本中心之间按照市场机制建立交易关系，明确相互之间提供的产品和服务及收费标准，确定违约责任和索赔机制。同时，引入外部市场价格促使内部交易服务成本下降，如果内部服务成本无法降低则还应寻求外部交易机会。

案例分析

快消品行业如何推行平台化阿米巴经营

柏明顿的阿米巴咨询客户中，有一家公司是国内最大的生活用纸和妇幼卫生用品制造商。2016年6月以来，该公司开启了新一轮的重大变革——导入阿米巴经营模式，通过开放来实现快速扩张和布局，通过内部变革释放企业活力。

一、战略平台与阿米巴经营模式齐头并进

当前，该公司所面临的内外环境都已大不相同。外部，宏观经济不景气、行业产能过剩、传统商业模式改变，以及渠道的碎片化，使得该公司原有的优势被弱化。内部，该公司已经成为一头拥有3万多名员工的"大象"，体积庞大、机构臃肿、反应迟缓。

为了改变困境，该公司调整金字塔管理组织架构，转变为由战略管理、运营中心、共享中心构成的战略平台架构。

战略平台与阿米巴小团队经营模式齐头并进。2017年，该公司完成组织架构的调整，能够对市场快速做出反应的小微团队将成为企业的主体。同时，利用开放的平台不断吸纳、整合内外部资源，实现快速扩张与布局。换言之，该公司这头"战象"将化身为"蚂蚁雄兵"，最终打造出一套能够承载未来1000亿元的平台与体系。

二、组织生态重构

运营平台和共享服务平台，为该公司基于组织生态重构的大平台体系的构建奠定了基石。在现有业务销售端、生产端的发力和未来战略新业务的孵化承载上，通过阿米巴经营模式可助力落地运行，从而实现经营数据透视化、经营资源集约化、经营效益放大化。

经过这次变革之后，该公司变成一个平台型的企业，这个平台是开放的。

即围绕家庭卫生用品行业的资源整合，该公司有品牌、有资金，可以把一些优质企业纳入平台体系。

三、平台化小团队经营

平台化小团队经营，实行平台化＋合伙制，对于该公司来说注定是一场轰轰烈烈的颠覆性变革。在集团总部，运营中心、共享中心的建立，使小团队经营有了平台基础。集团充分信任、充分授权，希望通过小团队阿米巴经营模式再次激发全体员工的创业激情。

打造平台化小团队经营与合伙制，以实现企业平台化、员工创客化。在建立运营平台体系和公平、公开、公正的规章制度的基础上，让大家享有平等的机会在平台上根据规则施展自己的才华和潜力。

四、人人成为老板

导入平台阿米巴之后，该公司的反应速度变快了。区别于之前的模式，阿米巴小团队经营的优势就在于主动贴近市场，时刻洞察客户需求，灵活快速反应，提升服务质量，为客户创造更高的价值。

另一个优势是节约成本。按照阿米巴经营模式，成本由各个经营团队自己承担，节约下来的成本，团队成员可以按一定比例共享，这就倒逼各个经营团队主动控制成本。

想成为老板，首先参与巴长的竞聘。在重点地区组织区域阿米巴巴长的竞聘，吸引了省区销售总经理、经营部经理、办事处主任、客户经理等，在公平、公开、公正的舞台上竞争。

本章总结

⊙阿米巴经营模式的核心思想之一，就是把大组织划分成为多个小组织，每个小组织独立经营、自主核算。培养具有管理意识的领导，让全体员工参与经营管理,从而实现"人人成为经营者"的经营方式,重新赋予大公司创业时的活力。

⊙在企业平台战略下,为实现经营目标和发展需要而进行的组织设计,将大组织划分成可以独立完成业务且可以进行独立核算的阿米巴,将有利于公司对经营方向的把控。

⊙每个组织独立核算经营结果,即通过核算制度,使各个部门、各小组,甚至某个人的经营业绩变得清晰透明。

⊙每个组织的经营成果直接取决于成本的控制,促使每个组织和员工都会"算账"。

⊙阿米巴经营模式中,引入外部的市场机制,企业平台内的组织之间将原来的交付关系转化为交易关系,相互间进行产品或服务交易。"从交付到交易",是成功实施阿米巴的标志。

⊙阿米巴内部定价的意义在于:提升各阿米巴内部资源的有偿使用意识;形成完整的交易价格体系;完善阿米巴有偿服务质量标准;通过阿米巴内部定价,使阿米巴获得直接的经济效益。

中国式阿米巴落地实践之
持续盈利

第八章
实施阿米巴
有什么收益

阿米巴经营模式就是以"销售额最大化、经费最小化"为经营原则，最大化增加收入、节约成本和费用，通过开源节流实现企业的高收益。如图8-1所示。

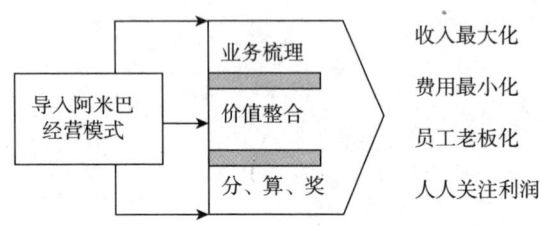

图8-1　阿米巴经营模式原则

第一节　收入最大化

企业平台能否发展壮大是靠其盈利的多少决定的。使收入最大化的同时做到费用最小化，这是一个企业平台和每个阿米巴组织成功的基本途径。稻盛和夫就是把"追求销售额最大化和经费最小化"作为经营原则。虽然这是一个非常简单的原则，但稻盛和夫坚信，只要忠实贯彻这一原则，企业就可以成为拥有高收益体质的优秀企业。

一、组织收入最大化

稻盛和夫认为："企业的意义就是将开发出来的产品投入生产，并将最终的产品销售到消费者手上从而获利。所以，企业最关注的一件事必须是：如何做到销售最大化，经费最小化。"秉承这样的经营理念，稻盛和夫开创了阿米巴经营模式，并不断创造经营奇迹。

对于企业平台及阿米巴组织而言，追求利润是正常的经营行为，但是阿米巴经营者不能被追求利润的思想所左右，而应该让利润跟随着自己的经营步伐。

让组织收入最大化的途径就是不断地努力研发、销售，这样利润才会细水长流、源源不断。组织收入最大化，同时尽量减少经营的支出，这是获取利润的正确有效的方法，这也体现着一个阿米巴经营者的管理思想及策略。组织按照经营者的意志发展，组织的经营方式能反映出经营者的个性。一个阿米巴组织经营者能用极大的意志力和创造力使收入最大化、支出最小化，就说明经营者具有强大而明确的能力和企图心。

实现组织收入最大化，就要把期望达到的销售额目标细分，按照区域、品牌、产品及渠道细分。组织收入目标分解到最小的阿米巴，甚至拆分到个人身上，然后确定完成每一个销售目标的时间进度表。最后，一定要协助每一个阿米巴找到实现目标的途径和方法，并提供足够的帮助，以确保收入目标的完成。

每位员工都要充分掌握自己所属的阿米巴组织目标，想办法通过减少支出、减少浪费来节省经费，通过扩大经营范围、提高产品价值来提高销量，从而达到组织收入最大化。

重点提示：

让组织收入最大化的途径，就是不断地努力研发、销售，这样利润才会细水长流、源源不断。

二、个人收益最大化

作为个体的员工是企业平台的小"阿米巴"，员工个人创造的价值与组织收入最大化密切相关，这就要求企业平台里的每个员工不断提高经营能力，提升个体这个小"阿米巴"的价值创造能力。在为企业平台及阿米巴创造高收益的同时，也实现个人收益最大化。

除此之外，企业平台也探索利益分享机制，实现员工参股、合伙制等。企业需要与员工共享成就与梦想，进一步使企业利益与员工利益趋于一致，激发员工的责任心，调动员工的积极性与创造性；为企业留住有用之才，使核心员工与公司利益共享、风险共担。

个人收益最大化就会提升员工对企业平台的归属感，员工也有动力为客户带来高质量的产品和服务，为股东创造高额的回报，为社会创造最大的福祉。当然，在这个过程中企业也会很顺利地创造利润，实现组织收入最大化与个人收益最大化的统一。

===案例分析===

华为平台转型，让员工收入最大化

以华为为首，一批中国领袖级企业正在发起一场管理变革，从释放基层单元的活力着手，着眼于整体上推动公司，快速应对市场变化。

华为目前已经是全球500强的企业之一，但是，对一个大公司来说，华为也有自身的一些危机。面对这种危机，华为只有通过变革才能求生存。

一、华为的危机

（1）对过往成功路径的过分依赖，成功是失败之母。

（2）组织肥胖症：对内外变化反应迟钝。

（3）组织中年疲劳症：30年的企业发展期，如人到中年，活力与激情降低，变得懒惰、消极、疲惫。此时，往往是从大公司到伟大公司的生死结。所以，企业需要变革、变革再变革。

2012年，华为公司决心进一步深化改革，悄然开始了"如何构建华为公司自己的阿米巴经营模式"的课题研究和实践探索。而导入阿米巴经营模式，是要经过反反复复的前期准备，包括经营哲学的形成、顶层设计等。

二、华为今天的变革趋势

（1）鼓励内部创业。

华为在内部创业的过程中，采取的是将企业的非核心业务内部创业为企业的代理商或外包业务商的模式。

华为的内部创业与其说是为了促使企业内部创新，不如说是企业在特定时期不得不做出的特定选择。华为在2000年时面临着非常严重的内部问题，老员工由于拥有股权，无需干很多的活便可通过分红获得可观的收益。公司总裁任正非意识到了这种问题，决定"杯酒释兵权"，通过鼓励企业员工内部创业的形式来帮助华为度过"冬天"。所以，华为真正的出发点是为了解决老员工的出路问题，是为了改变企业内部的人员结构。对此时的华为来说，内部创业不是目的，而是解决企业发展问题的工具。

华为的内部创业，是公司遭遇瓶颈期时的一种应对策略，是为了帮助公司克服"休克鱼现象"。对于大多数企业而言，只有当公司遭遇发展困境时才会去考虑内部创新、创业的问题，但是优秀的企业却会在遭遇瓶颈前就开始行动。

（2）建立以项目为中心的运作机制，激活经营单元。

华为公司努力做厚客户界面，由客户经理、解决方案专家、交付专家组成工作小组，形成面向客户的"铁三角"作战单元，有效地提升了客户的信任感，较深地理解了客户需求，关注良好有效的交付和及时的回款。"铁三角"的精髓是为了目标，打破功能壁垒，形成以项目为中心的团队运作模式。

（3）向基层释放更大的权力，破除官本位文化。

2014年，华为公司进一步推进组织变革，下移管理重心，推动机关从管控型向服务、支持型转变，加大向一线的授权。让听得见炮火的组织更有责、更有权，让最清楚战场形势的主管指挥作战，从而提高整个组织对机会、挑战的响应速度。同时，华为公司将加强在一线作战面的流程集成，提升一线端到端效率，使客户更容易、更简单地与华为公司做生意。

（4）改革薪酬体系，提升全体干部和员工的活力。

华为公司将更多地致力于工作环境的改善，进一步增强整体薪酬市场竞争力，并使长期激励覆盖到更多员工。华为希望提升全体干部和员工的活力，使组织生龙活虎，更好地为客户创造价值。

（5）发挥战略愿景的精神牵引力。

大公司与伟大公司的最重要的区别在于，伟大公司是有价值观与愿景牵引的，而华为公司已经做到了这一点。

华为公司优化相关政策，创造更好的企业文化氛围，激励优秀员工与华为公司共同长期奋斗。

（6）进一步强化以财务变革为核心的管控体系。

要求各个基层的单元都有CFO，做好管控，形成组织正副手及CFO三位一体的平衡。

（7）普遍持股的文化基因。

员工普遍持股是华为文化的基因，是华为管理知识型劳动者的一个核心的手段。所以，华为在发生巨大的变革的时候，总能够做到风平浪静，因为每个人都是老板。

华为公司采取面向客户的"铁三角"经营单元；向基层释放更大权力；改革薪酬体系，提升全体干部和员工的活力；员工普遍持股，每个人都是老板"等变革措施。与阿米巴经营模式中的"划分阿米巴小组，自行制定计划，独立核算，持续自主成长，让每一位员工成为主角，全员参与经营"等，有很多异曲同工之处。华为公司是否希望借助阿米巴经营模式再次超越自我，我们拭目以待。

第二节　费用最小化

降低成本、费用最小化，是企业管理者的心头大事。费用最小化和高效益之间并非是矛盾的，优秀的企业管理者总是能够凭借费用最小化获得高效益。

一、组织费用最小化

管理学者彼得·德鲁克说过："作为一名企业家，应该做好两件事：第一件就是营销；第二件是降低生产成本。其他都不要做。"

组织费用最小化是企业面临的一个不可逃避的主题，成本费用的高低关系到企业的生死存亡。怎样控制和削减成本，使费用最小化，可以说是摆在阿米巴经营者面前的首要难题。假如经营者学会了从每一个细节中削减一切不必要的成本，那么企业就可能获得成倍的利润，企业的综合实力也会得到进一步的提高。

组织费用最小化，我们要做到：

（1）将费用明细化。

将组织费用最小化，需要进一步对核算表中的费用开支项目进行细化。

阿米巴组织要及时了解每个月的核算情况。每个月都要进行一次月度结算，在月末后的一周内就将该月度的损益情况统计出来。通过制作出核算表，对于每天的业绩数据都了如指掌，并不断地采取一些改进和改良措施。核算表还有一个特点，那就是通过金额的形式将工作的目标和成果直观地呈现出来。公司内部的一切票据，除了填写产品的数量外，还要将金额细致地填写进去。因此，公司内部并非单纯的以数量作为收益标准，而是以金额作为标准。

像这样用金额来表示某阿米巴实际花费的成本是非常重要的。如果有必要，还可以细化到某个设备的实际用电量，这就对削减经费开支非常有利了。

对于如何降低阿米巴的差旅费，应该将所有的票据收集起来，将差旅费按照机票费、电车费、出租车费、住宿费等进行分类。如此一来，就可以清晰地掌握应该对哪一方面的开支进行削减了。

组织以这样的方式来追求费用最小化，阿米巴经营者应该准确地掌握本部门的阿米巴费用情况，否则就制定不出相应的具体措施。经营者必须对各项经费开支项目进行细致地分析，进行可以洞察一切的费用开支管理。

（2）推行"即时即用"的采购原则。

组织费用最小化，可以推行"即时即用"的采购原则，这也是防止库存积压的好方法，即在需要的时候才购进所需要的材料，而且要适量。

"即时即用"的采购，可以让员工更注意节约使用，使生产线上的员工产生节约使用的心理，也省去了企业的管理麻烦。

二、个人浪费最小化

每个企业、每个人都在不同程度上出现浪费这个毛病,因此解决个人浪费是改善企业经营状况的当务之急。浪费会使得企业的生产成本和经营成本都无法降低,长期看不到利润,甚至还会出现负增长的情况。在阿米巴经营模式中,实现个人浪费最小化,做到不浪费一度电、一滴水,才能在激烈的竞争环境中生存和发展。

不当的生产方式会造成各种各样的浪费,而浪费又是涉及提高效能、增加利润的事情。在阿米巴经营中,浪费现象主要有:生产过量的浪费、搬运上的浪费、加工本身的浪费、库存的浪费、操作上的浪费、制成次品的浪费等。

组织是怎样避免和杜绝库存浪费的呢?为了达到个人浪费最小化的目的,阿米巴组织可以采用多种防范体系。

第一,在推进提高效率、缩短工时及降低库存的活动中,设法消灭过量生产的浪费。以自动化设备为例,为了使各道工序经常保持标准手头存活量,各道工序在联动状态下开动设备,这种体系就叫作"防范体系"。在必要的时刻,一件一件地生产所需要的东西,就可以避免生产过量的浪费。

第二,按照订货来调配机器的开动率。如果销售情况不佳,机器开动率就下降。反之,如果订货很多,就要长时间加班或倒班,有时开动率为100%,有时甚至会达120%或130%。因此,组织按照订货来调配机器的开动率,将过量生产的浪费降到最低,就出现了即使机器不转动也能赚钱的局面,也实现了零库存管理,使产品成本降到最低。

第三节 员工老板化

员工老板化有多种方式。一种方式是人人成为经营者,都是企业的股东,自己只是股东之一。这样,企业给员工的感觉是人人都是老板,大老板不过是老板之一。当员工感觉有话事权的时候，就会全心全意为企业服务，把企业当成自己的家去建设。这也是阿米巴经营模式的内涵之一。

另一种员工老板化的方式就是，老板依然是老板，但在经营的过程中，会把很多权限给关键员工，让员工参与企业的共同决策，并且对运营结果完全负责，但员工并不一定有公司的股份。

一、工作像老板一样负责

阿米巴经营模式通过与市场直接联系的独立核算制进行运营，培养具有管理意识的领导，让全体员工参与经营管理，从而实现"全员参与"的经营。

企业经营权下放之后，各个阿米巴组织的领导者会树立起"自己也是一名经营者"的意识，进而萌生出作为经营者的责任感，尽可能地努力提升业绩。这样一来，大家就会从作为员工的"被动"立场转变为作为领导的"主动"立场。这种立场的转变正是树立经营者意识的开端，于是这些阿米巴领导中开始不断涌现出与企业老板一同承担经营责任的经营伙伴。

二、收入像老板一样分工

员工老板化之后，员工像老板一样负责，收入也像老板一样。老板的收入来自哪个方面？一是工资报酬；二是投资收益。老板本身是经营者，还要拿工资、奖金。他还是投资者，就要拿一份投资收益。

==== 案例分析 ====

谷歌启动内部创业计划，员工对工作更加负责

谷歌启动这个计划的一个主要原因就是为了保持创业氛围，在谷歌内部建立创业公司孵化器，和一些热门企业家建立联系，从而阻止员工跳槽创业公司。

这个孵化器名叫"Area 120",谷歌鼓励员工用20%的工作时间研究自己喜欢的项目,新孵化器之所以取名"Area 120",是向该制度致敬。从理论上讲,"Area 120"允许员工全职研究自己感兴趣的项目。

"Area 120"的办公地位于谷歌旧金山新办公楼内。谷歌高管希望"Area 120"可以让富有企业家精神的员工在公司工作更长的时间,同时还可以孵化更多、更好的创意。

谷歌孵化器的大体框架是谷歌团队可以申请加入孵化器,全职工作几个月,提交具体商业计划。之后,他们有机会收到谷歌的投资意向书,建立一家新公司,而谷歌将是投资者。

谷歌已经成立了谷歌风投和谷歌资本两家公司,它们的目标也是为创业公司提供资金支持,将一些富有企业家精神的前谷歌员工留在公司。

谷歌的一些与核心业务关系不大的业务分拆成新的子公司,很多子公司将由自己的CEO负责,谷歌创始人只需从战略层面管理好这一大集团便可。这样既能将两位创始人从烦琐的事务中拉出来,去考虑大的方针问题,又能培养新的、年轻的CEO。

在保证核心互联网业务占据主导地位的前提下,通过独特的20%内部创新创业模式,谷歌发展了很多在外人看来"稀奇古怪"的项目,比如无人驾驶汽车、气球网络项目、可以监测血糖的隐形眼镜等。谷歌通过激发内部活力完成了自身的再创业,保证谷歌以更灵活的管理方式去适应市场的新变化。

可以看出,谷歌的内部创业公司涉及的很多领域都是比较前沿的,这也是谷歌能够保持行业领先、全球领先地位的重要原因。

谷歌的创新速度永远排在世界前列,就是因为它考虑问题具有前瞻性,领先一步开展"裂变式创业",避免企业的发展陷入停滞状态,也保证了优秀人才不会外流。中国企业要想变大变强,就应当对市场保持敏锐的洞察力,考虑问题要有前瞻性,才能保证企业的长足发展。

本章总结

⊙让组织收入最大化的途径，就是不断地努力研发、销售，这样利润才会细水长流、源源不断。组织收入最大化，同时尽量减少经营的支出，这是获取利润的正确有效的方法。

⊙企业平台里的每个员工不断提高经营能力，提升个体这个小"阿米巴"的价值创造能力。在为企业平台及阿米巴创造高收益的同时，也实现个人收益最大化。

企业平台也探索利益分享机制，实现员工参股、合伙制等。

⊙将组织费用最小化，需要进一步对核算表中的费用开支项目进行细化。

⊙组织费用最小化，可以推行"即时即用"的采购原则，这也是防止库存积压的好方法，即在需要的时候才购进所需要的材料，而且要适量。

⊙在推进提高效率、缩短工时及降低库存的活动中，设法消灭过量生产的浪费。

⊙企业经营权下放之后，各个阿米巴组织的领导者会树立起"自己也是一名经营者"的意识，进而萌生出作为经营者的责任感，尽可能地努力提升业绩。

⊙员工老板化之后，员工像老板一样负责，收入也像老板一样。老板的收入来自哪个方面？两个方面：一是工资报酬；二是投资收益。

中国式阿米巴落地实践之
持续盈利

第九章
如何实施阿米巴：
战略与组织（分）

阿米巴的经营绝对不是为了管理而管理，而是激发员工的潜能，驱动员工的自主经营的意识。我们要结合每个企业的阶段、特点和运行情况，有步骤地去实施阿米巴。

我们可按三大模块实施阿米巴：战略与组织（分）、目标与核算（算）、人才与激励（奖）。如图9-1所示。

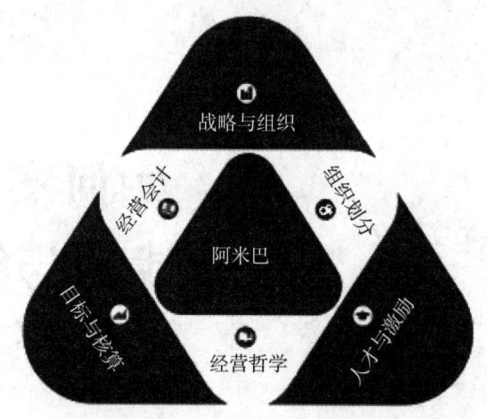

图9-1 阿米巴三大模块

实施阿米巴，进行组织划分，首先要分析外在的竞争环境，从而制定相应的企业战略、设计支撑战略的组织架构，最后将新的组织细分为阿米巴单元，而不是直接将现有的部门划分为阿米巴。

第一节 组织设计

一、以内部导向转为以客户导向

阿米巴组织结构设计的原则，有利于主业转型和新支柱的培育和发展;以"最大限度满足客户需求"为目标;能发挥大公司的优势并拥有小公司的灵活性;有利于公司内部培育企业家精神;高效而精简。

在阿米巴组织设计的过程中,要以内部导向转为以客户导向。企业需要建立以客户类型划分的阿米巴组织形式,尽量减少流程环节,以客户阿米巴形成"小公司"的灵活性。

二、以职能导向转为以流程导向

组织设计不是简单地画组织结构图,也不再采用职能导向。在阿米巴组织设计的过程中一定要强调机制建设,比如阿米巴利益共享机制,基于市场变化的创新机制、激励机制、授权机制,以及企业横向流程导向机制等。

重点提示:

实施阿米巴,进行组织划分,首先要分析外在的竞争环境,从而制定相应的企业战略、设计支撑战略的组织架构,最后将新的组织细分为阿米巴单元,而不是直接将现有的部门划分为阿米巴。

≡≡≡案例分析≡≡≡

通用公司的战略与组织变革

通用电气公司(GE),总部设在纽约。通用电气公司是世界上最大的提供技术和服务业务的跨国公司之一。目前,公司业务遍及世界100多个国家,拥有员工315000人。现任董事长及首席执行官(CEO)是杰夫·伊梅尔特。

GE 公司组织结构变化,主要经历五个阶段:

阶段一:分权的事业部制

GE 公司所面临的环境:20世纪50年代初,由于通用电气公司经营多样化、品种规格繁杂、市场竞争激烈,因而要求 GE 公司注重不同国家的差异、灵活性,对市场需求做出及时的反馈。

GE 公司的战略:多国战略。

GE 公司采用的组织结构:分权的事业部制。公司的组织结构共计分为 5 个集团、25 个分部和 110 个部门。

阶段二:分权的事业部制的继续扩张

GE 公司所面临的环境:1967 年以后,公司的经营业务增长迅速,几乎每一个集团组的销售额都达到 16 亿美元,业务扩大以后,原有的组织已不能适应。

GE 公司的战略:多国战略。

GE 公司采用的组织结构:把 5 个集团组扩充到 10 个、25 个分部扩充到 50 个、110 个部门扩充到 170 个,还改组了领导机构的成员,指派了 8 个新的集团总经理、33 个分部经理和 100 个新的部门领导。

阶段三:战略事业单位

GE 公司所面临的环境:20 世纪 60 年代末,GE 公司在全球市场上遇到了威斯汀豪斯电气公司的激烈竞争,公司财政一直在赤字上摇摆。GE 公司力求开拓全球市场,开发全球性产品,提高效率。

GE 公司的战略:全球战略。

GE 公司采用的组织结构:战略事业单位。这种战略事业单位是独立的组织部门,可以在事业部内有选择地对某些产品单独管理,以便将事业部人力、物力机动有效地集中分配使用。对产品、销售、设备和组织,编制出严密的、有预见性的战略计划。如图 9-2 所示。

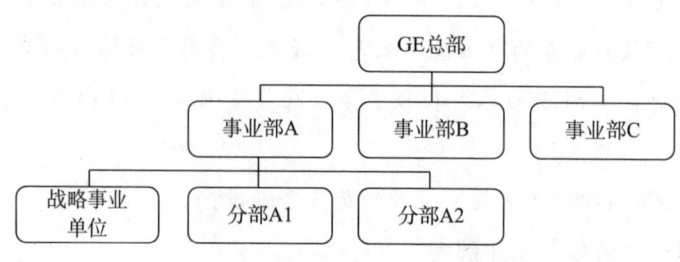

图 9-2 事业部型组织结构

阶段四：超事业部制

GE公司所面临的环境：20世纪70年代中期，美国经济又出现停滞，GE公司认为20世纪80年代可能会出现长时期的经济不景气。

GE公司所采取的战略：全球战略。

GE采用的组织结构：超事业部制。在各个事业部上再建立一些超事业部，来统辖和协调各个事业部的活动。

阶段五：组织扁平化和无边界组织

GE公司所面临的环境：20世纪80年代，GE多元化的大企业，350个事业单位、43个策略单位，庞大的多元事业，几乎涉猎所有行业。比较平稳的时期，但内部充斥着组织阶级，甚至可以说是官僚体系。

GE公司所采取的战略：跨国战略。

GE采用的组织结构：组织扁平化、无边界组织。

组织变革的分析

通用汽车公司的成功源自内部组织的变革适应了公司整体战略发展的需要。

事业部制的组织结构实行决策分权，将权力在较低的层级聚合，鼓励灵活性和变革，因而更能适应外部环境的变化。

跨职能的高度协调，保证了组织的高效运行。

第二节　组织划分

一、阿米巴成立的三个条件

阿米巴成立是需要条件的，并不是每一个部门、每一个班组、每一个科室都能够成立阿米巴，也不见得有这个必要。成立阿米巴有三个条件：

第一，能独立核算，有清晰的收入和支出。如果不具有这种核算能力，这个部门就不一定要以阿米巴的方式来运作。

第二，能够履行交易的完整职能。它对自己的收入和支出具有一个完整的功能，也就是具备买卖的功能，否则不可能成为阿米巴。我做的东西定价不在于我，卖给谁不在于我，那么职能就不完整。我向谁买、多少钱买，我不具备这个职能，就说明我不具有履行交易的能力，在这种情况下也很难成立阿米巴。

第三，符合且能执行公司的战略。成立阿米巴，不代表公司就不管你了，完全独立出去了，我对利润负责了。无论怎么成立阿米巴，你都是整个大组织里面的一部分。所以，当公司要调整新的政策的时候，阿米巴要有条件配合，阿米巴要符合公司的战略，并且能够执行公司的战略。

成立阿米巴的条件如表9-1所示。

表9-1　成立阿米巴的条件

条件	释义
能独立核算，有清晰的收入和支出	1. 收入来源明确 2. 能贯彻企业发展战略和经营方针 3. 明确产出、独立完成业务和业务能力
能够履行交易的完整的职能	1. 产品（服务）销售 2. 产品的生产制造 3. 筹集生产资金 4. 引进合适的人才
符合且能执行公司的战略	1. 符合公司的战略 2. 能够执行公司的战略

二、阿米巴核算的四种形态

阿米巴核算的四种形态如图9-3所示。

（1）资本型的核算形态。

资本型的核算形态，即这个阿米巴由公司股东投入了多少资产、资本，则回报多少给公司即可。至于利润多少，不作为这个阿米巴的考核指标。资本型的阿米巴的考核指标是投资回报或者是EVA，即经济附加值。资本型阿米巴既对成本、收入和利润负责，又对投资效果负责。

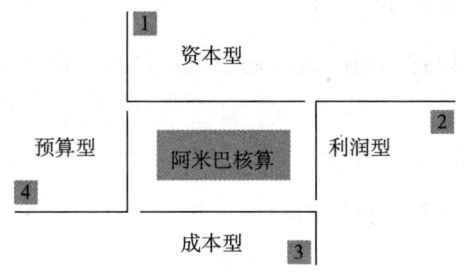

图9-3 阿米巴核算的四种形态

（2）利润型的核算形态。

即要求该阿米巴在规定的时间内完成一定的利润目标，达到考核指标。主要的一级指标是利润。

利润型阿米巴是指既对成本负责，又对收入和利润负责的阿米巴组织。它有独立或相对独立的收入和生产经营决策权。它追求的是利润，而不仅仅是降低成本。利润型阿米巴的权利和责任都大于成本型阿米巴。

利润型阿米巴的划分程度应根据企业管理的要求而定（有些部门可以作为利润中心，也可以作为成本中心，对这些部门的划分要权衡利弊）。其特征是：

独立性——利润型阿米巴对外虽无法人资格，但对内却是相对独立的阿米巴经营组织，在产品售价、采购来源、人员管理及设备投资等方面，均享有高度的自主性。

获利性——每一个利润型阿米巴都会有一张独立的损益表，并以其盈亏金额来评估其经营绩效。所以，每一个利润型阿米巴都有一定收入与支出。非属对外的营业部门，就需要设定内部交易和服务的收入，以便计算其利润。

（3）成本型的核算形态。

即相对一个标准成本而言，实际成本和标准成本之间的差异，该差异就是该阿米巴的收益。

成本型阿米巴是其责任者只对其成本负责的单元，是指只对成本或费用负责的阿米巴。成本型阿米巴的范围最广，只要有成本费用发生的地方，都可以建立成本型阿米巴，从而在企业形成逐级控制、层层负责的成本中心体系。在阿米巴组织结构中,每个部门都与一个或几个成本中心对接。在交易中,可以把不同的成本中心费用纳入不同的成本中心,以核算一个分部、一个区域、一条产品线,甚至一个项目小组的成本。

特点:成本型阿米巴具有只考虑成本费用、只对可控成本承担责任、只对责任成本进行考核和控制的特点。其中,可控成本具备三个条件,即可以预计、可以计量和可以控制。这里的可控性,是与具体的责任中心相联系的,而不是某一个成本项目所固有的性质。

企业为了划分所属各生产部门成本计算和成本控制的职责范围,通常设立若干个成本型阿米巴。成本型阿米巴只控制成本,无控制销售收入的职责。而作为成本型阿米巴,其主要职责是协助利润型阿米巴进行相关的营销活动。比如成本型阿米巴可以协调其他阿米巴与客户之间的关系,协调其他阿米巴组织进行市场的推广,帮助其他阿米巴组织分析和开发相应的客户。

(4) 预算型的核算形态。

很多职能部门没有明显的收入和支出,那么可以把人工费用的预算作为整个巴的收入,而实际发生的人工和经费作为整个巴的支出。这一类阿米巴不能直接为整个公司创造利润,也不大可能为整个公司降低成本,但是它可以在预算的范围内努力做好这么多工作。简单地说,就是你赚不到钱,就不要多花别人的钱。

预算型阿米巴,更多是对工作或服务质量的关注和量化评估,是以控制经营费用为主的阿米巴组织。预算型阿米巴很重要的是对工作的验收、费用的细分。其最大的优点是既可控制费用又可提供最佳的服务质量,缺点是不易衡量绩效。

预算型阿米巴最主要的特点,就是在预算过程的全员发动,包括两层含义:一是指预算目标的层层分解。人人有责任,让每一个阿米巴单元的成员都学会算账,树立"成本""效益"意识;二是企业资源在各个阿米巴之间的协调和科学配置的过程。通过各职能部门和阿米巴单元对预算过程的参与,各阿米巴单元的作业计划和公司资源通过透明的程序进行配比,从而可以"分清"轻重缓急,达到资源的有效配置和利用。

第三节 组织运行

一、阿米巴的推行

(1) 预算型阿米巴的推行。

企业平台总部的职能部门,比较适合采用预算型阿米巴。不同管理模式下,总部功能定位有所不同,对阿米巴的管理重点有所差异,职能部门设置也应有所变化,以支持相应管理模式的顺畅运行。比如一家导入阿米巴经营模式的企业,其总部职能部门设置:战略发展中心、技术质量中心、运营管理中心、人力资源中心、行政管理中心、财务管理中心等。

(2) 利润型阿米巴的推行。

企业平台需要划分利润型阿米巴:以利润型阿米巴为核算主体,以责、权、利相统一的机制为基础,按照阿米巴经营会计核算要素进行阿米巴的内部核算和管理,帮助企业平台实现内部利润中心独立核算、跨公司的产品线/业务线的管理核算、阿米巴之间提供内部产品/服务时的内部交易。

要使利润型阿米巴发挥应有的作用,应具有三个条件:巴长的决策,能够影响该中心的利润;阿米巴的生产经营活动有相对的独立性;阿米巴利润的增加,能提高企业的经济效益。

(3) 资本型阿米巴的推行。

资本型阿米巴参与投资工作的途径:

第一,投资前期。

摸清企业平台的资源和负担。企业平台的资源和负担不仅仅表现在经营会计报表上,还有培育企业平台的融资能力。要充分发挥投资功能,必须充分利用金融市场,发挥负债经营的财务杠杆作用;投资中心财务部门应当参与项目投入、运作、退出的全过程,在筹资、投资及资产处置方面都要发挥作用；加强项目评估财务分析，权衡效益和风险。

第二，经营期间。

投资中心对经营期各利润阿米巴、成本阿米巴要采取适当方法加强管理，除日常财务监督外，要大力推行责任会计，建立责任控制与业绩评价制度。这一工作包括责任中心的划分、责任指标的设立、指标核算的开展、业绩评价及与奖惩挂钩等环节。

（4）成本型阿米巴的推行。

阿米巴的成本控制应该有计划有重点地区别对待。各行各业不同企业有不同的控制重点。成本控制一般可以从成本形成过程和成本费用分类两个角度加以考虑。

虽然成本控制对象各有不同，成本控制工作的要求也不一样。成本控制方法，主要有如下操作流程：

第一，从成本中占比例高的方面着手。控制成本自然是要控制产品的全部成本，从成本产生全过程、全方位来控制成本，设计、采购、制造、营销与管理各个环节都要置于企业成本控制范围之内。

第二，从创新方面着手。如果不是创新技术、工艺、增加或改进设备等，成本很难再降低。

第三，从关键点着手。企业成本控制应从关键点着手，抓住成本关键点往往能事半功倍。

第四，从可控制费用着手。从可控制费用着手进行成本控制，才是企业的成本控制之道。

第五，从激励约束机制方面着手。建立与之相关的激励与约束机制，靠制度，用激励与约束的方式来调动员工控制成本的主观能动性，将节约成本与控制者的切身利益联系起来，利用奖惩的办法将企业被动成本控制转换为全员的主动成本控制。

二、阿米巴的转化

从阿米巴的四种核算形态来看，它是可以不断地发生变化的。阿米巴核算的四种形态，各有各的区别，也各有各的关联，同时它又可以很灵活地转化。比如预算型阿米巴转化为成本型和利润型的阿米巴；成本型的阿米巴转化为利润型的阿米巴，甚至可以转化为资本型的阿米巴。

三、阿米巴的裂变

阿米巴的精髓在其裂变机制。即企业不会让阿米巴团队太大，稍微大一点就拆分成小团队。

阿米巴可以裂变孵化，向上和向下都可以无限延伸，当裂变孵化几次后，公司总部自然就在层级的上端了，这样就形成了多层级，并且根据裂变的层级会有相应的激励机制。

阿米巴平行裂变，即由 A→A + B→A + B + C……阿米巴平行裂变是"分"。如按产品类别划分阿米巴，通过内生式发展和国内并购，形成多个相对独立的阿米巴单元，做精做强各类产品。

从企业整体发展角度来说，一定要鼓励阿米巴培育新业务，但当阿米巴内与原核心业务非相关的业务发展较快、预期成长性较高且耗用精力较大时，亦可以考虑将此非相关业务进行分拆，单独成立与原阿米巴平行的阿米巴组织，或在原阿米巴内设置产销一体的"微阿米巴"，以促进该业务的快速发展。

比如企业市场部可发展为发展规划部、企划宣传部等，销售部继续裂变为若干个阿米巴单元（销售一部、销售二部）。而企业裂变的过程其实就是在为企业人才提供舞台的机会。这不仅是大公司解决自身危机的方式，也是解放员工创造力去为未来布局的好方法，有时候还能顺便减员增效。

企业导入阿米巴经营模式之后，也就变成一个经营平台。对于员工来说，如果你想创业、有能力创业，可以借助公司的平台进行内部创业，每个人都有可能成为阿米巴的经营者。

四、横向拆分或合并

阿米巴的横向拆分或合并如图9-4所示。

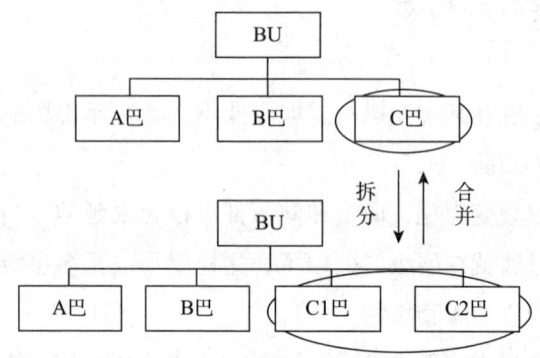

图9-4 阿米巴的横向拆分或合并

（1）阿米巴的横向拆分如图9-5所示。

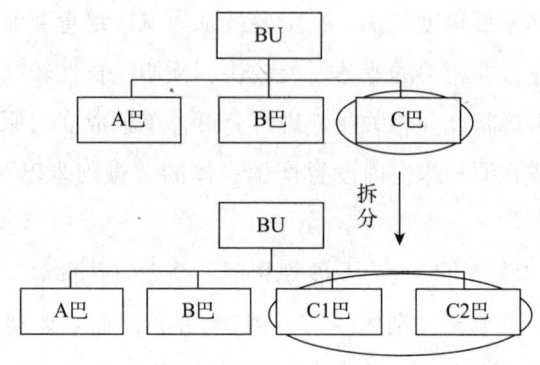

图9-5 阿米巴的横向拆分

我们看到，在上面那个阿米巴里面有一个C巴。那么拆分的时候，它就拆成了C1和C2两个阿米巴。即在上面那个组织架构里面，它的二级阿米巴有三个，在下面的组织架构里，它的二级阿米巴就有四个。其中两个，就是由以前的C这个阿米巴拆分出来的。这种拆分方式，就称之为横向拆分。

（2）阿米巴的横向合并如图9-6所示。

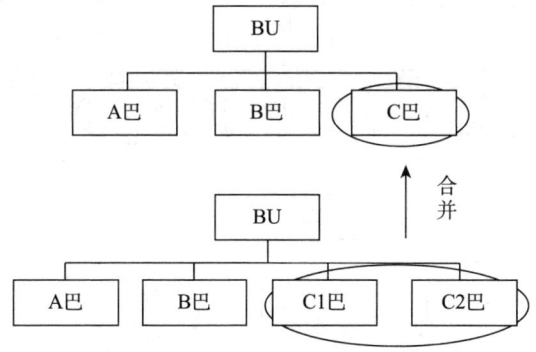

图 9-6 阿米巴的横向合并

组织架构图里面有四个二级阿米巴，反过来上面就变成了三个。因为上面的 C 巴，是由下面的这个 C1 和 C2 这两个阿米巴合并而成的。

五、纵向拆分或合并

阿米巴纵向拆分或合并如图 9-7 所示。

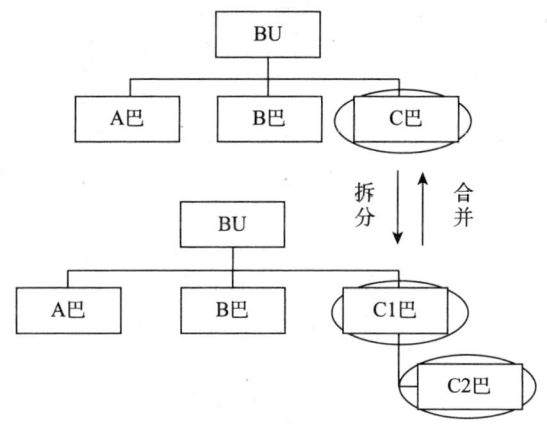

图 9-7 阿米巴纵向拆分或合并

（1）纵向拆分如图 9-8 所示。

上面那个组织架构图里面有一级和二级。但在下面的组织架构图里面就有了一个三级，即 C2 就是从以前的二级阿米巴里面的 C 拆分出来的。为了区别二级阿米巴里面的 C1 和三级阿米巴里的 C2，我们才编号 C1 和 C2。这个拆分就是纵向的拆分。

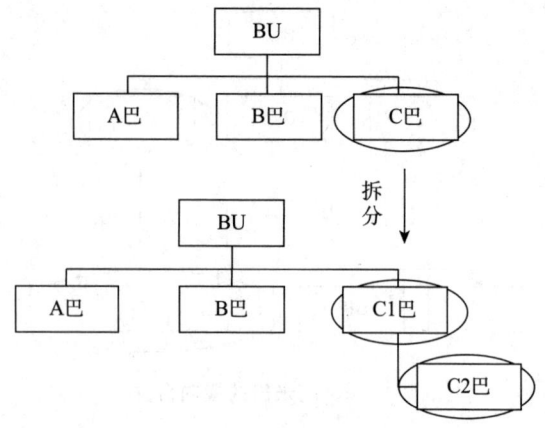

图9-8 纵向拆分

（2）纵向合并如图9-9所示。

我们把四级阿米巴的C2和三级阿米巴的C1，两个阿米巴合并起来，形成一个二级阿米巴C。

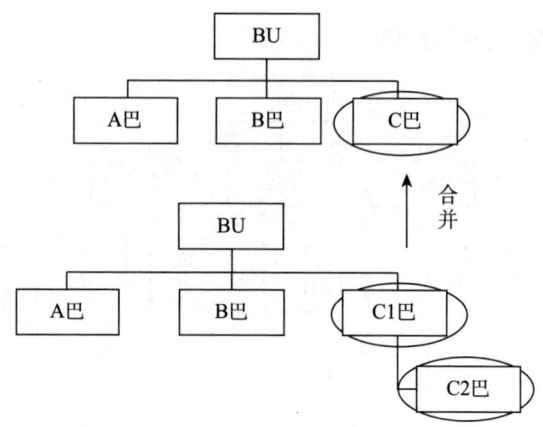

图9-9 纵向合并

六、纵向与横向的选择

到底是纵向好还是横向好？不能说好与不好，是适合与不适合之分。

我们通过表9-2来说明什么样的情况下，是横向拆分比较好还是横向合并比较好？说明什么样的情况下，是纵向拆分比较好还是纵向合并比较好？

表9-2 阿米巴拆分或合并的情况

情况	拆分	合并
培养更多的经营型人才	√	
需进一步明确经营状况	√	
需进一步寻找改善措施	√	
需进一步激发组织活力	√	
……	√	
培养更高层次的经营型人才		√
某巴亏损或巴长能力不足		√
……		√

▰▰▰ 案例分析 ▰▰▰

美的集团转型之路

随着市场环境的变化,美的集团已经无法靠外延式扩张维持企业发展。美的集团适时提出战略转型,将发展目标由过去单纯追求市场份额、降低成本提升到追求企业盈利的持续增长上来。美的从追求规模走向追求效益,其组织框架调整为战略转型的深化奠定了基石。

一、美的集团战略转型

2014年,美的集团增设智能家居研究院,构建面向未来的科技竞争力。推动电商、物流、售后、金融平台建设,重购商业模式,以"用户、产品、一线"为中心组织再造,为用户创造价值。

(1) 扁平化组织架构。

构建业务平台,包括物流公司、客户中心、金融中心、采购中心等。围绕内外部客户体验,用移动互联网思维,强化物流、客户、金融等资源协同,创建资源及信息集约共享价值。

将事业部定位向战略性经营单元转变,成为面向用户的全价值链的经营管理中心。

(2) 分权机制。

集权有道、分权有序、授权有章、有权有度。明确重大经营和管理事项、优化公司管理体系，加强分权事项执行管控，全部分权事项 IT 化、流程化。

美的集团所进行的分权改革可谓是成功组织变革的典范。在美的设立二级集团之前，美的不仅提出了股东、董事会、经营团队"三权分立"的经营模式，更是对业务流程、人员职责、集团与下属事业部的职责均有了明确的规定。项目人力资源、研发管理、供应链管理运作过程中的每一项流程，在《分权手册》中均落实到具体责任人，使得组织框架调整得以成功实施，组织更有弹性，能够灵活地应对市场需求。

（3）考评机制。

以业绩导向、契约精神、刚性的问责机制，持股计划推动经理人向合伙人思维转变。

（4）战略保障。

用互联网思维和工具改造企业价值链，实现全价值链大数据系统、用户中心、平台化建设、制造自动化、智能化、大规模定制、去中心化和去中间化。如图 9-10 所示。

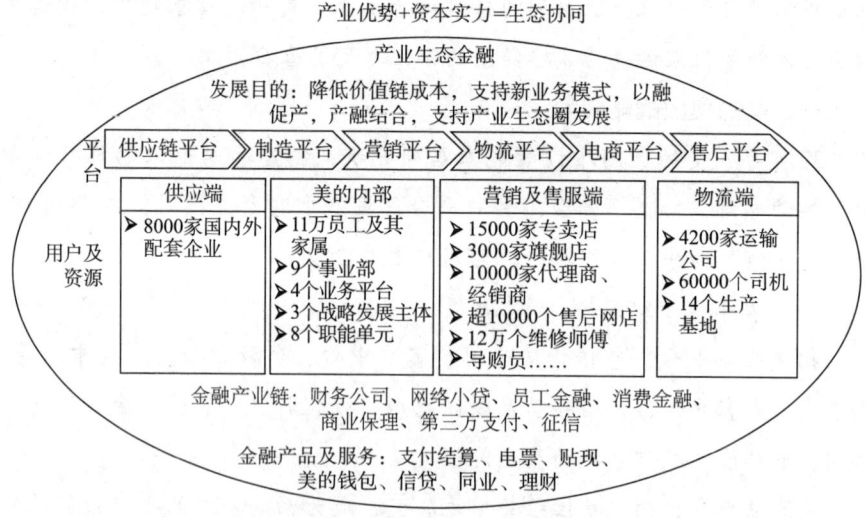

图 9-10　美的产业生态金融

二、美的集团搭建内部创业平台

美的集团致力打造一个全球企业和个人开放式创新平台。开放美的集团的优势资源，成为面向全球大众的创业孵化平台。

美的将以"智能家居"和"智能制造"战略进行突破，从单纯的技术提升转化为创新力的提升，进行内部自主研发向外部共同研发的转变。

这个开放式平台称为美创平台，是美的集团面向全球大众的创新孵化平台，将开放优质供应商、顶级科研机构、孵化器等美的优质资源。

美创平台通过共享技术方案、参与产品众创、创业孵化三个主要流程实现内外部资源的优化整合。美的会对技术进行共享合作，进行线上需求发布、解决方案和线下资源交易；美的用户会参与美的产品创新、研发、测评的全流程；创业孵化是整合内外部创新资源，创业团队在线上申请创业项目，美的提供优质资源，并进行线下项目交易。

为此，美的集团将投入 10 亿元创投资金和 1 亿元创业基金。目前，美创平台已经有 20 多个项目。美的集团会组织内外部专家，每月对平台项目进行评选，从中选出优秀项目进行孵化。

本章总结

⊙ 实施阿米巴，进行组织划分，首先要分析外在的竞争环境，从而制定相应的企业战略、设计支撑战略的组织架构，最后将新的组织细分为阿米巴单元，而不是直接将现有的部门划分为阿米巴。

⊙ 在阿米巴组织设计的过程中，要以内部导向转为以客户导向。企业需要建立以客户类型划分的阿米巴组织形式，尽量减少流程环节，以客户阿米巴形成"小公司"的灵活性。

⊙ 组织设计不是简单地画组织结构图，也不再采用职能导向。

⊙ 阿米巴成立是需要有条件的，并不是每一个部门、每一个班组、每一个科室都能够成立阿米巴，也不见得有这个必要。

⊙ 阿米巴平行裂变，即由 A→A+B→A+B+C……阿米巴平行裂变是"分"。比如按产品类别划分阿米巴，通过内生式发展和国内并购，形成多个相对独立的阿米巴单元，做精做强各类产品。

中国式阿米巴落地实践之
持续盈利

第十章
如何实施阿米巴：
目标与核算（算）

实施阿米巴经营模式中的"算":

首先,明确各巴的经营目标。

其次,制定相关的财务预算,规范内部定价与交易规则。

最后,引入外部竞争以提升巴的活力,而不是简单对各巴的数据进行独立核算。

第一节 明确各巴的经营目标

明确各巴的经营目标,是从企业的长期战略目标出发,在分析企业外部环境和内部条件的基础上所制定的公司下一年度各种经营活动所要取得的结果。经营目标是企业经营思想的具体化。

各个阿米巴经营目标是企业发展战略的具体体现。许多企业在谈到年度经营目标时只是想到销售额要达到多少、利润要达到多少。经营目标里不仅仅包括产品发展目标、市场竞争目标,还包括社会贡献目标、职工待遇福利目标、员工素质能力发展目标等。

明确各巴的经营目标,主要有如下步骤和方法:

(1)进行战略梳理、战略分析及战略规划。

经营目标是战略规划中的里程碑,又是经营绩效的一个考核指标。因此,年度经营目标的设定既要考虑战略方向,又要考虑现实的可行性和具体性。明确行业未来发展趋势、竞争对手动态以确定3~5年战略目标规划,在此基础上再制定年度经营目标。如图10-1所示。

(2)制定阶段性的重点经营目标。

结合行业环境、竞争对手和自身产品的市场处境进行综合评估,选取关键因素,回到企业本身进行SWOT分析,制定重点的经营目标,比如各年度预计销售增长率、股东回报率、品牌提升的目标、产品研发的目标等。

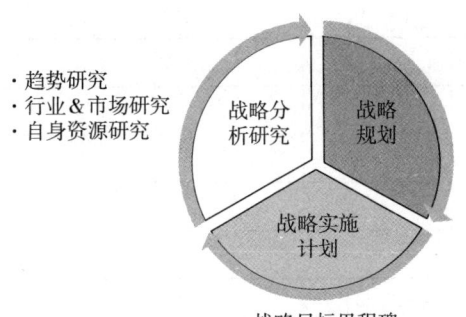

图10-1 经营目标

(3) 确定公司总的目标。

经营性目标：公司销售目标、利润目标、客户开发数量、区域市场份额占比等。

非经营性目标：员工发展目标、团队建设目标、组织管理提升目标、社会责任目标等。

(4) 对公司目标进行相应分解。

按时间进行分解，即把一周期内的经营目标分解到每个小周期内（如每月、每周，甚至每天）。

按组织分解，即把总的经营目标分解到不同的组织或个人（如每一个区域、每一个团队、每一个人等）。企业根据市场竞争与内部资源，下达企业年度目标，各个一级阿米巴提出年度目标。

年度经营目标分解，一般可按相应的维度进行，如按区域维度、时间维度、产品维度、客户维度等，这是目标进一步细化的过程。如表10-1所示。

表10-1 年度经营目标分解

按月度分解				
按区域分解				
按客户分解				

续表

按产品分解				
按品牌分解				
按工段分解				
按车间分解				
按业务员分解				

（5）确定各巴经营目标责任人。

任何一个经营目标都必须有相应的人对目标负责，也是经营目标达成的必要保证。

（6）确定各巴经营目标达成的日期。

时间要求是经营目标达成的限止点，有了时间上的明确要求，经营性目标便可以落实到具体的事项和时间中。

（7）各巴经营目标达成需要的资源支持。

经营目标的达成需要人、财、物的充分保障，有相应的资源配置和支持，才能有效地达成经营目标。

（8）各巴经营目标达成的激励。

有效的激励手段能很好地促进经营目标的达成及经营目标效果的彰显。对经营目标的团队或个人，需要在目标明确后，配套相应的激励机制（精神激励和物质激励）。

第二节　制定财务预算，规范内部定价

阿米巴财务预算表十分重要，财务预算是阿米巴单元的重点工作。

通过制定财务预算，可以细化和量化经营目标，更好地规划未来；通过财务预算的过程控制及财务预算执行分析，寻找实际经营活动与预算的差距，可以迅速地发现问题并及时采取相应的解决措施；通过财务预算过程，使阿米巴管理层必须认真考虑完成经营目标所需的方法和途径，并对

市场可能出现的变化做好准备,促进公司各类资源的有效配置;通过财务预算过程,使阿米巴组织成员具有利润意识及成本意识,培养充分利用资源的态度。

【示例】工厂一级阿米巴费用预算表,如表10-2所示。

表10-2 工厂一级阿米巴费用预算表

(单位:元)   日期:

序号	项目	科目明细	预算金额	备注
1	分摊费用	总办费-董事会费		
2		总办费-办公费		
3		总办费-差旅费		
4		总办费-咨询费		
5		总办费-招待费		
6		总办费-评估费		
7		总办费-审计费		
8		总办费-教育经费		
9		累计摊销		
10		办公费		
11		水电费		
12		固定资产折旧		
13		租赁费		
14		差旅费		
15		业务招待费		
16		汽车费用		
17		教育经费		
18		印花税		
19		房产税		
20		土地使用税		

续表

序号	项目	科目明细	预算金额	备注
1	本巴费用	原材料		
2		水费		
3		电费		
4		燃料		
5		取暖费		
6		生产用物料		
7		修理维护费		
8		制版费		
9		劳保用品		
10		保洁用品		
11		仓储运杂费		
12		办公费		
13		差旅费		
14		产品检验费		
15		汽车费用		
16		改造支出		
17		环保费用		
18		其他收入		
19		资产减值损失		
20		其他		
21		固定资产利息		
22		库存利息		
23		低值易耗品摊销		
24		折旧费		
25		租赁费		
合计				

规范内部定价,主要确定内部定价的种类和方法。内部定价的方法如下:

(1) 成本推算法。

成本推算法是指按照每道工序的成本多少来推算内部定价。这是以每道工序的产品单位成本为基本依据,再加上预期利润来确定内部定价。

比如 A 阿米巴向 B 阿米巴购买注塑件,B 阿米巴就要计算塑料件多少钱一吨、模具多少钱一套、一套模具能做多少个这样的产品。然后,注塑机多少钱一台、一台注塑机能用几年、一年又能做多少个这样的产品、厂房分摊折旧、直接的人工工资、管理人员的工资。所有成本加起来,计算出做一件注塑件的内部成本价是 2 元。另外,B 阿米巴还要分摊总部的公共费用。

阿米巴内成本加上分摊的公共费用,这是生产一个产品的成本。然后在保证 20% 的利润的前提下,才能交易。

成本推算法适用于内部转让的产品或劳务没有正常市价的情况。从它的最终价格向前倒算,来决定各道工序的价格。这一产品以这一价格卖给客户。那么,最终的检验工序的价格是多少、精加工工序价格是多少,一直推到原料部门有多少,这样来决定各道工序间的价格。

成本推算法是阿米巴内部定价首先需要考虑的方法。成本是阿米巴生产经营过程中所发生的实际耗费,客观上要求通过商品的销售而得到补偿,并且要获得大于其支出的收入,超出的部分表现为企业利润。

成本推算法的优点是定价方式简单明了,以现成的数据为基础;在考虑本阿米巴合理利润的前提下,下一道工序的阿米巴需求量大时,价格显得更公道。在实践中,阿米巴可以采用成本加成的方法(即在服务成本的基础上加一定的加成率)来定价。这种定价方法的缺点在于:

一是不考虑市场价格及需求变动的关系。

二是不考虑市场的竞争问题。

三是不利于企业降低产品成本。

(2) 利润逆算法。

利润逆算法,即已经决定了利润的多少,其他定价根据各自需要自行确定,其优点是比较关注市场和竞争对手。

一定的目标利润需要一定的目标销售额和目标成本来维系。阿米巴组织以利润目标为出发点,在科学的市场调查与预测基础上,通过市场调查、预测和同行业先进水平、本阿米巴最好水平的比较,从而对阿米巴将来一定时期所获得的利润做出科学预算。以阿米巴经营目标、生产或进货成本、费用、税金、预期收益为依据;以追求经济效益最大化、实现预期投资报酬率、扩大市场份额、维持营业等为目标,确定合理的产品价格。

在确定目标利润时,要以本阿米巴的历史资料为基础,根据对未来发展的预测,通过研究产品品种、结构、成本、产销数量和价格几个变量间的关系及对利润所产生的影响,结合市场经济动态、企业的长远发展规划等有关信息,在反复研讨论证的基础上加以确定,以确保本期利润的最优化。

(3) 市场参照法。

市面上多少钱,阿米巴就卖多少钱。

市场参照定价法,主要是将产品或劳务的市场供应价格作为计价基础,若卖方愿意对内销售且售价不高于市价时,买方有购买的义务,不得拒绝。若卖方售价高于市价,买方有改向外界市场购入的自由。若卖方宁愿对外界销售,则应有不对内销售的权利。应该调整由于降低销售成本,没有契约成本等而带来的节约成本。

在存在完全竞争的市场条件下,参照市场价格,让定价双方心中有数,最终按照市场的价格去定价。采用市场价格法可以解决各阿米巴之间可能产生的冲突,生产型阿米巴有权选择其产品是内部转移还是卖给外部市场,而采购型阿米巴也有权自主决定。

以市场为依据的内部定价,是将市场上的产品或有偿服务价格作为内部价格,适用于能够对外销售产品及从市场上购买产品的较高层次的阿米巴。企业应在市场调查的基础上,参照市场上的定价,尽量等于或小于该种产品或服务的平均市场价格。

市场参照法的特点是灵活有效地运用价格差异,对平均成本相同的同一类产品,价格随市场需求的变化而变化,不与成本因素发生直接关系。

如果与市场价格偏离,将会使相关阿米巴的利润下降。市场价格比较客观，能够体现责任会计的基本要求，但市场价格容易波动，市场价格的准确性与可靠性受影响，甚至有些产品无市场价格作为参考，市场价格作为内部交易价格有很大的限制。

（4）开价侃价法。

开价侃价法是指阿米巴之间本着公平、自愿的原则，买卖双方以正常的市场价格为基础，定期共同协商，确定出一个双方都愿意接受的价格作为计价的标准。

内部转移价格中所包含的推销和管理费用，一般要低于外界供应的市价。内部转移的中间产品一般数量较大，故单位成本较低，售出单位大多拥有剩余生产能力，因而议价只需略高于单位变动成本就行。

开价侃价法在各阿米巴独立自主制定价格的基础上，充分考虑了企业的整体利益和供需双方的利益。同时，保留了阿米巴负责人的自主权，培养了阿米巴的经营人才。

这种方法运用恰当，将会发挥很大的作用。但在实际操作中，由于存在质量、数量、商标、品牌甚至市场的经济水平的差别，使得与市场价格直接对比很困难。

阿米巴的内部定价不能拘泥于一种定价方式，要结合企业与各阿米巴组织的实际情况，多种定价方法互补才能更好地适应企业内外市场。

四种定价方法各有利弊。比如成本推算法，适合成本比较高，而且成本比较刚性的阿米巴；利润逆算法就是利润的刚性比较足，弹性不大，但是成本的弹性较大；市场参照法、开价侃价法适合服务交易。

第三节　明晰交易规则，引入外部竞争

阿米巴内部交易定价与交易规则往往是并列生存。

阿米巴划分后，要明确界定各阿米巴的权责。即把每个阿米巴组织的权责定义好和分配下去，哪些有申请权、哪些有审批权，以及超出预算之后的审批权限都做出定义，对该阿米巴的主要职责、具体工作内容、完成

经营活动所需要的职权、与其他阿米巴之间的工作关系和工作条件等内容进行明确的描述。

柏明顿的客户中，有一家大型制造企业由于职能部门各自为政，在出现产品迟交、质量问题后就互相推卸责任，导致生产效率和质量都不能提高，导致了成本浪费。柏明顿咨询团队深入了解企业的生产运作，按产品维度划分一级阿米巴和二级阿米巴，保留必要的共性部分，实行部门间跨阿米巴的交易。各部门间有了效益连接、明确权责，使业务流程大大简化。该集团从导入阿米巴经营项目到顺利落地运行，历时6个月就取得了明显的改善效果，利润率逐步增长。

阿米巴内部交易权责界定，主要根据如下交易规则：
第一，品名、数量、单价表明清楚。
第二，日期、验收标准需要确定。
第三，损失界定、赔偿界定。
阿米巴之间一定要界定清楚交易规则，否则很难形成真正的交易。
在阿米巴之间实现了从交付到交易，表明企业经营已经有了非常大的进步，但是如果进步是有限的怎么办？适当地引入竞争。
引入竞争主要有内部竞争机制和外部竞争机制。
（1）内部竞争机制。
第一，经常参考外部价格和服务的方式，并要求对方去超越。
第二，尽可能制造"两个以上的供应方和销售方"。
（2）外部竞争机制。
第一，你可以不买的，我可以不卖给你。
第二，逐渐开放，对外每年递增20%。
第三，每个阿米巴不必完全依赖另一个阿米巴生存。
引入外部竞争的最终目标，就是让每一个阿米巴都能够不依赖另一个阿米巴而生存。当然这是比较理想的状态，真能做到这样，这个企业一定是很强大的。

阿米巴相互依赖、相互依靠，这是比较好的状态。销售不给我做无所谓，我已经习惯采购别人的产品，你只不过是我的若干个供应商里面的一个。

当然，阿米巴之间的交易需要科学统筹，要符合且能执行公司的战略，如果搞成一盘散沙，那就不是阿米巴了。

 重点提示：

实施阿米巴经营模式中的"算"：

首先，明确各巴的经营目标。

其次，制定相关的财务预算，规范内部定价与交易规则。

最后，引入外部竞争以提升巴的活力，而不是简单地对各巴的数据进行独立核算。

===案例分析===

江苏某零售集团实施平台阿米巴

江苏某零售集团旗下包括3家百货公司、300多家大小超市、旅游地产、通讯、物流、加工制造等企业。但是在电商冲击之下，该公司零售业务日益维艰；多元化发展，管控难度加大。在与柏明顿咨询合作之后，进行平台化转型。

一、平台化转型方案

（1）定位、战略、战术。

将集团定位"生活服务平台"，整合市内各种生活服务资源，纵向深度发展，一改零售产业以前多次"走出去、铩羽归"的局面；在大力发展O2O模式，巩固零售份额的前提下，又增加了生活服务的收入。

（2）文化、管控、创业。

A. 从思想根源上去除"阿姨级"管理人员、店员的国企思想，真正贯彻服务、诚信理念。

B. 将业务管控权力下移到各级巴长，总部保留战略、投资、监审等职能，精兵简政。

C. 先从门店开始，实行员工内部创业，强调"在线大于在册"、利他共赢的经营理念。

（3）把企业做成平台。

A. 梳理、整合、优化集团的资源，包括品牌、资金、文化、人才、物业、物流、融资、供应商、管理体系、会员客户、店面网点、地方关系等，并将这些资源打造成企业发展平台。

B. 先把公司内部现有的百货、超市、通讯等业务置于平台上发展，然后再整合本市的餐饮、美容美发、航空票务、家政、酒店、快递、第三方物流、婴幼儿用品、沐足、小额贷款等服务行业，通过统一的会员卡纳入平台IT系统内共享资源。

C. 在平台的基础上，便利店整合O2O的快递、代收水电费和电话费等业务；超市整合进来生鲜、特营专柜；百货整合进来自制、自营、自购、代理销售等业务。

（4）把平台做成阿米巴。

A. 按产业维度划分一级阿米巴，如百货、超市、物流、通讯、地产、加工等，一级阿米巴又根据需要划分成二级阿米巴和三级阿米巴，共成立713个巴。

B. 每个阿米巴独立核算，除承担本巴直接发生的物业、人工、购进成本等外，还分别按营业额、毛利、人数等维度分摊集团总部的各种费用，实现经营压力层层传递。

C. 巴与巴之间由以前的交付关系转变为交易关系。比如物流中心给超市门店配送，以前只是为送而送，现在改为按公里数计价；拓展中心以前只负责找物业，现在改为包括装修在内的直到开店的所有工作，然后让超市巴支付费用。

（5）把阿米巴做成合伙制。

A. 除百货、超市、物流配送等主营业务外，其他业务均独立注册公司，总经理竞聘上岗，而且整个高管团队必须共同投入部分资金成为股东。

B. 以前只为超市输送产品的包子、红枣、烘焙、熟食等部门独立成巴，可以对外营业，其中负责人与核心团队可以分配本巴的利润。

C. 部分便利店通过员工内部创业机制，实行公司与店长合伙制，店长成为本店的大股东；大型超市、百货则按品类分巴，巴长对利润负责，按股份比例分享利润分红。

二、项目效果

超市事业部（一级巴）把以前富余、闲置的物业全部想办法租赁出去，收租800多万元/年。

共有31家门店、137名员工转为合伙人，不发工资，节省人工成本795万元/年。其中，包括公司让出股份红利313万元/年，实际节省482万元/年。

整个外部生活服务业务预计收入500万元/年，利润约450万元/年。

集团营业额增长75%、利润增长92.36%，在电商冲击下逆势而上，堪称经典。

项目效果如图10-2所示。

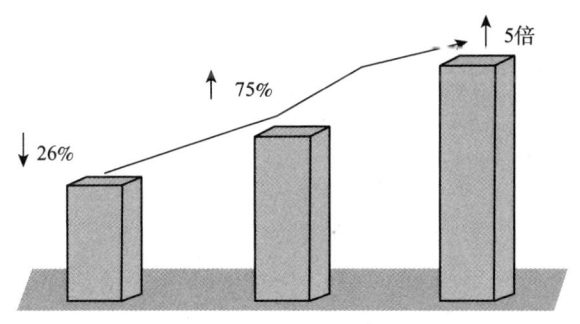

图10-2 项目效果

本章总结

⊙明确各巴的经营目标，是从企业的长期战略目标出发，在分析企业外部环境和内部条件的基础上所制定的公司下一年度各种经营活动所要取得的结果。

⊙内部定价的方法：成本推算法、利润逆算法、市场参照法、开价侃价法。

⊙阿米巴经营需要明晰交易规则，引入外部竞争。

中国式阿米巴落地实践之
持续盈利

第十一章
如何实施阿米巴：
人才与激励（奖）

实施阿米巴经营模式的"奖":

首先,树立员工的共同愿景。

其次,出台系列的考核机制、晋升机制、报酬机制等。

最后,通过制度来统一员工的价值观,而不是灌输一些空洞的理念。

第一节 树立共同愿景

(1) 把平台做成阿米巴,为什么要树立共同愿景?

共同愿景可以唤起人们的希望,特别是内生的共同愿景。工作变成是在追求一项蕴含在组织的产品或服务之中,比工作本身更高的目的。

共同愿景具有强大的驱动力。共同愿景最简单的说法是,"我们想要创造什么",也是组织中人们所共同持有的意象或景象,它创造出众人是一体的感觉,并遍布组织的活动,使各种不同的活动融汇起来。寻求树立共同愿景的理由,就是他们内心渴望能够归属于一项重要的任务、事业或使命。

(2) 共同愿景在企业平台发展过程中的作用:

第一,指导作用。形成企业有意图、有秩序的变革活动,使所有活动都指向所期望的结果。

第二,激励作用。树立共同愿景是企业变革创新、克服困难的强大动力。当员工明白企业发展的核心价值观,了解公司未来的前景时,共同愿景对提高士气和满足个人成就感,以及调动员工的积极性将发挥巨大的作用。

第三,凝聚作用。核心经营理念可以吸引那些和企业愿景相同的人,而排斥那些不一致的人,从而加强企业的凝聚力。

(3) 建设企业平台,如何树立共同愿景。

第一,个人愿景提出阶段:共同愿景可以源自企业领导者的个人愿景,也可以源自非权力核心的其他阶层。

A. 酝酿阶段。这个阶段是组织的高层管理者对组织未来的发展方向的设想。此时的设想包括:将来的组织形态、未来的目标、达到目标的途径,以及组织可利用的资源的整合。

B. 意见征集阶段。高层管理者在形成初步的愿景设想的基础上,会在比较广泛的范围内征求意见,同时也应适当征集基础员工的建议。

第二,个人愿景分享阶段:在这一阶段,企业上下要展开广泛深入的讨论,让各个愿景相互激荡,从而互动成长,形成新的愿景。反复酝酿,不断提炼和充实。无论愿景是谁提出来的,都应使之成为一个企业上下反复酝酿、不断提炼的分享过程。

第三,共同愿景形成阶段:企业已经可以形成自己独特的、全体成员共同追求的共同愿景。共同愿景一旦形成,就需要正式告知组织的所有员工。企业领导者需要感召人们投入愿景之中,并希望员工全力以赴。这时,愿景可以体现一个组织的追求和前进的方向,但它也需要以管理手段协调和整合组织的核心能力,使企业平台永远不迷失方向,从成长、成熟走向基业长青。

第二节 考核机制与晋升机制

阿米巴经营的考核机制以目标为导向,将企业要达成的战略目标进行层层分解,通过对员工的工作表现和工作业绩进行考核及分析和总结,从而改善员工在组织工作中的行为,充分发挥员工的创造力和积极性,更好地实现企业各项目标程序和方法。

阿米巴考核机制的作用是让各阿米巴了解自己的经营状况,找出改善问题的方法,提高经营业绩。

企业推行阿米巴经营,如果不匹配科学的绩效考核体系,就难以取得好的效果。如何解决阿米巴现有的绩效管理问题?答案就是回归阿米巴经营原点,回归绩效的真正意义——培养阿米巴经营人才与阿米巴经营循环改善。

设计考核机制的关键技术，比较实用的就是"8+1"绩效量化技术。在我的两本专著《8+1绩效量化技术》和《8+1绩效量化案例精选》中，都有详细的阐述。如果阿米巴能够按照量化绩效的八个要素分解目标和提取考核指标，并尽可能地变成一种管理模式，那么阿米巴的管理水平就会提升到一个新台阶。

"8+1绩效量化技术"主要解决了"考核什么"和"怎么考核"的技术问题，即使你不是专业人士也一样能运用自如。

阿米巴晋升机制是指规定阿米巴员工晋升的条件、方法与流程等的制度。主要根据各巴单元的业绩及巴员的个人表现（业绩表现、能力表现、品行表现等），优秀者升职。其作用主要有：一是资源配置；二是提供激励。

员工获得晋升的过程中，也会进行相应的权力奖励。阿米巴经营模式本身要求对阿米巴组织进行相应的授权。企业对表现优秀的巴单元或巴负责人授予更多的权限，让其承担更多的责任及获得相应的利益，实现责、权、利完全的匹配。

阿米巴晋升模式主要有：

（1）按工作表现晋升。

在工作表现可以用若干标准衡量的企业中，阿米巴组织可以依据员工的工作表现是否合乎既定标准来决定是否升迁。在这种情况下，能力是员工的工作业绩能够达到预期的标准之一。

（2）按投入程度晋升。

当一名员工遵守企业的一切规章和制度，能配合上级将工作进行得井井有条时，必定会受到阿米巴上级的赏识。

（3）按年资晋升。

按年资晋升，主要是资历与能力相结合，在获得可晋升的资历之后，究竟能否晋升，完全依据对其工作的考核。这种制度承认员工经验的价值，给予大家平等竞争的机会。

第十一章 如何实施阿米巴：人才与激励（奖）

重点提示：

实施阿米巴经营模式的"奖"：

首先，树立员工的共同愿景。

其次，出台系列的考核机制、晋升机制、报酬机制等。

最后，通过制度来统一员工的价值观，而不是灌输一些空洞的理念。

第三节 报酬机制

阿米巴的报酬机制包括薪资、奖金、股权激励、福利等。

一、薪资

薪资包括工资晋升和奖金两个部分。奖金的设计方法多样，一般可根据阿米巴经营模式导入并运营实施后，与之前的相比较来设计奖励体系。

二、股权激励

对表现优秀的巴长或巴成员，公司可根据实际情况，采用期薪或股权的方式来激励他们。

股权激励实施成败的关键在于把握两点：一是如何设计股权激励方案？二是如何完善和实施既定股权激励方案？因此，笔者根据丰富的股权激励项目咨询经验，总结出股权激励的9D模型，有效落实了"如何设计股权激励方案"和"如何完善和实施既定的股权方案"的问题。如图11-1所示。

何谓股权激励的9D模型？即结合不同类型、不同发展阶段的企业特点，

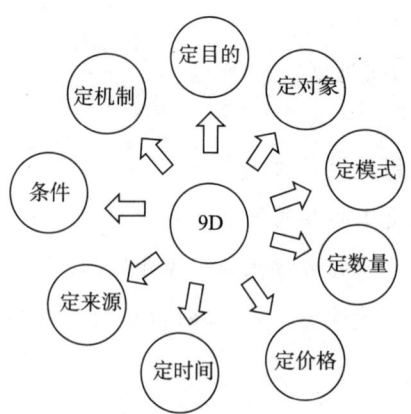

图 11-1 股权激励的 9D 模型

以及需求独创的股权激励设计和实施控制模型。针对不同企业现状与发展前景，提供"量身定制"的股权激励方案与保证实施效果的应对策略。

三、奖金

阿米巴奖金与员工业绩密切相关。员工奖金支付根据员工个人季度工作所负的责任、工作绩效及主要完成项目的情况而定，同时也会考虑总薪酬的情况。奖金的发放也应根据阿米巴哲学中的利他精神，先满足巴员的奖励，然后再考虑巴长及巴单元中的管理人员。

(1) 阿米巴奖金设计，主要有如下特点：

第一，哲学：利他共赢。

第二，来源：超越阿米巴经营目标之上的收益。

第三，公司与本阿米巴进行分配。

第四，对阿米巴单元而不对个人。

(2) 阿米巴奖金层次。

阿米巴奖金层次体现在：

第一，任务完成奖金，如表 11-1 所示。

第二，超额奖金，如表 11-2 所示。

表11-1 任务达成比例

达成率Z	<60%	60%≤Z≤70%	70%<Z≤80%	80%<Z≤90%	90%<Z≤100%
激励系数	0	0.6	0.8	0.9	1.0

表11-2 利润超额奖金比例

超额利润	超额比例区间 X_{1-5}	BU奖金比例	任务超额奖金 B_{1-5} 计算公式
M_1	$X_1 < 10\%$	30%	$B_1 = M_1 \times 30\%$
M_2	$10\% \leq X_2 < 30\%$	35%	$B_2 = B_1 + (M_2 - M_1) \times 35\%$
M_3	$30\% \leq X_3 < 60\%$	40%	$B_3 = B_1 + B_2 + (M_3 - M_2) \times 40\%$
M_4	$60\% \leq X_4 < 100\%$	45%	$B_4 = B_1 + B_2 + B_3 + (M_4 - M_3) \times 45\%$
M_5	$100\% \leq X_5$	50%	$B_5 = B_1 + B_2 + B_3 + B_4 + (M_5 - M_4) \times 50\%$

（3）阿米巴奖金设计顺序。

阿米巴的奖金设计有两种，如图11-2所示。

第一种是自上而下设计。

第二种是自下而上设计。

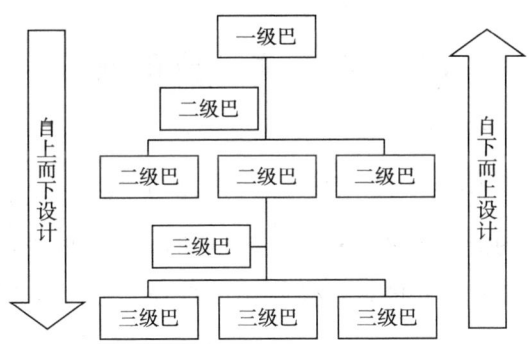

图11-2 阿米巴的奖金设计有两种

两种不同的设计方向：

第一，自上而下设计。只设计上一级阿米巴的奖金总额，由其统筹下一级。

我们只设计上级阿米巴的奖金总额，下面好几个阿米巴不管了，即交给上级阿米巴巴长去负责。

一家公司进行奖金设计，做到二级阿米巴为止。那么，有的有二级阿米巴，有的还有三级阿米巴就不管了。只奖到二级阿米巴，至于三级阿米巴的奖金怎么发，二级阿米巴的巴长说了算。这是自上而下设计。

第二，自下而上设计。从最底层阿米巴开始设计，形成复合阿米巴。

先设计三级阿米巴，之后设计二级阿米巴，接着设计一级阿米巴。

通常情况下，每一个上级阿米巴都包含着一个或一个以上的二级阿米巴，这就形成一个复合阿米巴。

所以，自下而上设计的时候要注意，上一级阿米巴只有确定下一级各个阿米巴都完成了一定的业绩比例，或者是整个阿米巴都完成了一定业绩比例的时候，才能拿到奖金。

四、福利

福利可采用巴分的方式进行，即公司组织各种活动，对参与的人员进行巴分积累，并根据积分的多少兑换相应的福利，如旅游、礼品、培训等。

第四节　统一价值观

对于任何一个企业而言，只有当企业内绝大部分员工的个人价值观趋同时，整个企业的价值观才可能形成。企业的价值观就是企业决策者对企业性质、目标、经营方式的取向所做出的选择，是为员工所接受的共同观念。

价值观作用的最集中的体现，便是当企业、阿米巴组织或个人在阿米巴运营过程中面临矛盾，处于两难选择时应当如何做。这样做可以，那样做也可以，但必须有一个决定，支持这个决定的便是价值观。提倡什么？反对什么？弘扬什么？抑制什么？基本商业伦理和企业精神是什么？企业信仰必须遵循产业社会的一般道德准则，并且有效地处理与人类社会，以及个人价值准则之间的一系列重要关系。由此来约束与激励全体员工的决策行为，尊重相关者的地位或满足相关者的利益。

企业价值观是企业判断是非的唯一标准。价值观统一了，并成为全体员工的共识，就会成为长期遵奉的信念，对企业具有持久的精神支撑力。

统一价值观，阿米巴内部才容易形成协调融洽的人际关系，阿米巴之间团结友爱、互相帮助，消除心理上的障碍，减少矛盾纠纷，才能形成无懈可击的阿米巴群体。因此，企业内部价值观统一后，产生同振共鸣，命运上互为一体，喜乐忧患与共，这无疑是体现阿米巴组织高效运营的一个重要标志。

如何使价值观得到统一？首先，我们要找出员工与企业共同认同的价值观，让全体员工认同企业共同价值观。通过多渠道、全方位、多角度的宣传贯彻，确保共同价值观深入人心，树立公司和员工共存共亡的信念。

阿米巴领导者身体力行，信守价值观念。阿米巴领导者的身体力行是一种无声的号召，引导员工的行为、思想趋向，有利于将企业价值观灌输到每个员工心里。

案例分析

广东某线缆企业实施战略阿米巴

广东某线缆企业是一家由英国、中国香港合资的专业漆包线生产厂家，专业为各国际著名品牌厂家提供漆包线及其他线材系列产品，年产值逾 7 亿元。

但随着竞争的加剧和国际期货铜的价格连年滑坡，业绩自 2012 年开始下降，利润的滑坡更是严重。此时，对外需要寻求新的产品，对内必须控制各项成本。为了改变这一现状，企业选择与柏明顿签订战略暨阿米巴经营项目协议。

一、导入阿米巴之前的现象描述

（1）管理高度集权，缺乏经营性人才。

总经理高度集权，管理人员只是听从指挥，缺乏主观能动性，更无经营意识和经营能力。

(2) 局限于 OEM 模式，和市场脱节。

长期以来，局限于 OEM 模式，对于市场的敏感度不够，没有主动研发产品与开发客户。

(3) 没有财务管理和分析。

只有销售收入较为准确，利润没有分解到产品、客户，分不清谁赚钱、谁亏损。

(4) 库存严重、资金链几近断裂。

铜的采购数量没有对接市场，产、销严重不平衡。2013 年年底，公司库存占用的资金高达五千万元，但是全年主营业务利润只有其 1/5，使得资金链几近断裂。

(5) 公司的业务开拓几近停滞。

只是依赖于总经理的人脉介绍客户和接单，没有专业的销售队伍，也没有主动开发客户和抢夺竞争对手的订单份额。

(6) 组织职能不清，依赖于总经理个人指挥。

虽然有分部门、岗位，但职责界定不清晰，主要依靠总经理的个人指挥加以运作。

(7) 公司的责、权、利体系没有建立。

授权体系无从谈起，凡事总经理亲自下令和过问，下属的能动性和责任担当没有激发。

二、原因分析

(1) 公司的权力都集中在总经理身上，长此以往，将强兵弱。

(2) 公司长期局限于 OEM 模式，缺少和外部市场的互动及对接，形成了相对封闭的内部市场，缺少市场化思维和运作。

(3) 公司缺乏经营管理人才，粗放式经营，没有分析过业务、产品、客户、营销模式和细分利润，缺乏业务链规划和战略思维。

(4) 公司高度集权、人才匮乏、一人多岗、组织职能错位不健全、业绩下滑等，形成一条恶性循环链条，必须从内部变革和打破。

三、阿米巴解决方案概述

（1）诊断调研。

通过面谈、现场观察、资料阅读、走访客户、了解同行等方法，将公司的问题挖掘出来。

（2）数据分析与市场研究。

对现有产品和客户进行销售额、利润、资金周转等分析，筛选优质产品与客户。同时通过外部调研、同行对标、趋势研究、政策影响等，寻找蓝海产品和客户。

（3）制定中长期战略规划。

通过上述内外工作和数据分析，得出"一个中心、两个基本点"的战略转型思路。即以原OEM加工向工贸一体化转型为中心，以产品结构调整和营销体系重塑为两翼，最后通过战略研究确定了两个增长业务产品和一个种子业务产品。

（4）阿米巴组织划分。

以产品为划分维度：5个一级巴（利润型）。

以职能为划分维度：4个二级生产巴（成本型）、4个二级销售巴（利润型）。

（5）阿米巴资产盘点和费用分摊。

对公司总部、各巴进行清产核资；建立费用分摊规则并进行分摊。

先将总部费用按各巴销售额占比分摊到一级巴；再将总部分摊下来和一级巴职能部门的费用分摊到二级销售巴（利润巴），二级生产巴（成本巴）只对巴内成本负责（标准成本）；形成生产巴和销售巴的核算表。

（6）阿米巴内部交易。

内部交易是阿米巴会计的核心，内部交易关系比较复杂，分为以下四个步骤：

第一，业务流分析暨内部交易界定。

因为产品有不同的工序，不同的产品经过的工序组合不同，必须仔细理清每一种产品的工序组合，并勾画出各巴产生内部交易的产品和关系。

第二，内部交易定价。

内部交易分为三种形式：同巴之间购销、跨巴交易和内部外发。

首先，计算每道工序每个品规的标准成本，按照料工费的成本构成原则，同时加上生产巴的巴内费用折算到每个品规的部分。在标准成本的基础上加上跨巴交易利润，跨巴交易利润在标准成本的基础上顺加一定的比例。

第三，内部交易流程。

按照上述三种不同的交易形式，分别标记出产品在生产巴、销售巴之间的流动交易关系和过程中途径的责任岗位及工作表单。

第四，内部交易的报表体现。

按照交易物、交易价和交易流的三大要素确定，进行会计入账。由于用的会计入账方式是各巴合并报表可以直接对接公司财务报表，因此内部购销和交易的报表入账只有经过上述三个步骤后才会非常清晰。

（7）阿米巴年度经营目标建立。

首先，顾问培训各巴长如何预测销售收入，在该销售收入的前提下，如何做好各项成本与费用的预算。同时设计好相关表格，便于巴长操作。

其次，各巴结合自下而上和自上而下两条线，进行年度经营预算编制并分解到月，形成汇总的公司总经营预测表。

最后，为了确保经营目标能够执行落地，还针对生产、销售两大体系各制定业务计划落地举措。

（8）阿米巴运营管控。

成立阿米巴推进委员会，界定委员的职责和例会机制；成立审计监察委员会，界定审计监察的内容、形式；界定总部和阿米巴组织的权限、事项和对接流程。

（9）阿米巴实施辅导与运行改善。

第一，针对报表要每日统计的现状，列明每笔会计科目的数据来源，从而对公司内部运作流程上的很多节点增补了13种日常工作表单，确保数据的及时性、准确性。

第二，针对运行中产生的问题，能够即时解决的除外，其他的形成问题反馈单，逐级会签，推动财务对接人、巴长、项目负责人和总经理等知悉问题和解决问题。将问题反馈单形成周汇总，例行汇报。

第三，在试运行过程中调整了费用分摊规则、跨巴交易利润核算规则、个别巴的年度经营目标预算等，并且敦促财务对于原来报表中不合理的数据项进行修正。

第四，培训巴长、统计员和管理干部，对于阿米巴的系统框架、财务知识、报表阐释、内部交易形式和流程等均予以培训。

四、实施阿米巴经营模式之后的效果

（1）观念转变，人才培养。

这是目前最大的收获，总经理开始下放一定权力到巴长；以前销售跟单的车间主任、品管经理做了巴长之后就主动开发客户，而且已经成功开发了几个客户。

（2）利润同比大幅增长。

自实施阿米巴以来，利润改变两年来一路下滑的颓势，营业额增长38%、利润增长52%，新产品的研发与销售也正按顾问拟订的战略在实施，新客户、新产品的销售额已占比27%，公司的业务战略布局有了全新的改观。

（3）库存大幅降低（漆包线、三层绝缘线等库存品）。

自实施阿米巴以来，库存品金额从七千万元大幅降低至三千万元，充裕了现金流，极大地缓解了公司资金链的压力。

本章总结

⊙把平台做成阿米巴，企业需要树立共同愿景。

⊙阿米巴考核机制的作用是让各阿米巴了解自己的经营状况，找出改善问题的方法，提高经营业绩。

⊙阿米巴的报酬机制包括薪资、奖金、股权激励、福利等。

⊙统一价值观，阿米巴内部才容易形成协调融洽的人际关系，阿米巴之间团结友爱、互相帮助，消除心理上的障碍，减少矛盾、纠纷，才能形成无懈可击的阿米巴群体。

第三篇

把阿米巴做成合伙制

中国式阿米巴落地实践之
持续盈利

第十二章
什么是阿米巴合伙制

在移动互联网时代，原有人才管理制度和公司治理机制，在吸引核心人才、选择经营者、激励经营者等方面显得力不从心，而合伙人机制成为趋势。

组织变革，刻不容缓。阿米巴合伙制是一种新的企业组织机制和管理机制，它变资本雇佣人才为资本与人才实现"共享共创共担"，共同推动企业平台的创新与发展。阿米巴合伙人制可以使人资关系更加紧密，人才开发更加充分，内部管理更有效率，充分激活核心团队，解放老板。

第一节 合伙制的法律概念

在做阿米巴合伙制之前要明确法律上的合伙制和管理上的合伙制之间的不同之处。合伙人有两种含义：一种是法律含义；另一种是管理含义。合伙人的法律含义就是指合伙企业的合伙人，目前在管理界所讲的合伙机制并不是法律意义上的合伙人。从管理的角度来讲，合伙人也有两种模式：一种是指合伙人的管理机制；另一种是合伙机制与平台管理相结合，形成业务模式创新。这种业务模式，一般称为"平台阿米巴经营模式"。

一、普通合伙人

普通合伙制是所有的合伙人对于合伙制的经营、合伙制结构的债务，以及其他经济责任和民事责任负有连带的无限责任的一种合伙制。普通合伙制结构中的合伙人称为普通合伙人。

（1）普通合伙制结构具有哪些特点？

第一，普通合伙制的资产由合伙人所拥有。

第二，合伙人将对普通合伙制的债务责任承担个人责任。

第三，普通合伙制结构的法律权益转让必须要得到其他合伙人的同意。

第四，在普通合伙制结构中，每个合伙人都有权参与合伙制的经营管理。

第五，普通合伙制结构中对合伙人数目一般有所限制。

（2）普通合伙制结构的缺点：

第一，合伙人承担无限责任。这也严重限制了普通合伙制在项目开发和融资中的使用。

第二，每个合伙人都有约束普通合伙制的能力。按照合伙制结构的法律规定，每个合伙人都被认为是合伙制的代理，这给合伙制的管理带来诸多复杂的问题。

第三，融资安排相对比较复杂。

二、有限合伙人

有限合伙制是指在有一个以上的合伙人承担无限责任的基础上，允许更多的投资人承担有限责任的经营组织形式。即有限合伙制允许某些合伙人的责任仅限于每人在合伙制企业的出资额。有限合伙制通常要求：

第一，至少有一人是一般合伙人。

第二，有限合伙人不参与企业管理。

有限合伙制可以实现投资者与创业者的最佳结合，尤其适合于风险投资。

一方面，有资金实力者出于谨慎，不愿投资于需要承担无限责任的普通合伙企业，而公司制中所有权与经营权分离可能导致的经营者道德风险也令其望而却步。

另一方面，拥有投资管理能力或技术研发能力者往往缺乏资金，愿意以承担无限连带责任为代价取得资金管理权，在承担较高风险的同时，在项目成功以后获取高于其出资额数倍乃至十倍以上的高额利润。有限合伙制度完全契合了这两种市场需求，确保了资本、技术和管理能力的最佳组合，实现效益最大化。

有限合伙制的魅力，主要体现在如下几个方面：

第一，独特的多重约束机制。一是普通合伙人承担无限责任；二是由于合伙期一般只是一个投资期,由投资者组成的顾问委员会实施监督,限制普通合伙人损害投资者的利益。

第二,灵活的运作机制。有限合伙以协议为基础,很多方面可以由合伙人协议决定,更能满足投资者的各种需求。

第三,优惠的税收政策。因为有限合伙制无需缴纳公司税,只缴纳个人所得税,避免了公司制下双重纳税的弊端,有效地降低了经营成本。

第四,便捷的退出机制。有限合伙人转让其合伙份额不会影响有限合伙的继续存在,这为风险投资提供了一条较之公司股份发行上市更为便捷的退出通道。

合伙人制度的四种形态如表12-1所示。

表12-1 合伙人制度的四种形态

合伙制企业	公司制企业
第一种:股权激励+公司控制权+身份象征	第二种:身份象征为主
	第三种:股权激励为主
	第四种:公司控制权为主

===== 案例分析 =====

万科合伙制的实践与思考

以股权、期权制度建立激励机制,将是大势所趋。万科正在以合伙人制维持控股权,实现员工利益共享、风险共担。万科提出"事业合伙人"制度,合伙人实行无限连带责任,公司捆绑员工利益,彻底实行利益共享、风险共担。

一、万科为什么推行合伙制

万科合伙人制,从根本上讲:

一是复杂的核心员工持股计划。

二是跟投机制。核心层员工购买万科股份的形式,一来强化管理层的控股权；二来将核心层的利益与万科捆绑在一起。而跟投机制中的必须跟投和自由跟投，则尽可能地将中高层员工、有共同发展意愿的其他员工、外部供应商等捆绑在一起。

如何让员工与企业一条心，某种程度上，只讲精神不讲物质只能一时，不能一世。万科合伙人制度，有效地解决了依靠流程、绩效360互评、财务审计等依旧无法解决的部门协同问题。因为合伙人制度的出现，共同的目标、相互的利益，把各部门、各员工与项目紧紧地捆绑在一起。

在合伙人制度下，合伙人和股东的利益是一致的，该制度将真正提升和完善公司的运营效率。相反，损害股东的利益就是损害自己的利益，损害集体的利益，在这样的文化氛围下，相信那些钻空子、只顾眼前利益的做法将很难存在。

二、万科合伙制的特点

万科事业合伙人的要求是：共创、共担、共享。你创造了价值当然可以分享创造价值的成果；如果你损毁了价值，应该承担相应的责任。所以，把共创、共享发展为共创、共担、共享。

与一般持股不同，万科事业合伙人制含有期权性质，事业合伙人签署《授权委托与承诺书》，将其在经济利润奖金集体奖金账户中的全部权益，包括引入融资杠杆进行投资。同时，承诺在集体奖金所担负的返还公司的或有义务解除前，以及融资本息偿付完成前，该部分集体奖金及衍生财产统一封闭管理，不兑付到具体的个人。

万科在2014年推出了合伙人持股计划。这个计划不是股权激励，更不是团队从公司获得的奖励，而是经济利润奖金的全体奖励对象自愿把滚存的集体奖金，加上杠杆买成公司股票。由于引入了杠杆，在股价的涨跌过程中，持股合伙人将承受比股东更敏感的损益。

万科还推出了"项目跟投制度"。所谓项目跟投，就是对项目获取和经营质量影响最大的那部分员工——项目的管理团队和城市公司的管理层，需要拿出自己的钱和公司共同投资。

三、万科如何实施合伙制

（1）确定跟投规则——投多少，谁能投？

具体跟投如何做？根据万科公司跟投制度，员工初始跟投份额不能超过项目资金峰值的5%，公司将对跟投项目额外受让跟投，期投资总额不超过该项目资金峰值的5%。项目所在一线公司跟投人员可以在未来18个月以内，额外受让此份额。另外，项目所在一线公司管理层和该项目管理人员是必须跟投人员。

（2）跟投制度带来巨大变化——团队被激活。

第一，项目团队活力——从过去给任务到积极寻找最优方案。在基本每个参与项目的员工都跟投之后，员工对项目的积极性高了很多，从过去完成公司给的任务变成积极主动寻找更优方案。

第二，跨部门协同效果——不扯皮，联合寻找最优方案。有了跟投制度之后，团队的各个部门主动配合设计部门，开始寻找替代方案。

（3）营销去化加速——"人人都是经营者"。

到了营销环节，项目跟投带动的积极性更是不言而喻。员工成为项目的股东之后，由于事关切身利益，产品定位、新项目的预期收益情况、资金回流情况、风险控制等，员工会主动推广项目，不同部门出去见客户谈合作的时候，也会留意该企业是不是项目目标客户。

（4）合伙人文化机制——信任文化＋协同文化＋去金字塔化。

事业合伙人几乎将万科过去的公司文化完全颠覆。

首先，信任文化，合伙人制度要有"背靠背的信任"。

其次，建立协同性，基于利益的一致才有互相支持配合的协同性。

有了这些，万科才可以超越短期绩效，向成为健康组织的方向靠拢。

（5）合伙人升级方向——内部事业合伙人到生态链上合伙人。

沿着事业合伙人的思想，万科未来可能将项目跟投扩大化，将产业链上下游也变成合作伙伴，建立新型房地产生态系统。如果施工单位也成为事业合伙人，偷工减料的问题是否就能从根源上杜绝，得以保证工程质量。房地产本身是个资金密集型行业，如果买地时资金方面引入合伙人制度，成本也能大大减少。这相当于将产业链的利益相关者也发展为事业合伙人，从一家公司出发，作为平台进行内部创新，创新最终结局是重构一个生态体系。

第二节　阿米巴合伙制的要点

阿米巴合伙制是企业未来发展的标配，把企业发展成平台和内部创业生态系统。让优秀的人才成为阿米巴合伙人，实现人与人、人与平台、人与资本更好地合伙和匹配。

阿米巴合伙制无非是控制权机制和激励机制。控制权机制一般由经营团队组成合伙人团队，通过这一机制，对公司的战略经营决策产生一定的控制权。而激励机制，是公司将进行股权激励或者利润分享，实行跟投机制和内部创业机制等。

阿米巴合伙制打破了企业内部纵向决策、横向分工的组织体系，由公司建立支持平台，在平台上由合伙人牵头建阿米巴团队。各阿米巴组织独立决策、自负盈亏，合伙人对项目有充分决策权，享有相当的项目收益，因此工作积极性高、归属感强；公司的角色由领导者变成支持者和辅助者，为他们提供技术、人事、生产资料等支持，让人才以公司为平台进行内部创业。

"平台+合伙人+阿米巴"的经营模式，这种阿米巴合伙制不仅仅是一种激励机制，更是一种商业模式创新。如图12-1所示。

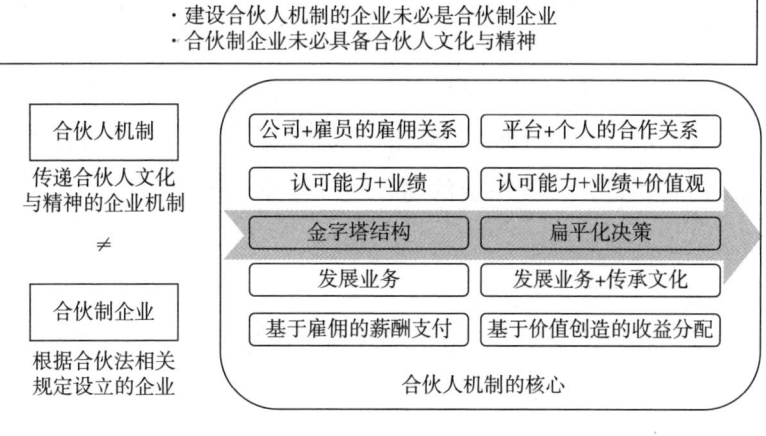

图12-1　阿米巴合伙制

阿米巴合伙制的要点如图 12-2 所示。

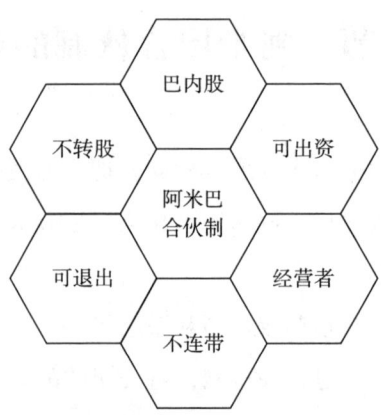

图 12-2　阿米巴合伙制的要点

一、巴内股

你的股值是来自阿米巴的，所以阿米巴有一个资产负债表。一个阿米巴一个负债表，你的股份来自巴内。当然也可以是一个区域性阿米巴，员工有一部分的股份来自区域阿米巴，还有一部分的股份来自销售公司。这些都属于巴内股。

二、可出资

公司与核心高管合资成立阿米巴组织，共同运营业务。根据出资额的多少确定股份比例，共同决策。阿米巴合伙制，公司有控制权，员工有经营权和分配权，可以设置一定的期权池和激励机制，公司一步步过渡股份，激发员工的创业热情。这种模式需要员工具备一定的资金实力，或通过借贷解决。

可出资还有一种方式，即员工成立阿米巴组织，母公司作为投资人，只出钱不出力，员工出力，也可出资。比如项目估值 500 万元，公司投资 100 万元，占股 20%，年底分红。公司也可要求确保资产回报率不低于多少。这种阿米巴合伙人制，让"人人成为经营者"，在公司平台创业。

重点提示：

可出资有一种方式，即员工成立阿米巴组织，母公司作为投资人，只出钱不出力，员工出力，也可出资。

三、经营者

阿米巴合伙制让优秀的人才成为合伙人，也成为阿米巴经营者。每个阿米巴里，当所有员工都成为阿米巴合伙人之后，也就实现"人人成为经营者"。每个阿米巴以阿米巴的领导为核心，自行制定各自的计划，并依靠全体成员的智慧和努力来完成目标。

"人人成为经营者"，更能激发所有员工的"老板意识"，经营者更愿意将他的时间、资金、智慧都贡献给阿米巴组织，共同参与经营，共享企业经营成果，共同推动企业的创新与发展。团队被激活，协调更顺畅，营销更有影响力，内部管理更有效率。

四、不连带

普通合伙人对合伙企业债务承担无限连带责任，但阿米巴合伙人只承担有限责任，即阿米巴合伙人仅限于担负与其出资额相应的责任。

五、可退出

在阿米巴合伙制中，如果阿米巴合伙人由于个人经验与认知的局限，也没有获得快速成长，不再适应公司发展需要，在阿米巴内部没有合适的工作能够发挥他的作用，那么阿米巴合伙人退出是早晚的问题。

因此，阿米巴合伙制可提前设定好股权退出机制，约定好在什么阶段合伙人退出阿米巴后，要退回的股权和退回形式。当合伙人退出阿米巴后，其所持的股权应该按照一定的形式退回，公司对其股权具有优先购买权等。一方面，对于继续在阿米巴组织里做事的其他合伙人更公平；另一方面，也有利于公司的持续稳定发展。

六、不转股

阿米巴合伙人持有的是巴内股，阿米巴合伙制可规定，要求其合伙人不转股。

案例分析

华为为什么让员工持股

任正非认为，高科技行业需要大家一起进行利益分享，我们的员工持股就是知识资本化，员工分享企业的利益。正是因为员工持股，才使我们团结了这么多的人。那么，华为的员工如何持股？华为新员工可以持股吗？十年以上对公司贡献比较大的员工才有股份，华为的员工持股或分红的模式是什么样的？

一、华为为什么实行员工持股制度

华为实行员工持股制度，一方面，华为的模范员工，结成公司与员工的利益与命运共同体；另一方面，将不断地使最有责任心与才能的人进入公司的中坚层。

二、华为的员工持股制度有何特点

华为的员工持股制度历经了数次调整。

2001年以后，华为公司实行了相应的员工持股改革：新员工不再派发长期不变1元1股的股票，而老员工的股票也逐渐转化为期股，即所谓的"虚拟受限股"（下称"虚拟股"）。虚拟股由华为工会负责发放，每年华为会根据员工的工作水平和对公司的贡献，决定其获得的股份数。员工按照公司当年净资产价格购买虚拟股。拥有虚拟股的员工,主要的收益变化是除了可以获得一定比例的分红,还可以获得虚拟股对应的公司净资产增值部分。

2008 年,华为再次调整了虚拟股制度,实行饱和配股制,即规定员工的配股上限,每个级别达到上限后,就不再参与新的配股。这一规定也让手中持股数量巨大的华为老员工们配股受到了限制,给新员工的持股留下了空间。

经过调整后的虚拟股制度一直沿用至今。

三、华为如何让员工持股

华为的员工持股,实际上是一种虚拟股,员工并非真实意义上的股东。

任正非说:"谁拥有华为?我不知道怎么说,我反正只有百分之一点几的股份。"从法律上说,华为公司的股东有两个:一个是华为公司工会,代表员工持股 98.93%;另一个是任正非,持股 1.07%。这些持有股份的员工不同于公司法上的股东,因为从 2001 年起,他们持有公司的股份就改为虚拟受限股。简单地说,员工并不是公司直接的股东,但享有分红权和股份增值权。大规模员工持股是华为成功的一种公司治理模式,事实上,除了员工激励,这也是华为的内部融资行为。

四、华为的员工持股制度作用:渡过难关的秘密

任正非多次指出,华为能够从一个 2 万元起步、没有任何创新能力的小企业成长为一家 15 万名员工、全世界拥有 150 多个办事处、年销售收入达 395 亿美元的大公司,员工持股计划发挥了巨大作用。

华为曾经有四次"紧要关头":创业期、网络经济泡沫时期、非典时期、全球性金融危机时期。员工持股计划,成为华为渡过难关的秘密。

作为贡献者的员工得到了什么?最近的数据是在华为允许《金融时报》探访其总部时给出的,员工持股计划 2014 年对华为公司股票的定价为每股 5.42 元,员工购买数万股需要几十万元。2010 年每股分红 2.98 元,2011 年为 1.46 元。2013 年每股分得的红利为 1.41 元,相当于以当前价格买入将获得 26% 的收益率。

抛开收益、技术、人才等硬指标的考量，员工持股计划也是维持任式领导风格的重要因素，为华为内部阐释和强调奋斗精神提供了逻辑上可以自我说服的基础。

五、华为员工持股：公司与员工的双赢

员工持股计划把所有的人都聚集到了一个平台上。华为推行大面积员工持股，这种机制和制度吸引、团结、黏合住了大批人才，包括国际化员工。用任正非的话说："正是这种制度，形成并沉淀了公司利益分享，以奋斗者为中心的文化。"

2008—2011年，华为的股东权益回报率分别为21%、42%、40%和17%。因为华为是根据净资产作价配股，所以华为员工在华为公司的虚拟股的年回报率与上述股东权益回报率应当基本一致，这个回报率确实很高。同时，员工还可以享受到公司净资产增加带来的股份增值。

从公司角度看，员工持股也有效地解决了公司快速发展过程中的融资问题。自2004年开始至2011年，华为控股工会和任正非两家股东新增持股63.74亿股，总计增资275.447亿元。其中，2011年一年，华为控股创纪录地向两家股东增发17.35亿股，任正非和控股工会总计出资达到了94.037亿元。

评点：

员工持股机制是华为成功的核心要素。华为员工持股既发挥了巨大的激励作用，也让公司度过一个又一个寒冬，融得了大量资金，支撑了公司连续多年的高速发展。

本章总结

⊙ 合伙人有两种含义：一种是法律含义；另一种是管理含义。
⊙ 普通合伙制是所有的合伙人对于合伙制的经营、合伙制结构的债

务，以及其他经济责任和民事责任负有连带的无限责任的一种合伙制。普通合伙制结构中的合伙人称为普通合伙人。

⊙有限合伙制是指在有一个以上的合伙人承担无限责任的基础上，允许更多的投资人承担有限责任的经营组织形式。

⊙阿米巴合伙制是企业未来发展的标配，把企业发展成平台和内部创业生态系统。让优秀的人才成为阿米巴合伙人，实现人与人、人与平台、人与资本更好地合伙和匹配。

⊙你的股值来自阿米巴，所以阿米巴有一个资产负债表。一个阿米巴一个负债表，你的股份来自巴内。这些都属于巴内股。

⊙公司与核心高管合资成立阿米巴组织，共同运营业务。根据出资额的多少确定股份比例，共同决策。阿米巴合伙制，公司有控制权，员工有经营权和分配权，可以设置一定的期权池和激励机制，公司一步步过渡股份，激发员工的创业热情。

⊙阿米巴合伙制让优秀的人才成为合伙人，也成为阿米巴的经营者。每个阿米巴里，当所有员工都成为阿米巴合伙人之后，也就实现"人人成为经营者"。

⊙普通合伙人对合伙企业债务承担无限连带责任，但阿米巴合伙人只承担有限责任，即阿米巴合伙人仅限于担负与其出资额相应的责任。

⊙阿米巴合伙制可提前设定好股权退出机制，约定好在什么阶段合伙人退出阿米巴后，要退回的股权和退回形式。

⊙阿米巴合伙人持有的是巴内股，阿米巴合伙制可规定，要求其合伙人不转股。

中国式阿米巴落地实践之
持续盈利

第十三章
为什么要实施合伙制

把阿米巴做成合伙制，在实施之前，我们要多问几个问题：企业为何要投资这个项目？合伙人为何要与我们在一起？企业平台最终价值为何？有什么核心资源是对方所依赖的？如何挖掘出企业特殊性资产的潜力，从而将企业做成平台，双方互利相成，共同做大平台？这也是平台阿米巴的思维。更重要的是，同样的人才，由于合伙制改变了组织架构和契约合同，员工的行为就会随之改变，潜力也被充分激发，这也就是合伙制鼓励创新的力量。

企业实施合伙制，主要出于几个目的：留住人才、全力经营、持续发展、劳资合酬、内部创业、吸引项目等。

第一节　留住人才

企业引入阿米巴合伙人机制，通过股权激励计划来改善公司治理结构留住人才，已是大势所趋。

一、企业为何难以留住核心人才

随着全球经济一体化的加速到来和产业分工的日益专业化，企业之间的竞争越来越激烈。从表面上看，企业之间的竞争是企业所提供的产品和服务的竞争，但是，从根本上说，这些产品和服务都是由企业的人才提供的，因此企业之间的激烈竞争实质上就是对人才的争夺。

人才的重要性不言而喻，但很多企业都遭遇人才难留的尴尬境地。企业为何难以留住核心人才？归纳起来有如下几点：

第一，人才对企业缺乏归属感。

第二，优秀人才更愿意为自己而做，而不是受雇佣去打工。

第三，公司和核心人才不是合作的关系，只是简单的雇佣关系，那么员工只会把工作当成一份工作而不是一项事业。

第四，一股独大的企业很难做大做强做久，优秀人才不甘愿在这样的企业干一辈子，长本事之后就会选择创业。

第五，企业缺乏好的经营模式和内部创业机制，优秀人才感觉空有本领，却无用武之地。

总结：你不给他创业，他就挖人创业；你不给他股份，他就自己找股份。

二、实施合伙制为何能够留住人才

实施合伙制之所以能够留住人才，主要有如下几点因素：

第一，实施合伙制，采用员工持股计划，能够让员工把阿米巴当成一项事业，而不是简单的雇佣关系。

第二，合伙人机制能够创造拥有感，而这种拥有感主要是参与企业经营的权利，在企业内部为人才创造创业的条件，变为别人打工为"为自己打工"。销售额增长更快，员工生产力更高，离职率也更低。

第三，从利润分配角度来讲，合伙人在收益方面拥有很大的主导权，企业会按照个人能力及贡献度的大小进行利润分配，让优秀人才得到合乎其价值的报酬，这种激励模式更能稳住人才。

第四，实行合伙人制使员工有一定的归属感，在经年累月的工作中培养出员工对公司的强烈忠诚感。若成为合伙人意味着终身雇佣，至少这种模式对现在人才流动率过大，甚至出现人才荒的问题起到一定的缓解作用。

第五，企业致力打造的"企业平台＋合伙人制＋阿米巴经营"制，是期望为最优秀员工提供一个"创业平台"，最终实现企业平台和阿米巴员工的共同成长。

三、如何通过实施合伙制留住人才

第一，推行合伙人制度，把职业经理人变成阿米巴合伙人。企业要与员工分享企业发展带来的红利,把公司利益和员工利益紧紧捆在一起。

第二,完善培训体系,为企业的未来储备人才。企业也应抱着开放的心态,若项目切实可行,团队过硬,则鼓励内部创业,实现企业裂变式的发展。

第三,实施股权激励计划,有利于企业稳定和吸引优秀的管理人才和技术人才。实施股权激励机制,可以让员工分享企业成长所带来的收益,增强员工的归属感和认同感,激发员工的积极性和创造性。

第四,通过导入阿米巴经营模式及引入合伙人机制,调动人才的自我驱动力、创造力,实现企业发展与人才进步的协调发展。

第五,为更好地保留和激励核心人才,企业要将核心人才的个人损益与企业损益挂钩,即"利润共享,风险共担"。

第六,通过合伙人选拔机制和退出机制,确保"谁创造谁分享"原则,充分尊重人才。

重点提示:

实施股权激励计划,有利于企业稳定和吸引优秀的管理人才和技术人才。可以让员工分享企业成长所带来的收益,增强员工的归属感和认同感,激发员工的积极性和创造性。

===案例分析===

海康威视的合伙人机制与跟投计划

企业发展需要创新,只有在创新中才能成长,而合理的激励机制,有助于最大限度地发挥创新的作用。在"持续改革、持续发展"的思想指导下,经过长时间的构思,2015年,海康威视管理层提出了"创新跟投"的方案,突破了原有国有企业员工激励的限制,成为市场化竞争国企改革创新的重要试点。公司和员工按6:4的股权比例共创子公司,将核心员工和技术骨干变成"创业合伙人",共享创新业务发展带来的成果。

一、核心员工跟投计划

在创新跟投的制度里,核心就是利益分享、风险共担,就是员工跟公司一起承担创新的风险,也能分享创新的成果,这样就把员工的命运、员工个人的财富和公司的利益、公司的成长紧密地结合起来。

创新业务子公司核心员工跟投计划:两层级平台动态激励增量创新业务。

创新业务子公司层面强制跟投:此员工跟投平台,系由公司及全资子公司、创新业务子公司的中高层管理人员和核心骨干组成。跟投创新业务子公司40%股权,从而强制跟投各类创新业务,确保海康威视核心员工与公司创新业务牢牢绑定,形成共创、共担的业务平台。

创新业务子公司某一特定创新业务层面自愿跟投:此员工跟投平台,系由创新业务子公司核心员工且是全职员工组成,参与跟投某一特定创新业务,旨在进一步激发创新业务子公司员工的创造性和拼搏精神,建立符合高新技术企业行业惯例的高风险和高回报的人才吸引、人才惯例模式。

动态激励:跟投平台每年按一定的比例进行增资,增资部分的股权根据特定规则重新分配给所有核心员工。因此,跟投平台的员工持股比例将每年调整,跟投平台会逐步成为员工持有创新业务子公司股权和股权增值权的动态管理工具。

激励对象与激励平台始终合为一体:不论直接或间接方式持有的股权,创新业务子公司跟投平台的股权或增值权原则上只能由公司或子公司员工持有。不论何种原因(符合规定的退休及执委会同意的例外情况除外),一旦员工与公司或创新业务子公司解除或终止劳动关系,该员工持有的跟投平台股权或增值权即按照事先约定的条件转让给平台指定的主体。

二、激励机制,激发员工创新潜力

经过10多年的快速发展,如何保持企业活力、激发员工的创新潜力,是海康威视管理团队面临的重大课题。那么,海康威视是如何挖掘、激发员工的创新能力的呢?

2016年12月24日,海康威视发布公告,公司2016年度股权激励对象共 2936 人，其中最基层的 2683 名核心骨干员工，每人平均被授予 1.64 万股。

这样的激励机制，是海康威视常规的、具有市场竞争力的薪资福利之外的一种长期激励机制，将员工切身利益与公司整体利益紧密地联系在一起，做到利益共享、风险共担，有效地激发员工的积极性和创新力。

近几年，小微企业、家庭和个人用户对智能家居、民用安防产品需求巨大。目前，公司的互联网视频（萤石）、机器人、汽车电子、红外传感、智慧存储五大创新业务，已通过跟投平台在积极推进，拓展了企业发展的空间。

除了股权激励、创新业务跟投，公司还有特别贡献奖、技术创新奖、关键岗位人才培养机会等 20 多项激励措施，基本覆盖所有部门，多维度地有效保障公司人才的能力提升和创新活力。

三、构建起完整的人才培养体系

海康威视的员工总数已经超过 2 万人，公司先后推出"新人训练营""鹰系列—飞鹰计划、鹞鹰计划""孔雀翎—翎眼、翎心、翎羽"、核心人才培养机制等制度，已经构建起完整的人才培养体系，不断帮助员工发现自己的发展方向。

海康威视在 2012 年、2014 年、2016 年连续推出三期股权激励计划，涉及员工近 5000 人次，如此大规模的股权激励在整个 A 股市场都是不多见的。要多考虑覆盖的面，向一线的骨干员工倾斜，让更多的员工能够分享公司成长的成果。

公司年年增长的业绩，以及可观的利润分配，让参与股权激励的员工都有了不菲的回报，2012 年首批参与的员工，如今浮盈已经超过了十倍。

海康威视的人才培养体系，主要体现在如下几点：

一是创新人才引进的形式。对于少量高端人才、领军人物，委托猎头招聘，推进"人才资源+事业平台"的人才引进模式；对于新项目或急需突破的项目，大胆引进团队，推进"人才资源几何式增长"的引进模式。比如引进高德威研发团队、2015 年推进"国家千人计划"人才引进目标等，均有效提高了公司在新领域的发展速度和发展进度。

二是加大人才培养力度。在注重人才引进的同时，致力于打造"育人、留人、用人"的完整体系，全面培养人才，建立起涵盖培训需求识别、培训计划制定与执行、效果评价与改进等环节的完整的培养体系。

海康威视目前已经自建了超过700门的内部标准课程，内部认证讲师也超过200余人，开设网络学院，推广自主学习，针对关键人才设立新人训练营、鹰系列、孔雀翎等培养机制；有针对性地开展一系列培训和提升活动，并打造管理、专家职业发展双通道，为员工职业发展提供帮助，形成了完整的后备干部培养和储备机制，持续满足公司快速发展对核心人才的需求。

三是优化人才激励机制。在职能部门的考核激励机制中，建立了综合量化绩效考核和目标管理考核相结合的考核办法，建立了灵活多元化的薪酬福利分配机制。对所控股的公司和事业部采取了"公司治理"的管理模式，通过董事会将公司高管的收入和公司主营收入、利润总额、安全生产等关键指标项目的完成情况联系起来。同时，允许公司和事业部中核心骨干人才持股，将核心骨干人才的个人利益和公司长远发展紧密结合起来。

海康威视在探索推进事业合伙人制度，鼓励企业核心人才主动承担风险，开拓更广阔的事业领域。

第二节　全力经营

合伙人制成为企业组织模式变革的一个重要方向，柏明顿公司的客户中，很多公司的改革已经卓有成效。这些公司的合伙人制虽然所用方法不尽相同，但制度设计的出发点类似，就是要通过建立企业平台，实施阿米巴合伙制，发挥人才的创造力，形成公司的持续创新能力，以迅速响应客户需求，全力经营，提升公司的运营效率。

实施合伙制，为什么能够促使企业全力经营？我们总结如下几个要点：

一、合伙人有创业心态，就会全力以赴地经营

从员工转变为合伙人，这种转变更好地解决了投资者和员工之间的利益分享。这些股东拥有职业经理人和阿米巴合伙人二合一的身份，既为股东打工也为自己打工，与公司的利益变得一致了。

成为阿米巴合伙人之后，还能够自我激励、自我驱动。同样一件事情，用打工的心态和用创业的心态做，效果完全不一样。合伙人有创业心态才会极度喜欢自己所做的事，才会自我燃烧，增强主动性，全力以赴地经营。

二、下放经营决策的权力给合伙人

阿米巴合伙制的本质是下放经营决策的权力给合伙人，以合伙人团队灵活、高效的业务能力提升公司的效率和业务水平。各阿米巴团队独立决策、自负盈亏，合伙人对项目有充分决策权，享有相当的项目收益，因此工作积极性高、归属感强。

阿米巴经营模式中是人人平等的，业绩做得好，得到的不仅仅是金钱的奖励，还有企业其他员工和老板的赞美和感谢。这样做，会使得员工与员工之间相互信任，人人都朝着自己设置的经营目标全力以赴。

员工成为阿米巴合伙人，也成为经营者，感受自己参与企业经营的喜悦，实现自己的经营计划，并尊重了每个人的劳动成果，使得员工从尽力而为到全力以赴。

三、拥有股份的员工拼命做业绩、超目标

实施合伙制，也对员工实行相应的股权激励计划，使其与企业结成利益共同体，对员工的好处是有条件地享受部分股东权益。

经营者会因为自己工作的好坏而获得奖励或惩罚，这种预期的收益或

损失具有一种导向作用,它会大大提高管理人员、技术人员的积极性、主动性和创造性。员工成为公司股东后,能够分享高风险经营带来的高收益,有利于刺激其潜力的发挥。这就会促使经营者大胆进行技术创新和管理创新,采用各种新技术降低成本,从而提高企业的经营业绩和核心竞争能力。

将这些员工利益与公司利益紧密地联系在一起,构筑利益共同体。拥有股份的员工全力经营、赶超目标。

案例分析

永辉超市合伙人制度

永辉超市推出合伙人制度,一方面,是行业大环境使然;另一方面,永辉超市天生具有推行合伙人制度的基因。

永辉在全国设立了七个大区,在十八个省市拥有将近400家门店。根据区域差异性,合伙人制度的具体方案也不尽相同。但万变不离其宗,合伙人制度的核心就是:总部与经营单位(合伙人代表)根据历史数据和销售预测制定一个业绩标准。如果实际经营业绩超过了设立的标准,增量部分的利润按照比例在总部和合伙人之间进行分配。

一、永辉超市合伙人制度的特点

第一,制度含义:总部与合伙人代表,根据历史数据和销售预测制定一个业绩标准,一旦实际经营业绩超过了设立标准,增量部分的利润按比例在总部和合伙人之间进行分配。

第二,参与主体:即合伙人代表,目前是以门店作为代表员工去参与合伙人计划。

第三,执行过程:在完成销售达成率和利润达成率等指标的前提下,合伙人根据增量部分的利润,与总部按照三七、四六、二八等比例分红。

二、永辉合伙人制度的本质

第一,分红制度:"永辉合伙人"有别于其他公司"合伙人"制度。"永辉合伙人"并不享有公司股权、股票,而只有分红权,相当于总部与小团队的利益再分配。

第二，激励机制："永辉合伙人"有别于常规的绩效考核制度，借助阿米巴经营思维——"人人都是经营者"，重在激励，相当于总部与小团队的业绩对赌。

三、永辉合伙人制度推出的原因

第一，管理经营探索：调动员工的积极性，必须将企业业绩跟个人建立起一种"直接关系"。

第二，商业环境使然：希望能够在未来找到一个科学的机制，与每一位员工共享利益。

第三，找回创业状态：合伙人制度帮助永辉正在找回当时创业的状态。

四、合伙人制度的目的

第一，对于员工：提升员工的积极性，养成"人人都是经营者"的意识。

第二，对于管理者：管理机制创新，持续提高人效。

第三，对于股东：减少刚性成本上升压力，长期价值最大化。

第四，对于消费者：彰显企业融合共享文化。

第五，对于竞争对手：打造永辉独特的竞争力。

五、永辉超市如何实施合伙人制度

第一，精简组织架构和强化合伙人激励，如图13-1所示。

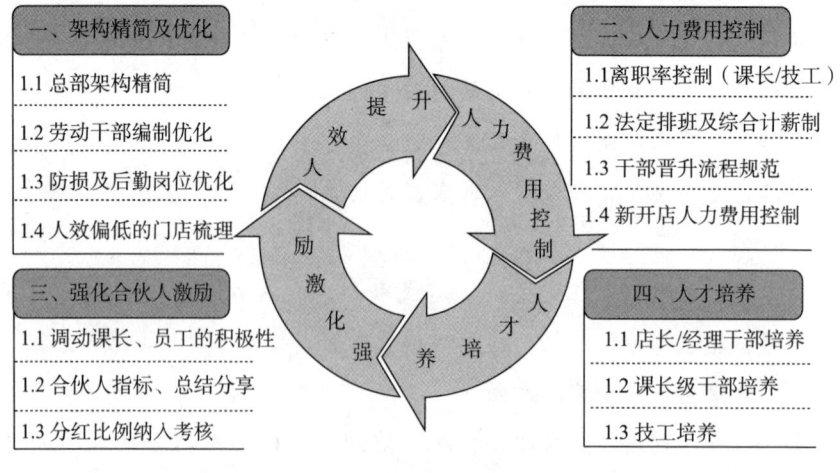

图13-1　精简组织架构和强化合伙人激励

架构精简及优化：总部架构调整，人效偏低门店梳理。

人力费用控制：离职率控制、新开店人力费用控制等。

强化合伙人激励：调动课长和员工的积极性，分红纳入考核。

人才培养：主抓三级培养，店长经理级、课长级培养、技工培养。

第二，组织变革与机制创新，如图13-2所示。

组织变革：管理扁平化，组织精干、高效。

效率提升：人员优化，注重能力提升。

机制创新：推动合伙人机制，绩效文化。

干部培养：完善梯队建设，人才引进。

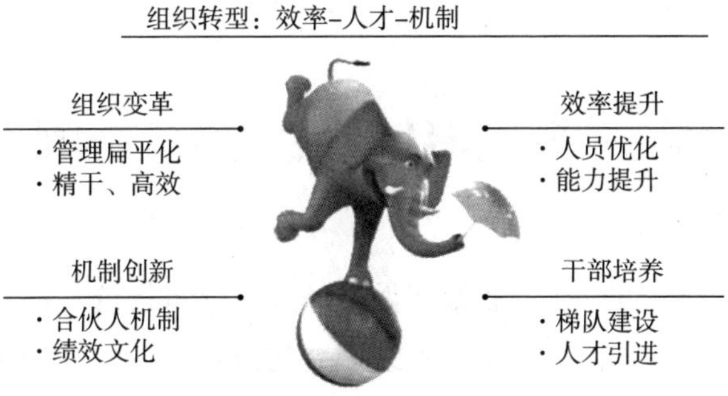

图13-2 组织变革与机制创新

六、总部与小团队的利益再分配

2014年，永辉超市在全公司推广合伙人制度。一些后勤的岗位也可以用量化的方式来推行合伙人计划。比如防损就有损耗率的考量，节省下来的钱就相当于利润。在保证质量的前提下，工程部省下来的预算也相当于业绩。目前，永辉约有4成员工成为合伙人。

所谓经营单位，就是总部与其进行利益分配的另一方。由于永辉有数万名员工，总部不可能与每一位员工去开会敲定合伙人制度的一些细节和考核标准。因此，一般是以门店或者柜组为经营单位，它们代表基层员工参与合伙人计划，与总部讨论至关重要的业绩标准。

一般情况下，合伙人是以门店为单位与总部来商谈。永辉总部代表、门店店长、经理及课长，一起开会探讨一个预期的毛利额作为业绩标准。将来门店经营过程中，超过这一业绩标准的增量部分利润就会拿出来按照合伙人的相关制度进行分红，或三七，或四六，或二八。店长拿到这笔分红之后就会根据其门店岗位的贡献度进行二次分配，最终使得分红机制照顾到每一位基层员工。

由此可见，永辉合伙人制度相当于总部与小团队的利益再分配。

永辉合伙人制度对分给基层员工的比例有明确的规定。永辉总部将合伙人制度和相关条例完全透明公开，基层员工可以根据自己的业绩预见将来的分红。在这种情况下，经营单位的负责人也不敢"中饱私囊"。

合伙人制度还解决了一系列经营管理方面的瓶颈。如今，永辉超市的离职率约从8%降至4%、商品损耗率约从6%降至4%，上货率、更新率大大增加，商品质量、服务质量均有提升。

第三节 持续发展 劳资合酬

实施合伙制，可以让企业做大做强做久，获得持续发展。企业可持续发展是指企业在追求自我生存和永续发展的过程中，既要考虑企业经营目标的实现和提高企业的市场地位，又要保持企业在已领先的竞争领域和未来扩张的经营环境中始终保持持续的盈利增长和能力的提高，保证企业在相当长的时间内长盛不衰。

实施合伙制能够让企业持续发展，主要体现在如下几点：

一、人才价值的回报机制

人才的价值回报不是工资、奖金就能满足的，有效的办法是实施合伙制，直接对这些人才实施股权激励，将他们的价值回报与公司持续增值紧密地联系起来，通过公司增值来回报这些人才为企业发展所做出的贡献。

二、激发人才的创新动力，促使企业可持续发展

实施了合伙制，才能吸引和留住核心人才，核心人才是企业创新的重

要保证。企业有了众多创新型人才并且能够自组团队，为经营结果负责，就会不断推动企业技术创新和管理创新，强化精益管理。

在此基础上，企业制定符合实际需求的可持续发展战略，培育企业自身的企业文化和精神，建立和完善符合可持续发展要求的决策体系、治理结构、经营模式和业务流程，实现可持续的投资、运营和价值链管理，为企业结构调整、转型升级和走质量效益型发展道路提供深层动力和体制保障。

三、企业只有共享发展成果，才能做大做强做久，获得持续发展

企业在实现自身发展的同时，还要实施合伙制，与员工建立互利共赢的机制，实现企业与员工的共同发展。在人力资源使用和管理的各个环节尊重员工权益。通过营造负责任、可持续的价值链，促进企业财富在生产、服务环节的合理流动与公平分配，实现企业平台、阿米巴组织和员工的价值共创与共享，使"人人成为经营者"，每个人都全力经营，企业平台就会持续发展。

劳资合酬，什么意思呢？作为老板，在公司或阿米巴承担经营者的工作，就可以享受工资待遇。作为合伙人，不管出不出资，有股份就可以作为股东按出资比例享受红利。

实施合伙制的好处就是能够劳资合酬。因此，企业老板可以考虑把自己的员工"拉入伙"，培养一种"高参与度"的企业文化，让充满热情并愿意为公司奉献的员工加入进来，同时提高透明度，与员工一起参与公司的重要决策。

为了让员工保持热情，企业需要启动员工持股计划。当员工成为合伙人、股东，这些未来的企业共同所有人会积极参与工作，充满激情，也会承担责任，因为他们会把自己当作企业的主人翁。他们不仅能在工作中保持身心愉快，还能时常为公司提供新想法、新创意，整个公司也因此变得欣欣向荣。

为了更好地实现劳资合酬，需要签订合伙协议，合伙协议具有开放性，不受出资比例的束缚，便于投资人和经营者自主、理性设计，既能合理体现投资人的货币资本价值，又能合理体现经营者的人力资本价值，是投资人和经营者各得其所的分配和激励制度。

第四节　内部创业

实施合伙制，就是为了更好地推动内部创业。内部创业是由一些有创业意向的企业员工发起，在企业的支持下承担企业内部某些业务内容或工作项目，进行创业并与企业分享成果的创业模式。内部创业作为一种激励方式，不仅可以满足员工的创业欲望，同时也能激发企业内部的活力，改善内部分配机制，是一种员工和企业双赢的管理制度。

实施合伙制，推动内部创业，我们需要注意如下要点：

一、将企业愿景与经营策略相结合

清楚陈述公司未来的愿景与目标，使内部创业者从事创新活动时有一个确定的方向，并能与公司的经营策略相结合。推动内部创业的企业，在政策上要能够支持与鼓励创新行为；只要是符合企业的发展策略，就有助于实现企业的愿景目标；由员工主动发起的创新活动将被容许，并且可获得资源上的支持。

二、发掘企业内部具有创业潜力的人才，并加以鼓励支持

企业内部创业者，既是经营者，也是阿米巴股东。经营者追求的不只是金钱的报酬，还包括成就感、地位、实现理想的机会、拥有自主性及自由使用资源的权力。但创业行为也不能只凭一股热忱，经营者必须要有创意，并能提出具体可行的方案。

三、建立内部创业团队，推行合伙制

除了具有创意外，内部创业者必须是一位优秀的经营者，能够在组织内部吸引所需要的专业人才，共同组成创业团队。同时，实施阿米巴合伙制，实现"共同经营，利益共享"。

四、赋予创业团队行动自由，但同时要求对核算成果负责

企业对于内部创业团队的创新与创业活动，应给予行动与决策的自主权，在一定额度范围内，创业团队可拥有自由支配资源的权力。但同时也要求阿米巴组织对核算成果负责，在未取得成果以前，创业团队必须放弃分享其他部门为企业所创造的利益。

五、采用红利分配与内部资本的双重奖励制度，来激励内部创业行为

实施合伙人制度，就要采用红利分配与内部资本的双重奖励制度，有效激励内部创业行为。对于创业成功的奖励，除给予升迁选择外，还设计分享成果红利，以及给予可供自由支配的内部资本作为额外的奖赏。

案例分析

温氏集团的合伙人机制

温氏集团是一家拥有模式创新基因的集团化公司，温氏集团从养鸡开始起步，近几年也将生猪养殖作为公司发展的重要战略，目前温氏也已经在国内做到肉猪上市量第一。主营禽肉产品的温氏集团，何以能够拥有如此大规模的市值？

温氏集团的发展得益于其独有的"温氏模式"。以紧密型"公司＋农户

（家庭农场）"为核心、适度规模化养殖为基础的发展和经营管理模式。即温氏集团的"三大创新"：体制创新（公司＋农户）、技术创新和文化创新。

一、"公司＋农户"的经营模式

温氏集团采用"公司＋农户"的经营模式，进行差异化的竞争，避开成熟市场。当前国内种猪育种水平还是欧美国家十几二十年前的水平，而温氏集团抓住这个"契机"逐步推出自己的配套系种猪——温系种猪，而这个种猪战略恰恰符合行业发展的需求。

目前种猪行业已经过了比拼国外种猪品系的阶段，而是进入了以种猪为核心的配套服务的阶段，这一点恰恰是温氏集团多年来的核心竞争力。不但提供种猪，而且能依靠温氏集团这个平台提供更多在养殖过程中的服务。

在"三大创新"中，体制创新是温氏创新的根基，如何把"公司＋农户"的体制或者模式构建变得更稳定，创造更多的价值？技术创新和文化创新则是为体制创新服务。其中，文化创新的关键词是"共赢"，即企业和员工、农户及社会共赢。

温氏集团是一家拥有模式创新基因的集团化公司，从一开始的"公司＋农户"的模式再到现在"公司＋家庭农场"，以及种猪配套服务体系的建设等，我们都能观察到温氏集团不断在模式的逻辑上进行创新。

体制创新需要创新性的工具，比如物流网技术的应用可以让温氏集团的管理更加信息化。其中，文化创新是值得诸多企业学习的，也是保证温氏集团稳定发展的重要环节之一。温氏企业文化的核心关键词是"共赢"，能和员工、农户及社会实现共赢。

温氏集团首先照顾的利益是农户的利益，接下来是员工、社会的利益，最后才是股东的利益。虽然农户和温氏集团是合作关系，而不是企业管理式的关系，某种意义上不受公司直接管理，但在整个温氏模式中，可以定义为合作农户为公司的"员工"。

而这些"员工"和温氏集团的关系用现在的逻辑来分析，就是事业合伙人。温氏集团提供平台，"员工"借助平台进行创业和发展。而为这些"员工"（即农户）提供平台服务的员工，温氏集团也给了充分的福利，让每个在属于自己位置上的人都能得到应有甚至超出范围的福利，农户和员工有了归属感，就会提高生产积极性。

二、温氏激励

温氏"公司+农户"的合作政策是：农户建好鸡（猪）舍，缴纳一定的合作互助金，领取鸡苗、药物、饲料，进行肉鸡饲养。

公司在一定区域范围内设立一个服务中心，为20~30个养鸡户安排一个联络员（养户管理员），为农户提供全方位的技术指导和服务，最后由公司负责收购。

在这种模式之下，无论在企业内部，企业与农户之间，还是企业与客户之间，如何建立利益共同体、如何平衡自己与上下游之间的关系，都是一道严肃的考题。

温氏集团长期坚持"五五分成"的利益分配机制，将产业化经营中获得的行业利润与农户进行第一次"五五分成"，并明确无论行业处于何种经营环境，都要保证养鸡户每只鸡有1~1.5元的获利。

同时，公司还建立了二次分配机制，即在年终结算时，如果农户的年平均收益低于社会同行的平均利润水平，公司将以补贴形式返给农户。

温氏集团较好地协调了各种利益分配问题，成功地通过合同和诚信在各个利益主体之间建立了一个比较牢固的经济利益共同体，从而较好地激发了各方面的积极性，使公司步入了快速发展的轨道。

连接企业各个环节的有效准绳，正是与股东、员工、农户、客户共同分享行业成长成果的理念，推动了温氏集团一系列合理制度的实施。

第五节　吸引项目

企业吸引新的项目，一开始就用合伙制的方式。

吸引新的项目，为什么要用合伙制？主要有如下几点：

一、分享项目的股权，绑定员工与公司的利益

运用长期捆绑机制，重构人才和资本的关系。"员工持股+项目跟投"

是常用的手段。对于新项目，原则上要求项目所在阿米巴管理层和该项目管理人员必须跟随公司一起投资，必须让核心技术人才入股新项目。

通过核心人才跟投具体项目的形式，分享项目的股权，绑定员工与公司的利益，调动员工的工作积极性。实行项目跟投之后，这些部门更愿意以一个团队向共同的目标努力了。

二、合伙人对项目有充分决策权

阿米巴合伙制的特点是打破企业内部纵向决策、横向分工的组织体系，由公司建立支持平台，在平台上以合伙人牵头建立阿米巴团队。各阿米巴团队独立决策、自负盈亏，合伙人对项目有充分的决策权，享有相当的项目收益，因此工作积极性高、归属感强；公司的角色由领导者变成支持者和辅助者，为他们提供技术、人事、生产资料等方面的支持，让人才以公司为平台内部创业。

三、团队被激活，积极寻找最优方案

企业吸引新的项目，采用合伙制的方式，团队就会被激活，从过去给任务到积极寻找最优方案。跨部门沟通容易，不再扯皮，而是联合寻找最优方案。

项目的营销环节，项目跟投带动的积极性更是不言而喻。员工成为项目的股东之后，由于事关切身利益，产品定位、新项目的预期收益情况、资金回流情况、风险控制等，员工都会全力以赴去做。

四、不断吸引新项目，重构一个生态体系

企业平台不断吸引新项目，将项目跟投扩大化，将产业链上下游也变成合作伙伴，建立企业平台生态系统。如果产品供应商也成为阿米巴合伙人，偷工减料的问题是否就能从根源上杜绝，产品质量得以保证。如果生

产时在资金方面引入合伙制度，成本压力也能大大降低。这相当于将产业链的利益相关者也发展为阿米巴合伙人，从一家公司出发，作为平台进行内部创新，最终结局是重构一个生态体系，员工与股东捆绑在一起，利益基础一致。

本章总结

⊙企业引入阿米巴合伙机制，通过股权激励计划来改善公司治理结构、留住人才，已是大势所趋。

⊙实行合伙制使员工有一定的归属感，在经年累月的工作中培养出员工对公司的强烈忠诚感，若成为合伙人意味着终身雇佣，至少这种模式对现在人才流动率过大，甚至出现人才荒的问题起到一定的缓解作用。

⊙在阿米巴经营模式中是人人平等的，业绩做得好，得到的不仅仅是金钱的奖励，还有企业其他员工和老板的赞美和感谢。这样做，会使得员工与员工之间相互信任，人人都朝着自己设置的经营目标全力以赴。

⊙实施合伙制，也对员工进行相应的股权激励计划，使其与企业结成利益共同体，对员工的好处是员工有条件地享受部分股东权益。

⊙实施合伙制，可以让企业做大做强做久，实现持续发展。

⊙为了让员工保持热情，企业需要启动员工持股计划。当员工成为合伙人、股东，这些未来的企业共同所有人会积极参与工作，充满激情，也会承担责任，因为他们会把自己当作企业的主人翁。

⊙实施合伙制，就是为了更好地推动内部创业。内部创业作为一种激励方式，不仅可以满足员工的创业欲望，同时也能激发企业的内部活力，改善内部分配机制，是一种员工和企业双赢的管理制度。

⊙企业平台不断吸引新项目，将项目跟投扩大化，将产业链上下游也变成合作伙伴，建立企业平台生态系统。

中国式阿米巴落地实践之
持续盈利

第十四章
如何实施
阿米巴合伙制

公司中有潜力的员工，未来应该以合伙人的身份真正主导自己的事业与未来。创业者与管理者只有不断吸引优秀的合伙人加入，才能保持团队的战斗力。而一个有战斗力的团队，是所有企业发展的必备基础。

合伙制对于落地阿米巴经营模式十分重要。那么，企业如何实施阿米巴合伙制呢？

第一节　实施阿米巴合伙制的流程步骤

从企业生命周期来看，现有企业推行合伙制的时点几乎都在转型阶段。随着知识经济的迅猛发展，原有的薪酬制度吸引力在逐渐减弱，人才的话语权在逐步提高，吸引并且留住人才成为决定企业命运的关键因素。企业要想做大做强做久，吸引优秀的合伙人加盟是最有效的途径。

实施阿米巴合伙制的流程步骤，主要有如下要点：

一、定目的

阿米巴合伙制是出于激励的目的，在这种激励模式下，对阿米巴合伙人除了给予一些经济利益，可能还会进行文化层面的捆绑，包括人才的任用标准等，并赋予他们一定的权力。

目的还有提高企业业绩、回报老员工、降低成本压力、吸引并留住核心人才、股权释"兵权"等。

二、定对象

定对象，即确定有哪些人能够成为阿米巴合伙人，明确合伙人的资格，这是合伙人标准的问题。

阿米巴合伙制的本质是下放经营决策的权力给合伙人，以合伙人团队灵活、高效的业务能力提升公司的效率和业务水平。阿米巴合伙人需要符合一定的工作年限和职级，且具有较高的业务水平和人员管理能力。侧重于公司的中高级管理人员，以及对公司未来发展有直接影响的管理骨干和核心技术人员。

除此之外，企业可以通过向核心人才分享股权实现长期激励，大家从雇佣关系彻底转变为事业合作关系，所以对阿米巴合伙人除了工作年限、职级、业务和管理能力要求外，还必须高度认同公司的文化，否则就相当于引狼入室，带来麻烦。

三、定模式

定模式，即做好合伙制，采取哪种模式。合伙人机制的模式有如下几种：

（1）增量分红模式。

传统的雇佣模式激励体系是工资＋提成＋奖金＋福利。增量分红模式是在传统的薪酬体系下增加利润分红。公司可以先约定目标业绩与利润，当达到目标利润后，可以把超额或者增量的利润分配给团队核心人员，从而体现激励的效果。

（2）虚拟股模式。

虚拟股并不是真正的公司股份，比如华为的虚拟股，本质上是一种分享制。可以将公司或者阿米巴资产换算成多少股，然后授予员工一定数量的虚拟股。虚拟股有分红权和资产增值收益权。这种模式对财务核算要求比较高，要特别设置好进入、调整、退出机制，特别是退出时的资产增值收益。

（3）实股注册模式。

公司与内部创业者合资成立新公司，共同运营业务。根据出资额的多少确定股份比例，还可成立董事会，共同投资、共同决策、收益共享。

(4)风险投资模式。

内部创业者根据创意或项目成立新公司，母公司如看好创业项目，可作为投资者，只出资金但不参与新公司的日常运营。而员工全身心投入创业活动中，即出力，也可投入真金白银。这种投资模式，母公司承担较大的风险。

(5)内部交易模式。

员工成立普通合伙企业，内部约定分红比例和经营机制。公司将产品以"成本价+合理利润"供给店员合伙企业，合伙企业利用公司的门店资源进行经营。公司不用再给店员发工资，从雇佣变成合作。比如海澜之家的经销商模式，都是很好的尝试。

(6)项目跟投合伙模式。

项目跟投合伙模式将公司的业绩、股市的表现、投资的风险与员工切合联系在一起。在项目开发的过程中，项目所在区域公司相关人员要求必须跟投项目，共享利益、共担风险；而管理者须将年终收入购买公司的股票；使得所有人员的收入不再仅仅靠个人绩效考核来定，而是与公司的收益、项目的收益紧紧捆绑在一起。

四、定数量

定数量，即确定能够成为阿米巴合伙人的人数。

我国法律规定，有限合伙的合伙人数量既有上限，又有下限。而对于普通合伙的人数并没有上限要求，只有在有限合伙企业的合伙人数量上限定至少有一人为普通合伙人。

但从阿米巴经营咨询实践来看，阿米巴合伙人的出现，就是因为其灵活性和对投资方式的简便化，而在现在阿米巴经营模式中扮演重要的角色，对其多加限制不利于其本身灵活、简便的运作。因此，阿米巴合伙人的数量可以采用不加限制，或者仅仅规定下限的方式。

五、定价格

定价格,即确定阿米巴合伙制的利益分配机制,也包括如何计算公司现在的股价、以什么价格给予员工、以什么价格回收员工的股份等。

在阿米巴合伙人制下,合伙人既是股东又是经营者,大家获得经营成果的剩余价值,分配机制相对比较简单。核心在于既要保证大股东的控制权,确保公司的长治久安;同时又要发挥小股东的激励性,防止"大锅饭""搭便车"的状况发生。

在阿米巴合伙人团队内部,由于合伙人团队自负盈亏,团队内部的利益分配一般由合伙人自主决定。由于各合伙人团队负责人的价值理念不同,各团队间的管理风格、分配模式、收入水平等方面的差异可能较大,这就造成了在同一个企业平台不同阿米巴员工的内部不公平。所以,企业平台对于合伙人授权程度的松紧度要根据公司的发展阶段、业务类型和企业文化等因素调整,既发挥企业平台的整体优势,又激发阿米巴合伙人的工作热情,这是一项管理艺术很高的工作。

重点提示:

在平台型企业中,由公司统一制定合伙人团队的利益分配机制,总体要体现多劳多得的原则,主要应处理不同级别的阿米巴之间、不同业务的阿米巴组织之间的公平性问题,给予合伙人团队充分的授权,发挥其主观能动性。

六、定时间

定时间,即确定股权授予日、有效期、等待期、可行权日及禁售期。股票授予日与获授股权首次可以行权日之间的间隔不得少于1年,并且需要分期行权。

股份期权：行权期不得少于 2 年，行权有效期不得低于 3 年，有效期内匀速行权。

限制性股份：持股人员必须在公司服务满一定年限，满足条件后可以以一定价格转让所持股份，退出持股计划。该期限可以根据持股人员岗位的重要性，以及与公司发展的密切程度区别规定，短期可为 3 年、5 年，长期可为 10 年或以上。

七、定来源

定来源，即确定阿米巴合伙人的来源。企业中有潜力的员工都是阿米巴合伙人的来源。比如公司的中高级管理人员，以及对公司未来发展有直接影响的管理骨干和核心技术人员等。内部创业者与经营者只有不断吸引优秀的合伙人加入，才能保持团队的战斗力。而一个有战斗力的团队，是企业平台发展的基础。

定来源，也要确定股权激励的资金来源，包括激励对象直接出资、激励对象工资、奖金、分红抵扣、企业资助。

八、定条件

定条件，即确定成为阿米巴合伙人的条件，以及进行股权激励的条件。

第一，阿米巴合伙人的条件。并非每个员工都有资历成为阿米巴合伙人。企业需要制定合伙人选拔机制，坚持"谁创造谁分享"的原则。合伙人选拔机制每个公司都不一样，关键要确定选拔标准、合伙人待遇及选拔流程。阿米巴合伙人无法为组织贡献的时候就需要有完善的退出机制，"谁创造谁分享"的原则必须要遵守，这也是公平的体现。

第二，合伙人股权激励授予的条件。股权激励并非无条件地给予，而是双方共同协定的激励与约束并存。

股权的授予条件：业绩。行权条件：激励对象的资格符合要求，公司的主体资格符合要求。两者具备，激励对象才可以行权、获赠或购买公司股票，否则行权终止。

九、定机制

定机制，即要明确阿米巴合伙人的机制是什么，包括阿米巴合伙人的选拔和退出机制。合伙人能够拥有哪些权利、合伙人应该履行哪些义务、如何对合伙人进行管理，这是合伙人制的核心话题，只有把这些问题解释清楚，阿米巴合伙人机制才是完整有效的。

案例分析

高盛的合伙人机制

高盛是华尔街最后一家保留合伙制的投资银行。也正是合伙人制度这种形式，使得高盛将最优秀，也是流动性最高的业内精英集结在一起，形成了一种独特、稳定而有效的管理架构。

高盛对合伙人的惩罚和激励机制非常明确，高管人员普遍具有强烈的风险意识和责任意识。这也形成了高盛特有的追求长期价值、雄心勃勃的文化。高盛成为有抱负的银行家首选银行，在这里工作是身份的象征。

一、高盛为什么推行合伙人制度

（1）对员工的物质激励和精神激励。

所有者和经营者的物质利益得到了合理配置，有了制度保障。除了经济利益提供的物质激励外，合伙制对合伙人还有很强的精神激励，即权力与地位激励。

合伙制使经营者同时成为企业所有者，并且承担无限责任，因此在经营活动中能够自我约束、控制风险，并容易获得客户的信任。同时，由于出色的业务骨干具有被吸收为新合伙人的机会，合伙制可以激励员工进取、对公司保持忠诚，并推动企业进入良性发展的轨道。

合伙的制度安排也充分体现了激励与约束对等的原则。合伙制具有独特的较为完善的激励约束机制。

(2) 吸引优秀人才并长期稳定。

高盛全球合伙人年薪达百万美元以上，拥有丰厚的福利待遇，并持有公司股份。因此，有利于吸纳优秀人才并保持长期稳定。

高盛的合伙人数量一直保持在300人左右，高盛每两年会进行一次"合伙人才库"的选拔，将员工的商业贡献与文化适应性作为主要的评选标准。

成为"合伙人才库"的会员不但享有优越的红利，而且还能把获得的报酬投资于公司私营交易，并以低于市价的折扣买进高盛的股票。

高盛一直将合伙人作为一个雇员级别保留下来。成为高盛的合伙人依然是一种身份的象征。员工毕业加入高盛，从分析员做起，最终成为合伙人，依然是一条让员工备受激励的职业发展通道。

(3) 避免薪酬攀比。

长期稳定的合伙人队伍，将从公司利润中分享利益，所以不会出现薪酬相互攀比的现象。

(4) 扩充资本金的压力。

高盛迫于扩充资本金的压力，不得不选择股份制的形式，通过发行股票并上市迅速增强资本实力。

二、高盛合伙人机制的特点

(1) 在人员的选拔上强调精英文化。

因为有明确的标准，所以会有严格的筛选流程，但是强调精英定位，基本上只有不超过1.5%的人可以成为高盛的合伙人，而且是没有终身制的。

(2) 扁平组织。

高盛内部不会区分初级合伙人、高级合伙人，在角色授权上也会相对宽松。利益分配的角度是在高盛上市之后，机制是围绕公司的股票作为核心标的，同时利益分配更强调绩效导向。

高盛形成这样的态势,并不是一步到位的,而是在高盛面临持续的业务挑战和人才挑战的过程中,不断思考怎样挑战对公司的发展是最有利的。

高盛合伙人内部不再分多个层级了,而且合伙人之间的决策是按照一人一票制,而不是按照股权比例来决定话语权的大小。同时,随着高盛全球化业务的发展,更多的决策管理会以区域为单位进行授权,区域领域负责人可以对区域的业务和发展,在集团整体战略指导下进行相对灵活的调整。在内部,因为会有跨区域之间的合伙人定期会议,互相了解以促进区域间潜在的业务协同和配合。因为每个区域间发展的侧重点不同,但有一些业务是要集团整体的资源协同来体现价值的。

三、高盛激励与约束机制

(1) 薪酬体系。

员工薪酬主要由三部分组成,即基本工资、年终红利与长期福利。高盛的薪酬还要加上股东回报率,基本工资的确定主要依据市场供需量、岗位对公司效益产生的重要性、员工从业经验和学历水平,当然还要考虑员工的技能水平。

(2) 激励措施。

高盛公司的激励措施主要有股票激励计划、特定捐献计划和合伙人薪酬计划。

股票激励计划主要针对非合伙人的内部员工。高盛的内部持股比例一度高达80%。合伙人薪酬计划主要针对合伙人,高盛在上市以后,仍然保持着合伙人制度的一些特点。

特定捐献计划奖励对象为公司董事会或由其任命的特定捐献计划委员会选择参加特定捐献计划的雇员。

(3) 约束机制。

高盛的约束机制主要体现在公司与高管人员签署的聘用、非竞争与保证协议上。

第二节　实施阿米巴合伙制的注意事项

实施阿米巴合伙制，应该注意三个事项：股东意愿、劳资倒挂、代持预留。

一、股东意愿

股东意愿，指的是员工的收入不再是老板决定的，而是根据员工作为合伙人、股东的身份，依据公司的经营情况、分派股息和其他应得收益。即员工拥有多少股份，就得按照比例分享收益。员工的收入，由原来的老板意愿变为股东意愿。

由此可见，实施阿米巴合伙制也要考虑股权激励的问题，这关系到合伙人的长期激励。企业从资金雇佣人才更多地变为资金与人才，甚至是其他关键资源的协作；人才从单纯的打工仔变为合伙人身份，资金与人才等企业经营要素更多地交融。

在公司管理权力方面，因为股权结构和合伙人体系的优化，股东之间的权力相对均衡，经营层的话语权更大，相应的管理扁平化更遍及，分权变成常态。阿米巴组织之间更多体现为合伙、相对平等，而非传统的上下级联系。组织内部的监督更有力，部门墙自然消失。

利益分配方面，阿米巴合伙制下，资金方、人力方之间的利益分配更公正，人力方获利空间更大，能更好地满足员工对财务自由的寻求。员工不再仅仅追求固定工资，而是追求成为阿米巴合伙人，争取拿到合伙人的分成，也只有这个层次的收益才能创造真正的富足。

阿米巴合伙制下，经营者和股东身份高度重叠，有利于构成深度的利益和命运共同体，降低公司发展成败系于一人的危险。阿米巴合伙制下，"人人成为经营者"，而非单纯依靠车头的动力。当每个员工的收入依据股东意愿时，企业平台就能不断吸引人才、吸引项目，做大做强做久。

二、劳资倒挂

什么叫劳资倒挂呢？假如一个员工的年收入是 50 万元，50 万元里的 49 万元是固定收入，1 万元是奖金，反过来 49 万元是按照业绩比例得来的，只有 1 万元是固定收入，谁更努力？前者还是后者？当然是后者。

实施合伙人机制以后，企业把这个员工的工资大幅降低，降低也不是不给，因为算到该员工所在的阿米巴里了。比如采购部，工资会打到采购成本里，工资为零了。你要发工资，可以预支工资。所以，在阿米巴经营模式里，阿米巴的成员养活巴长，小巴长养活大巴长。老板的工资是大巴长发的，大巴长的工资是小巴长发的，工资来自利润、交易结果，把你的人力成本导入交易成本里了。劳资倒挂的本质就是，让更多的人通过投资成为股东，可以多拿收益；仅仅通过劳动力，就少拿收益。当你的股份能够养活自己的时候，就可以考虑中长期收益了。

三、代持预留

实施合伙人机制就涉及股权激励，股权激励是企业为了激励和留住一些核心人才采用的一种激励方法。而预留股份在股权激励中占有比较重要的地位。股份预留，具体来说就是企业预留出一部分股份，以备给予将来企业新进高级管理人才和高级技术人才。

（1）设置预留股份的原因。

第一，起到延期激励的作用。股份预留主要是对企业的高科技技术人员及业绩突出者等的一种长期激励方式。

第二，吸引更多的人才。通过股份预留的方式吸引更多的优秀人才，使企业能够在当代以人力资本结构为主的市场竞争态势中站稳脚跟。

第三，完善企业激励机制。预留股份的奖励体系将对完善企业的激励机制起到重要作用，还能对未来引进的新人才预定激励约束方案，以应对人才的不断流动和更新。

（2）预留股份的授予方式。

第一，限定条件。预留股份的授予一般都是需要设置一定的限制条件，只有符合这些条件后获授方才可以行权，否则不可。

第二，出资配股。获授方都需要出资一定的资金才可以被授予预留股份，配股比例要根据个人在企业中做出的贡献和岗位重要性等，对其现金出资进行配股奖励。获授方在授予预留股份之后，就可以拥有所获授股份的所有权利。

（3）经营者代持。

由于在预留股份授予之前，可能会存在股东缺位的问题，为解决这样的问题，就出现了这样一种授予方式，即在企业进行工商注册登记时，让企业经营者代为持有预留股份。这样的做法一般不会损害获授方的利益。

案例分析

阿里巴巴的合伙人制度

阿里巴巴合伙人制度始于2009年，但直到2013年才随着上市临近对外公布。该制度是阿里巴巴独创的管理制度，它不同于传统意义上的合伙人制度。传统的合伙人制度要求合伙人共同为企业经营的盈亏负责，而阿里巴巴合伙人则不必承担这样的责任。

一、阿里巴巴合伙人制度的目的

根据阿里巴巴的IPO文件，马云等董事高管持股不超过13.5%，而软银和雅虎分别持有34.4%和22.6%的股份。为了保证创业团队和核心管理者的控制权和决策权，以及企业文化的可持续性，阿里巴巴独创了"湖畔合伙人"的制度。

阿里巴巴合伙人最重要的权利是提名董事会成员。根据相关规定，阿里巴巴合伙人将独享提名董事会简单多数成员的权利。如果股东大会未选举通过阿里巴巴合伙人的董事提名，或者该被提名人离开董事会，阿里巴巴有权另外任命一人为临时董事，直至下一届股东大会。

尽管阿里巴巴合伙人并不能直接任命董事，仍需股东大会的批准，即使股东们否决了提名的董事，合伙人仍可以继续提名，直到董事会主要由合伙人提名的人选构成。

这样的制度明显是为了保证以马云为首的阿里巴巴管理层对公司的控制权。相比软银与雅虎为首的大股东，由阿里巴巴的管理层直接持有的股权只有10%左右。

此外，阿里巴巴合伙人制度还和中国香港证监会"同股同权"的政策有关。众所周知，阿里巴巴最初选定的上市地点是香港地区，而根据香港地区的法律，在港上市企业必须符合"同股同权"的要求。尽管阿里巴巴试图通过合伙人制度绕过这一规定，但香港证监会最终还是否决了阿里巴巴的提案。这使得阿里巴巴不得不选择在允许双层股权结构存在的美国上市。如图14-1所示。

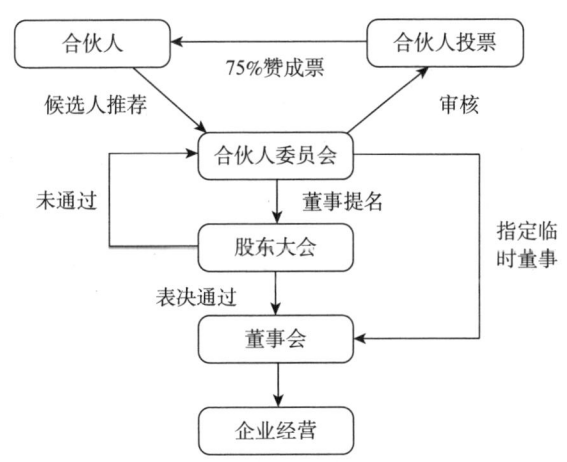

图14-1 阿里巴巴合伙人制度

二、成为阿里巴巴合伙人的条件

根据相关规定，想要成为阿里巴巴合伙人至少需要满足三个条件：

第一，在阿里巴巴工作超过五年。

第二，具备优秀的领导能力，高度认同公司文化。

第三，获得至少3/4的合伙人的表决同意。

马云在对外宣布合伙人制度的公开信中，着重强调了第二点，"阿里巴巴合伙人的产生必须基于——在阿里巴巴工作五年以上、具备优秀的领导能力、高度认同公司文化，并且对公司发展有积极性贡献，愿意为公司文化和使命传承竭尽全力"。

这和阿里巴巴设立合伙人的初衷是一致的。阿里巴巴希望通过建立一个既能坚守阿里巴巴集团的文化和价值观，又具有持续生命力的组织，以保障公司的持久发展。

阿里巴巴合伙人的人选其实非常有限，基本只能在公司内部的高管中产生。不过阿里巴巴也表示，将适时扩大合伙人的人选范围。未来，公司以外，如客户、商业伙伴，以及阿里巴巴生态系统中的其他参与者，都有可能成为阿里巴巴的合伙人。

此外，阿里巴巴还规定，合伙人在任期间必须持有一定的公司股权。

本章总结

⊙阿米巴合伙制是出于激励的目的，在这种激励模式下，对阿米巴合伙人除了给予一些经济利益，可能还会进行文化层面的捆绑，包括人才的任用标准等，并赋予他们一定的权力。

⊙定对象，即确定有哪些人能够成为阿米巴合伙人，明确合伙人的资格，这是合伙人标准的问题。

⊙定数量，即确定能够成为阿米巴合伙人的人数。

⊙定价格，即确定阿米巴合伙制的利益分配机制，也包括如何计算公司现在的股价、以什么价格给予员工、以什么价格回收员工的股份等。

⊙定时间，即确定股权授予日、有效期、等待期、可行权日及禁售期。

⊙定来源，也要确定股权激励的资金来源，包括激励对象直接出资、激励对象工资、奖金、分红抵扣、企业资助。

⊙定条件，即确定成为阿米巴合伙人的条件，以及进行股权激励的条件。

⊙定机制，即要明确阿米巴合伙人的机制是什么，包括阿米巴合伙人的选拔和退出机制。

⊙实施阿米巴合伙制，应该注意三个事项：股东意愿、劳资倒挂、代持预留。

推荐作者得新书!
博瑞森征稿启事

亲爱的读者朋友:

感谢您选择了博瑞森图书!希望您手中的这本书能给您带来实实在在的帮助!

博瑞森一直致力于发掘好作者、好内容,希望能把您最需要的思想、方法,一字一句地交到您手中,成为管理知识与管理实践的桥梁。

但是我们也知道,有很多深入企业一线、经验丰富、乐于分享的优秀专家,或者忙于实战没时间,或者缺少专业的写作指导和便捷的出版途径,只能茫然以待……

还有很多在竞争大潮中坚守的企业,有着异常宝贵的实践经验和独特的洞察,但缺少专业的记录和整理者,无法让企业的经验和故事被更多的人了解、学习……

对读者而言,这些都太遗憾了!

博瑞森非常希望能将这些埋藏的"宝藏"发掘出来,贡献给广大读者,让更多的人从中受益。

所以,我们真心地邀请您,我们的老读者,帮我们搜寻:

推荐作者

可以是您自己或您的朋友,只要对本土管理有实践、有思考;可以是您通过网络、杂志、书籍或其他途径了解的某位专家,不管名气大小,只要他的思想和方法曾让您深受启发。

可以是管理类作品,也可以超出管理,各类优秀的社科作品或学术作品。

推荐企业

可以是您自己所在的企业,或者是您熟悉的某家企业,其创业过程、运营经历、产品研发、机制创新,等等。无论企业大小,只要乐于分享、有值得借鉴书写之处。

总之,好内容就是一切!

博瑞森绝非"自费出书",出版费用完全由我们承担。您推荐的作者或企业案例一经采用,我们会立刻向您赠送书币1000元,可直接换取任何博瑞森图书的纸书或电子书。

感谢您对本土管理原创、博瑞森图书的支持!

推荐投稿邮箱:bookgood@126.com　　推荐手机:13611149991

1120 本土管理实践与创新论坛

这是由100多位本土管理专家联合创立的企业管理实践学术交流组织,旨在孵化本土管理思想、促进企业管理实践、加强专家间交流与协作。

论坛每年集中力量办好两件大事:第一,"**出一本书**",汇聚一年的思考和实践,把最原创、最前沿、最实战的内容集结成册,贡献给读者;第二,"**办一次会**",每年11月20日本土管理专家们汇聚一堂,碰撞思想、研讨案例、交流切磋、回馈社会。

论坛理事名单(以年龄为序,以示传承之意)

首届常务理事:

彭志雄	曾 伟	施 炜	杨 涛	张学军	郭 晓	程绍珊	胡八一
王祥伍	李志华	陈立云	杨永华				

理　事:

张再林	卢根鑫	刘文瑞	王铁仁	周荣辉	罗 珉	房西苑	曾令同
黄民兴	陆和平	孟广桥	宋杼宸	张国祥	刘承元	叶兴平	曹子祥
宋新宇	吴越舟	吴 坚	杜建君	戴欣明	仲昭川	刘春雄	刘祖轲
张茂泽	段继东	陈立胜	梁 涛	何 慕	秦国伟	贺兵一	罗海容
张小虎	陈忠建	郭 剑	余晓雷	黄中强	朱玉童	沈 坤	阎立忠
张 进	丁兴良	朱仁健	薛宝峰	史贤龙	卢 强	史幼波	黄剑黎
叶敦明	王 涛	李文才	王 强	张远凤	陈 明	廖信琳	岑立聪
方 刚	何足奇	周 俊	杨 奕	孙行健	孙嘉晖	张东利	郭富才
叶 宁	何 屹	沈 奎	王明胤	王 超	马宝琳	谭长春	杨竣雄
夏惊鸣	张 博	段传敏	李洪道	胡浪球	孙 波	唐江华	程 翔
翟玉忠	刘红明	杨鸿贵	伯建新	高可为	李 蓓	王春强	孔祥云
戴 勇	贾同领	罗宏文	张兵武	史立臣	李政权	余 盛	陈小龙
尚 锋	邢 雷	余伟辉	李小勇	苗庆显	孙 巍	陈继展	全怀周
林延君	王清华	初勇钢	陈 锐	高继中	聂志新	黄 屹	沈 拓
徐伟泽	潦 寒	谭洪华	崔自三	王玉荣	蒋 军	侯军伟	黄润霖
朱伟杰	金国华	吴 之	葛新红	周 剑	崔海鹏	李治江	陈海超
柏 龑	唐道明	刘书生	朱志明	曲宗恺	杜 忠	黄渊明	王献永
范月明	吕 林	刘文新	赵晓萌	张 伟	韩 旭	韩友诚	熊亚柱
秦海林	孙彩军	刘 雷	贺小林	王庆云	黄 娜	俞士耀	田 军
丁 昀	张小峰	黄 磊	罗晓慧	赵海永	伏泓霖	任彭枞	梁小平
鄢圣安	马方旭	乐 涛	杨晓燕	欧阳莉华	陈 慧	张 璐	

企业案例·老板传记

	书名.作者	内容/特色	读者价值
企业案例·老板传记	你不知道的加多宝:原市场部高管讲述 曲宗恺 牛玮娜 著	前加多宝高管解读加多宝	全景式解读,原汁原味
	借力咨询:德邦成长背后的秘密 官同良 王祥伍 著	讲述德邦是如何借助咨询公司的力量进行自身与发展的	来自德邦内部的第一线资料,真实、珍贵,令人受益匪浅
	娃哈哈区域标杆:豫北市场营销实录 罗宏文 赵晓萌 等著	本书从区域的角度来写娃哈哈河南分公司豫北市场是怎么进行区域市场营销,成为娃哈哈全国第一大市场、全国增量第一高市场的一些操作方法	参考性、指导性、一线真实资料
	六个核桃凭什么:从0过100亿 张学军 著	首部全面揭秘养元六个核桃裂变式成长的巨著	学习优秀企业的成长路径,了解其背后的理论体系
	像六个核桃一样:打造畅销品的36个简明法则 王超 范萍 著	本书分上下两篇:包括"六个核桃"的营销战略历程和36条畅销法则	知名企业的战略历程极具参考价值,36条法则提供操作方法
	解决方案营销实战案例 刘祖轲 著	用10个真案例讲明白什么是工业品的解决方案式营销,实战、实用	有干货、真正操作过的才能写得出来
	招招见销量的营销常识 刘文新 著	如何让每一个营销动作都直指销量	适合中小企业,看了就能用
	我们的营销真案例 联纵智达研究院 著	五芳斋粽子从区域到全国/诺贝尔瓷砖门店销量提升/利豪家具出口转内销/汤臣倍健的营销模式	选择的案例都很有代表性,实在、实操!
	中国营销战实录:令人拍案叫绝的营销真案例 联纵智达 著	51个案例,42家企业,38万字,18年,累计2000余人次参与……	最真实的营销案例,全是一线记录,开阔眼界
	双剑破局:沈坤营销策划案例集 沈坤 著	双剑公司多年来的精选案例解析集,阐述了项目策划中每一个营销策略的诞生过程,策划角度和方法	一线真实案例,与众不同的策划角度令人拍案叫绝、受益匪浅
	宗:一位制造业企业家的思考 杨涛 著	1993年创业,引领企业平稳发展20多年,分享独到的心得体会	难得的一本老板分享经验的书
	简单思考:AMT咨询创始人自述 孔祥云 著	著名咨询公司(AMT)的CEO创业历程中点点滴滴的经验与思考	每一位咨询人,每一位创业者和管理经营者,都值得一读
	边干边学做老板 黄中强 著	创业20多年的老板,有经验、能写、又愿意分享,这样的书很少	处处共鸣,帮助中小企业老板少走弯路
	三四线城市超市如何快速成长:解密甘雨亭 IBMG国际商业管理集团 著	国内外标杆企业的经验+本土实践量化数据+操作步骤、方法	通俗易懂,行业经验丰富,宝贵的行业量化数据,关键思路和步骤
	中国首家未来超市:解密安徽乐城 IBMG国际商业管理集团 著	本书深入挖掘了安徽乐城超市的试验案例,为零售企业未来的发展提供了一条可借鉴之路	通俗易懂,行业经验丰富,宝贵的行业量化数据,关键思路和步骤
互联网+	新营销 刘春雄 著	新营销的新框架体系是场景是产品逻辑,IP是品牌逻辑,社群是连接逻辑,传播是营销逻辑	助力品牌商实现由传统营销到新营销的理念和行动的跨越,助力企业打赢升级转型之仗
	企业微信营销全指导 孙巍 著	专门给企业看到的微信营销书,手把手教企业从小白到微信营销专家	企业想学微信营销现在还不晚,两眼一抹黑也不怕,有这本书就够
	企业网络营销这样做才对:B2B 大宗B2C 张进 著	简单直白拿来就用,各种窍门信手拈来,企业网络营销不麻烦也不用再头疼,一般人不告诉他	B2B、大宗B2C企业有福了,看了就能学会网络营销

续表

互联网+			
	书名.作者	内容/特色	读者价值
互联网+	互联网时代的银行转型 韩友诚 著	以大量案例形式为读者全面展示和分析了银行的互联网金融转型应对之道	结合本土银行转型发展案例的书籍
	正在发生的转型升级·实践 本土管理实践与创新论坛 著	企业在快速变革期所展现出的管理变革新成果、新方法、新案例	重点突出对于未来企业管理相关领域的趋势研判
	触发需求:互联网新营销样本·水产 何足奇 著	传统产业都在苦闷中挣扎前行,本书通过鲜活的案例告诉你如何以需求链整合供应链,从而把大家熟知的传统行业打碎了重构、重做一遍	全是干货,值得细读学习,并且作者的理论已经经过了他亲自操刀的实践检验,效果惊人,就在书中全景展示
	移动互联新玩法:未来商业的格局和趋势 史贤龙 著	传统商业、电商、移动互联,三个世界并存,这种新格局的玩法一定要懂	看清热点的本质,把握行业先机,一本书搞定移动互联网
	微商生意经:真实再现33个成功案例操作全程 伏泓霖 罗晓慧 著	本书为33个真实案例,分享案例主人公在做微商过程中的经验教训	案例真实,有借鉴意义
	阿里巴巴实战运营——14招玩转诚信通 聂志新 著	本书主要介绍阿里巴巴诚信通的十四个基本推广操作,从而帮助使用诚信通的用户及企业更好地提升业绩	基本操作,很多可以边学边用,简单易学
	互联网精准营销:创造爆发式的商业价值 蒋军 著	怎么在互联网时代整体策划、包装品牌和产品,并在此基础上为企业设计商业模式,技术实现并运营落地	为有基础的小微企业(大企业的新项目)1年实现销售额过亿,2年对接资本,3年左右准IPO
	今后这样做品牌:移动互联时代的品牌营销策略 蒋军 著	与移动互联紧密结合,告诉你老方法还能不能用,新方法怎么用	今后这样做品牌就对了
	互联网+"变"与"不变":本土管理实践与创新论坛集萃·2016 本土管理实践与创新论坛 著	本土管理领域正在产生自己独特的理论和模式,尤其在移动互联时代,有很多新课题需要本土专家们一起研究	帮助读者拓宽眼界、突破思维
	创造增量市场:传统企业互联网转型之道 刘红明 著	传统企业需要用互联网思维去创造增量,而不是用电子商务去转移传统业务的存量	教你怎么在"互联网+"的海洋中创造实实在在的增量
	重生战略:移动互联网和大数据时代的转型法则 沈拓 著	在移动互联网和大数据时代,传统企业转型如同生命体打算与再造,称之为"重生战略"	帮助企业认清移动互联网环境下的变化和应对之道
	画出公司的互联网进化路线图:用互联网思维重塑产品、客户和价值 李蓓 著	18个问题帮助企业一步步梳理出互联网转型思路	思路清晰、案例丰富,非常有启发性
	7个转变,让公司3年胜出 李蓓 著	消费者主权时代,企业该怎么办	这就是互联网思维,老板有能这样想,肯定倒不了
	跳出同质思维,从跟随到领先 郭剑 著	66个精彩案例剖析,帮助老板突破行业长期思维惯性	做企业竟然有这么多玩法,开眼界

续表

行业类:零售、白酒、食品/快消品、农业、医药、建材家居等			
	书名.作者	内容/特色	读者价值
零售·超市·餐饮·服装	总部有多强大,门店就能走多远 IBMG 国际商业管理集团 著	如何把总部做强,成为门店的坚实后盾	了解总部建设的方法与经验
	超市卖场定价策略与品类管理 IBMG 国际商业管理集团 著	超市定价策略与品类管理实操案例和方法	拿来就能用的理论和工具
	连锁零售企业招聘与培训破解之道 IBMG 国际商业管理集团 著	围绕零售企业组织架构、培训体系建设等内容进行深刻探讨	破解人才发现和培养瓶颈的关键点
	中国首家未来超市:解密安徽乐城 IBMG 国际商业管理集团 著	介绍了乐城作为中国首家未来超市从无到有的传奇经历	了解新型零售超市的运作方式及管理特色
	三四线城市超市如何快速成长:解密甘雨亭 IBMG 国际商业管理集团 著	揭秘一家三四线连锁超市的经验策略	不但可以欣赏它的优点,而且可以学会它成功的方法
	涨价也能卖到翻 村松达夫 【日】	提升客单价的 15 种实用、有效的方法	日本企业在这方面非常值得学习和借鉴
	移动互联下的超市升级 联商网专栏频道 著	深度解析超市转型升级重点	帮助零售企业把握全局、看清方向
	手把手教你做专业督导:专卖店、连锁店 熊亚柱 著	从督导的职能、作用,在工作中需要的专业技能、方法,都提供了详细的解读和训练办法,同时附有大量的表单工具	无论是店铺需要统一培训,还是个人想成为优秀的督导,有这一本就够了
	百货零售全渠道营销策略 陈继展 著	没有照本宣科、说教式的絮叨,只有笔者对行业的认知与理解,庖丁解牛式的逐项解析、展开	通俗易懂,花极少的时间快速掌握该领域的知识及趋势
	零售:把客流变成购买力 丁昀 著	如何通过不断升级产品和体验式服务来经营客流	如何进行体验营销,国外的好经营,这方面有启发
	餐饮企业经营策略第一书 吴坚 著	分别从产品、顾客、市场、盈利模式等几个方面,对现阶段餐饮企业的发展提出策略和思路	第一本专业的、高端的餐饮企业经营指导书
	电影院的下一个黄金十年:开发·差异化·案例 李保煜 著	对目前电影市场存大的问题及如何解决进行了探讨与解读	多角度了解电影院运营方式及代表性案例
	赚不赚钱靠店长:从懂管理到会经营 孙彩军 著	通过生动的案例来进行剖析,注重门店管理细节方面的能力提升	帮助终端门店店长在管理门店的过程中实现经营思路的拓展与突破
耐消品	商用车经销商运营实战 杜建君 王朝阳 章晓青 等著	从管理到经营,从销售到服务,系统化运作全指导	为经销商经营开阔思路,掌握方法
	汽车配件这样卖:汽车后市场销售秘诀 100 条 俞士耀 著	汽配销售业务员必读,手把手教授最实用的方法,轻松得来好业绩	快速上岗,专业实效,业绩无忧
	跟行业老手学经销商开发与管理:家电、耐消品、建材家居 黄润霖 著	全部来源于经销商管理的一线问题,作者用丰富的经验将每一个问题落实到最便捷快速的操作方法上去	书中每一个问题都是普通营销人亲口提出的,这些问题你也会遇到,作者进行的解答则精彩实用

续表

白酒	酒水饮料快消品餐饮渠道营销手册 朱伟杰 著	主要针对快消品(酒水、饮料)的餐饮渠道,提供了区域、商圈、不同业态的规划和促销安排等多种工具,并提出了经销商、批发商等相关人员的管理方法	一本酒水饮料如何在餐饮渠道销售的全能手册,内容深入翔实,可以直接照搬套用,这样的便利简直千金不换
	白酒到底如何卖 赵海永 著	以市场实战为主,多层次、全方位、多角度地阐释了白酒一线市场操作的最新模式和方法,接地气	实操性强,37个方法、6大案例帮你成功卖酒
	变局下的白酒企业重构 杨永华 著	帮助白酒企业从产业视角看清趋势,找准位置,实现弯道超车的书	行业内企业要减少90%,自己在什么位置,怎么做,都清楚了
	1. 白酒营销的第一本书(升级版) 2. 白酒经销商的第一本书 唐江华 著	华泽集团湖南开口笑公司品牌部长,擅长酒类新品推广、新市场拓展	扎根一线,实战
	区域型白酒企业营销必胜法则 朱志明 著	为区域型白酒企业提供35条必胜法则,在竞争中赢销的葵花宝典	丰富的一线经验和深厚积累,实操实用
	10步成功运作白酒区域市场 朱志明 著	白酒区域操盘者必备,掌握区域市场运作的战略、战术、兵法	在区域市场的攻伐防守中运筹帷幄,立于不败之地
	酒业转型大时代:微酒精选2014–2015 微酒 主编	本书分为五个部分:当年大事件、那些酒业营销工具、微酒独立策划、业内大调查和十大经典案例	了解行业新动态、新观点,学习营销方法
快消品·食品	中国快消品营销的这些年 史贤龙 著	作者精华文章的合集,一本书浓缩了过去十五年,中国营销的实战历程与前沿思考	快消品营销行业的案例和方法都原汁原味呈现,在反映当时风貌的同时,展望与反思
	营销中国茶:2小时读懂茶叶营销 史贤龙 著	从不同视角对中国的茶营销进行了思考,内容涉及中国茶产业战略困境、茶企规模化、茶品牌崛起、茶文化、茶营销、茶消费、茶零售、茶道等	内容丰富扎实,文字流畅,浓缩的都是精华,让你2小时读懂茶叶营销
	这样打造快消品标杆市场 罗宏文 著	帮助你解决如何成功打造标杆市场和进行持续增量管理两大问题	一套系统的方法论,通俗易懂,可以直接套用
	5小时读懂快消品营销:中国快消品案例观察 陈海超 著	多年营销经验的一线老手把案例掰开了、揉碎了,从中得出的各种手段和方法给读者以帮助和启发	营销那些事儿的个中秘辛,求人还不一定告诉你,这本书里就有
	快消品招商的第一本书:从入门到精通 刘雷 著	深入浅出,不说废话,有工具方法,通俗易懂	让零基础的招商新人快速学习书中最实用的招商技能,成长为骨干人才
	乳业营销第一书 侯军伟 著	对区域乳品企业生存发展关键性问题的梳理	唯一的区域乳业营销书,区域乳品企业一定要看
	食用油营销第一书 余盛 著	10多年油脂企业工作经验,从行业到具体实操	食用油行业第一书,当之无愧
	中国茶叶营销第一书 柏龑 著	如何跳出茶行业"大文化小产业"的困境,作者给出了自己的观察和思考	不是传统做茶的思路,而是现在商业做茶的思路
	调味品营销第一书 陈小龙 著	国内唯一一本调味品营销的书	唯一的调味品营销的书,调味品的从业者一定要看
	快消品营销人的第一本书:从入门到精通 刘雷 伯建新 著	快消行业必读书,从入门到专业	深入细致,易学易懂
	变局下的快消品营销实战策略 杨永华 著	通胀了,成本增加,如何从被动应战变成主动的"系统战"	作者对快消品行业非常熟悉、非常实战

续表

快消品·食品	快消品经销商如何快速做大 杨永华 著	本书完全从实战的角度，评述现象，解析误区，揭示原理，传授方法	为转型期的经销商提供了解决思路，指出了发展方向
	一位销售经理的工作心得 蒋 军 著	一线营销管理人员想提升业绩却无从下手时，可以看看这本书	一线的真实感悟
	快消品营销：一位销售经理的工作心得2 蒋 军 著	快消品、食品饮料营销的经验之谈，重点图书	来源与实战的精华总结
	快消品营销与渠道管理 谭长春 著	将快消品标杆企业渠道管理的经验和方法分享出来	可口可乐、华润的一些具体的渠道管理经验，实战
	成为优秀的快消品区域经理（升级版） 伯建新 著	用"怎么办"分析区域经理的工作关键点，增加30%全新内容，更贴近环境变化	可以作为区域经理的"速成催化器"
	销售轨迹：一位快消品营销总监的拼搏之路 秦国伟 著	本书讲述了一个普通销售员打拼成为跨国企业营销总监的真实奋斗历程	激励人心，给广大销售员以力量和鼓舞
	快消老手都在这样做：区域经理操盘锦囊 方 刚 著	非常接地气，全是多年沉淀下来的干货，丰富的一线经验和实操方法不可多得	在市场摸爬滚打的"老油条"，那些独家绝招妙一般你问都问不来的
	动销四维：全程辅导与新品上市 高继中 著	从产品、渠道、促销和新品上市详细讲解提高动销的具体方法，总结作者18年的快消品行业经验，方法实操	内容全面系统，方法实操
农业	新农资如何换道超车 刘祖轲 等著	从农业产业化、互联网转型、行业营销与经营突破四个方面阐述如何让农资企业占领先机，提前布局	南方略专家告诉你如何应对资源浪费、生产效率低下、产能严重过剩、价格与价值严重扭曲等
	中国牧场管理实战：畜牧业、乳业必读 黄剑黎 著	本书不仅提供了来自一线的实际经验，还收入了丰富的工具文档与表单	填补空白的行业必读作品
	中小农业企业品牌战法 韩 旭 著	将中小农业企业品牌建设的方法，从理论讲到实践，具有指导性	全面把握品牌规划，传播推广，落地执行的具体措施
	农资营销实战全指导 张 博 著	农资如何向"深度营销"转型，从理论到实践进行系统剖析，经验资深	朴实、使用！不可多得的农资营销实战指导
	农产品营销第一书 胡浪球 著	从农业企业战略到市场开拓、营销、品牌、模式等	来源于实践中的思考，有启发
	变局下的农牧企业9大成长策略 彭志雄 著	食品安全、纵向延伸、横向联合、品牌建设……	唯一的农牧企业经营实操的书，农牧企业一定要看
医药	在中国，医药营销这样做：时代方略精选文集 段继东 主编	专注于医药营销咨询15年，将医药营销方法的精华文章合编，深入全面	可谓医药营销领域的顶尖著作，医药界读者的必读书
	医药新营销：制药企业、医药商业企业营销模式转型 史立臣 著	医药生产企业和商业企业在新环境下如何做营销？老方法还有没有用？如何寻找新方法？新方法怎么用？本书给你答案	内容非常现实接地气，踏实谈问题说方法
	医药企业转型升级战略 史立臣 著	药企转型升级有5大途径，并给出落地步骤及风险控制方法	实操性强，有作者个人经验总结及分析
	新医改下的医药营销与团队管理 史立臣 著	探讨新医改对医药行业的系列影响和医药团队管理	帮助理清思路，有一个框架
	医药营销与处方药学术推广 马宝琳 著	如何用医学策划把"平民产品"变成"明星产品"	有真货、讲真话的作者，堪称处方药营销的经典！
	医药行业大洗牌与药企创新 林延君 沈 斌 著	一方面，围绕着变革，多角度阐述药企的应对之道；另一方面，紧扣实践，介绍近百家医药企业创新实践案例	医改变革10年，医药企业如何应对大洗牌？重磅出击的药人必读书
	新医改了，药店就要这样开 尚 锋 著	药店经营、管理、营销全攻略	有很强的实战性和可操作性

续表

分类	书名/作者	内容简介	特点
医药	电商来了,实体药店如何突围 尚锋 著	电商崛起,药店该如何突围?本书从促销、会员服务、专业性、客单价等多重角度给出了指导方向	实战攻略,拿来就能用
	OTC医药代表药店销售36计 鄢圣安 著	以《三十六计》为线,写OTC医药代表向药店销售的一些技巧与策略	案例丰富,生动真实,实操性强
	OTC医药代表药店开发与维护 鄢圣安 著	要做到一名专业的医药代表,需要做什么、准备什么、知识储备、操作技巧等	医药代表药店拜访的指导手册,手把手教你快速上手
	引爆药店成交率1:店员导购实战 范月明 著	一本书解决药店导购所有难题	情景化、真实化、实战化
	引爆药店成交率2:经营落地实战 范月明 著	最接地气的经营方法全指导	揭示了药店经营的几类关键问题
	引爆药店成交率:专业化销售解决方案 范月明 著	药品搭配分析与关联销售	为药店人专业化助力
	处方药零售这样做 田军 著	阐述了处方药零售的重要性,以及做方药零售市场的具体措施和方法	系统性了解和掌握处方药零售方法
建材家居	成为赚钱的家具建材经销商 李治江 著	从销售模式、产品、门店等老板们最关注和最需要的方面解决问题、提供方法	只要你是建材、家具、家居用品的经销商老板,这就是一本必读的书
	家具行业操盘手 王献永 著	家具行业问题的终结者	解决了干家具还有没有前途?为什么同城多店的家具经销商很难做大做强等问题
	建材家居营销:除了促销还能做什么 孙嘉晖 著	一线老手的深度思考,告诉你在建材家居营销模式基本停滞的今天,除了促销,营销还能怎么做	给你的想法一场革命
	建材家居营销实务 程绍珊 杨鸿贵 主编	价值营销运用到建材家居,每一步都让客户增值	有自己的系统、实战
	家居建材门店6力爆破 贾同领 著	合盘道出一线品牌销量秘籍	6力招招见血,既有招数,又有策略
	建材家居门店销量提升 贾同领 著	店面选址、广告投放、推广助销、空间布局、生动展示、店面运营等	门店销量提升是一个系统工程,非常系统、实战
	10步成为最棒的建材家居门店店长 徐伟泽 著	实际方法易学易用,让员工能够迅速成长,成为独当一面的好店长	只要坚持这样干,一定能成为好店长
	手把手帮建材家居导购业绩倍增:成为顶尖的门店店员 熊亚柱 著	生动的表现形式,让普通人也能成为优秀的导购员,让门店业绩长红	读着有趣,用着简单,一本在手、业绩无忧
	建材家居经销商实战42章经 王庆云 著	告诉经销商:老板怎么当,团队怎么带、生意怎么做	忠言逆耳,看着不舒服就对了,实战总结,用一招半式就值了
工业品	销售是门专业活:B2B、工业品 陆和平 著	销售流程就应该跟着客户的采购流程和关注点的变化向前推进,将一个完整的销售过程分成十个阶段,提供具体方法	销售不是请客吃饭拉关系,是个专业的活计!方法在手,走遍天下不愁
	解决方案营销实战案例 刘祖轲 著	用10个真案例讲明白什么是工业品的解决方案式营销,实战、实用	有干货,真正操作过的才能写得出来
	变局下的工业品企业7大机遇 叶敦明 著	产业链条的整合机会、盈利模式的复制机会、营销红利的机会、工业服务商转型机会……	工业品企业还可以这样做,思维大突破
	工业品市场部实战全指导 杜忠 著	工业品市场部经理工作内容全指导	系统、全面、有理论、有方法,帮助工业品市场部经理更快提升专业能力

续表

	书名.作者	内容/特色	读者价值
工业品	工业品营销管理实务 李洪道 著	中国特色工业品营销体系的全面深化、工业品营销管理体系优化升级	工具更实战,案例更鲜活,内容更深化
	工业品企业如何做品牌 张东利 著	为工业品企业提供最全面的品牌建设思路	有策略、有方法、有思路、有工具
	丁兴良讲工业4.0 丁兴良 著	没有枯燥的理论和说教,用朴实直白的语言告诉你工业4.0的全貌	工业4.0是什么?本书告诉你答案
	资深大客户经理:策略准,执行狠 叶敦明 著	从业务开发、发起攻势、关系培育、职业成长四个方面,详述了大客户营销的精髓	满满的全是干货
	一切都为了订单:订单驱动下的工业品营销实战 唐道明 著	其实,所有的企业都在围绕着两个字在开展全部的经营和管理工作,那就是"订单"	开发订单、满足订单、扩大订单。本书全是实操方法,字字珠玑、句句干货,教你获得营销的胜利
金融	交易心理分析 (美)马克·道格拉斯 著 刘真ကe 译	作者一语道破赢家的思考方式,并提供了具体的训练方法	不愧是投资心理的第一书,绝对经典
	精品银行管理之道 崔海鹏 何屹 主编	中小银行转型的实战经验总结	中小银行的教材很多,实战类的书很少,可以看看
	支付战争 Eric M. Jackson 著 徐彬 王晓 译	PayPal创业期营销官,亲身讲述PayPal从诞生到壮大到成功出售的整个历史	激烈、有趣的内幕商战故事!了解美国支付市场的风云巨变
	中外并购名著专业阅读指南 叶兴平 等著	在5000多本并购类图书中精选的200著作,在阅读的基础上写的读书评价	精挑细选200本并一一评价,省去读者挑选的烦恼,快捷、高效
	互联网时代的银行转型 韩友诚 著	以大量案例形式为读者全面展示和分析了银行的互联网金融转型应对之道	结合本土银行转型发展案例的书籍
房地产	产业园区/产业地产规划、招商、运营实战 阎立忠 著	目前中国第一本系统解读产业园区和产业地产建设运营的实战宝典	从认知、策划、招商到运营全面了解地产策划
	人文商业地产策划 戴欣明 著	城市与商业地产战略定位的关键是不可复制性,要发现独一无二的"味道"	突破千城一面的策划困局
	电影院的下一个黄金十年:开发·差异化·案例 李保煜 著	对目前电影院市场存大的问题及如何解决进行了探讨与解读	多角度了解电影院运营方式及代表性案例
能源	全能型班组:城市能源互联网与电力班组升级 国网天津市电力公司 编著	借鉴国内外优秀企业的转型升级思路,通过对于新型班组组织模式和运行机制的大胆设想,力图构建充分适应内外环境变化的全能型班组	看看庞大的国企在新环境下是如何顺应时代的
	国网天津电力全能型班组建设实务 国网天津市电力公司 编著	本书聚焦于天津电力公司在探索全能型班组转型升级时的优秀实践	电力行业的班组实践,具体、可操作性强

经营类:企业如何赚钱,如何抓机会,如何突破,如何"开源"

	书名.作者	内容/特色	读者价值
抓方向	让经营回归简单.升级版 宋新宇 著	化繁为简抓住经营本质:战略、客户、产品、员工、成长	经典,做企业就这几个关键点!
	混沌与秩序Ⅰ:变革时代企业领先之道 混沌与秩序Ⅱ:变革时代管理新思维 彭剑锋 尚艳玲 主编	汇集华夏基石专家团队10年来研究成果,集中选择了其中的精华文章编纂成册	作者都是既有深厚理论积淀又有实践经验的重磅专家,为中国企业和企业家的未来提出了高屋建瓴的观点
	活系统:跟任正非学当老板 孙行健 尹贤 著	以任正非的独到视角,教企业老板如何经营公司	看透公司经营本质,激活企业活力

续表

分类	书名/作者	内容简介	推荐语
抓方向	重构:快消品企业重生之道 杨永华 著	从7个角度,帮助企业实现系统性的改造	提供转型思想与方法,值得参考
抓方向	公司由小到大要过哪些坎 卢 强 著	老板手里的一张"企业成长路线图"	现在我在哪儿,未来还要走哪些路,都清楚了
抓方向	企业二次创业成功路线图 夏惊鸣 著	企业曾经抓住机会成功了,但下一步该怎么办	企业怎样获得第二次成功,心里有个大框架了
抓方向	老板经理人双赢之道 陈 明 著	经理人怎样选平台、怎么开局,老板怎样选/育/用/留	老板生闷气,经理人牢骚大,这次知道该怎么办了
抓方向	简单思考:AMT咨询创始人自述 孔祥云 著	著名咨询公司(AMT)的CEO创业历程中点点滴滴的经验与思考	每一位咨询人,每一位创业者和管理经营者,都值得一读
抓方向	企业文化的逻辑 王祥伍 黄健江 著	为什么企业绩效如此不同,解开绩效背后的文化密码	少有的深刻,有品质,读起来很流畅
抓方向	使命驱动企业成长 高可为 著	钱能让一个人今天努力,使命能让一群人长期努力	对于想做事业的人,'使命'是绕不过去的
思维突破	盈利原本就这么简单 高可为 著	从财务的角度揭示企业盈利的秘密	多方面解读商业模式与盈利的关系,通俗易懂,受益匪浅
思维突破	移动互联新玩法:未来商业的格局和趋势 史贤龙 著	传统商业、电商、移动互联,三个世界并存,这种新格局的玩法一定要懂	看清热点的本质,把握行业先机,一本书搞定移动互联网
思维突破	画出公司的互联网进化路线图:用互联网思维重塑产品、客户和价值 李 蓓 著	18个问题帮助企业一步步梳理出互联网转型思路	思路清晰、案例丰富,非常有启发性
思维突破	重生战略:移动互联网和大数据时代的转型法则 沈 拓 著	在移动互联网和大数据时代,传统企业转型即同生命体打算与再造,称之为"重生战略"	帮助企业认清移动互联网环境下的变化和应对之道
思维突破	创造增量市场:传统企业互联网转型之道 刘红明 著	传统企业需要用互联网思维去创造增量,而不是用电子商务去转移传统业务的存量	教你怎么在"互联网+"的海洋中创造实实在在的增量
思维突破	7个转变,让公司3年胜出 李 蓓 著	消费者主权时代,企业该怎么办	这就是互联网思维,老板有能这样想,肯定倒不了
思维突破	跳出同质思维,从跟随到领先 郭 剑 著	66个精彩案例剖析,帮助老板突破行业长期思维惯性	做企业竟然有这么多玩法,开眼界
思维突破	麻烦就是需求 难题就是商机 卢根鑫 著	如何借助客户的眼睛发现商机	什么是真商机,怎么判断、怎么抓,有借鉴
思维突破	互联网+"变"与"不变":本土管理实践与创新论坛集萃·2016 本土管理实践与创新论坛 著	加速本土管理思想的孕育诞生,促进本土管理创新成果更好地服务企业、贡献社会	各个作者本年度最新思想,帮助读者拓宽眼界、突破思维
思维突破	消费升级:实践 研究(文集) 本土管理实践与创新论坛 著	38位管理专家及7位学者的精华思想,从经营、管理、行业及思想研究四个方面阐述中国企业在消费升级下的实践与研究	思想启发,行业借鉴
财务	写给企业家的公司与家庭财务规划——从创业成功到富足退休 周荣辉 著	本书以企业的发展周期为主线,将各阶段企业与企业主家庭的财务规划	为读者处理人生各阶段企业与家庭的财务问题提供建议及方法,让家庭成员真正享受财富带来的益处
财务	互联网时代的成本观 程 翔 著	本书结合互联网时代提出了成本的多维观,揭示了多维组合成本的互联网精神和大数据特征,论述了其产生背景、实现思路和应用价值	在传统成本观下为盈利的业务,在新环境下也许就成为亏损业务。帮助管理者从新的角度来看待成本,进一步做好精益管理

续表

	书名．作者	内容/特色	读者价值
财务	财报背后的投资机会 蒋 豹 著	以具体的公司案例分析,教你迅速看出财务报表与企业经营的关系、所反映的企业经营现状,从而找到投资机会	前四大会计所员工为读者解密财报,发现投资机会

管理类:效率如何提升,如何实现经营目标,如何"节流"

	书名．作者	内容/特色	读者价值
通用管理	让管理回归简单·升级版 宋新宇 著	从目标、组织、决策、授权、人才和老板自己层面教你怎样做管理	帮助管理抓住管理的要害,让管理变得简单
	让经营回归简单·升级版 宋新宇 著	从战略、客户、产品、员工、成长、经营者自身等七个方面,归纳总结出简单有效的经营法则	总结出的真正优秀企业的成功之道:简单
	让用人回归简单 宋新宇 著	从用人的原则、用人的难题与误区、用人的方法和用人者的修炼四大方面,总结出适合中小企业做好人才管理工作的法则	帮助管理者抓住用人的要害,让用人变得简单
	历史深处的管理智慧1:组织建设与用人之道 刘文瑞 著	对历史之典故、政事、人事、政制进行管理解析,鉴照企业人才的选用育留	推动理论与实践的对接,实现理性与情感的渗透,用中国话语说明管理智慧
	历史深处的管理智慧2:战略决策与经营运作 刘文瑞 著	对历史之典故、政事、人事、政制进行管理解析,鉴照企业战略设计与经营实践	推动理论与实践的对接,实现理性与情感的渗透,用中国话语说明管理智慧
	历史深处的管理智慧3:领导修炼与文化素养 刘文瑞 著	对历史之典故、政事、人事、政制进行管理解析,鉴照企业领导职业能力提升与文化修养	推动理论与实践的对接,实现理性与情感的渗透,用中国话语说明管理智慧
	管理的尺度 刘文瑞 著	对管理中的种种普遍性问题进行了批评	提高把握管理尺度的能力
	管理学在中国 刘文瑞 著	系统性介绍了管理学在中国的发展和演变	了解管理学在中国的发展脉络,更清晰理解管理学的本质
	看电影,懂管理 刘文瑞 著	16部经典电影,带你感悟管理智慧	能够帮助读者放松身心,驰骋想象,在不知不觉中增长智慧
	管理:以规则驾驭人性 王春强 著	详细解读企业规则的制定方法	从人与人博弈角度提升管理的有效性
	员工心理学超级漫画版 邢 雷 著	以漫画的形式深度剖析员工心理	帮助管理者更了解员工,从而更轻松地管理员工
	老板有想法,高层有干法:企业中的将帅之道 王清华 著	深入剖析老板与高管的异同	各司其职,各行其是,相辅相成
	分股合心:股权激励这样做 段磊 周剑 著	通过丰富的案例,详细介绍了股权激励的知识和实行方法	内容丰富全面、易读易懂,了解股权激励,有这一本就够了
	边干边学做老板 黄中强 著	创业20多年的老板,有经验、能写、又愿意分享,这样的书很少	处处共鸣,帮助中小企业老板少走弯路
	成为敏感而体贴的公司 王 涛 著	本书为作者对企业的观察和冥想的随笔记录。从生活中的一个现象入手,进而探索现象背后的本质	从全新角度认识公司
	中国企业的觉醒:正直 善良 成长 王 涛 著	围绕着企业人如何发生转化展开,对中国人、中国文化及由此导致的企业现状的观察和思考	企业除了要利润,还需要道德
	有意识的思考:轻松化解问题的7个思考习惯 王 涛 著	本书是对思想、思考过程、思考方式进行的细致观察	养成好的思考习惯,更深刻地看问题
	中国式阿米巴落地实践之从交付到交易 胡八一 著	本书主要讲述阿米巴经营会计,"从交付到交易",这是成功实施了阿米巴的标志	阿米巴经营会计的工作是有逻辑关联的,一本书就能搞定

续表

分类	书名/作者	内容简介	推荐理由
通用管理	中国式阿米巴落地实践之激活组织 胡八一 著	重点讲解如何科学划分阿米巴单元,阐述划分的实操要领、思路、方法、技术与工具	最大限度减少"推行风险"和"摸索成本",利于公司成功搭建适合自身的个性化阿米巴经营体系
	中国式阿米巴落地实践之持续盈利 胡八一 著	把企业做成平台,企业才能做大(格局);把平台做成阿米巴,企业才能做强(专业);把阿米巴做成合伙制,企业才能做久(机制)	中国式阿米巴落地实践三部曲的最后一部,告诉你企业如何做大做强做久
	集团化企业阿米巴实战案例 初勇钢 著	一家集团化企业阿米巴实施案例	指导集团化企业系统实施阿米巴
	阿米巴经营的中国模式 李志华 著	让员工从"要我干"到"我要干",价值量化出来	阿米巴在企业如何落地,明白思路了
	欧博心法:好管理靠修行 曾伟 著	用佛家的智慧,深刻剖析管理问题,见解独到	如果真的有'中国式管理',曾老师是其中标志性人物
	领导这样点燃你的下属 孟广桥 著	领导者如何才能让员工积极主动地工作?如何让你的员工和下属保持工作的热情,自动自发?看了这本书就知道	只要你希望手下的"兵将"永远充满工作的斗志,这本书将使你获益良多
流程管理	1. 用流程解放管理者 2. 用流程解放管理者2 张国祥 著	中小企业阅读的流程管理、企业规范化的书	通俗易懂,理论和实践的结合恰到好处
	跟我们学建流程体系 陈立云 著	畅销书《跟我们学做流程管理》系列,更实操,更细致,更深入	更多地分享实践,分享感悟,从实践总结出来的方法论
	人人都要懂流程 金国华 余雅丽 著	当前各企业流程管理方面最为典型的痛点现象及问题案例	通俗易懂,适合企业全员阅读
质量管理	IATF16949质量管理体系详解与案例文件汇编:TS16949转版IATF16949:2016 谭洪华 著	针对IATF的新标准做了详细的解说,同时指出了一些推行中容易犯的错误,提供了大量的表单、案例	案例、表单丰富,拿来就用
	五大质量工具详解及运用案例:APQP/FMEA/PPAP/MSA/SPC 谭洪华 著	对制造业必备的五大质量工具中每个文件的制作要求、注意事项、制作流程、成功案例等进行了解读	通俗易懂、简便易行,能真正实现学以致用
	ISO9001:2015新版质量管理体系详解与案例文件汇编 谭洪华 著	紧密围绕2015年新版质量管理体系文件逐条详细解读,并提供可以直接套用的案例工具,易学易上手	企业质量管理认证、内审必备
	ISO14001:2015新版环境管理体系详解与案例文件汇编 谭洪华 著	紧密围绕2015年新版环境管理体系文件逐条详细解读,并提供可以直接套用的案例工具,易学易上手	企业环境管理认证、内审必备
	SA8000:2014社会责任管理体系认证实战 吕林 著	作者根据自己的操作经验,按认证的流程,以相关案例进行说明SA8000认证体系	简单,实操性强,拿来就能用
	精益质量管理实战工具 贺小林 著	制造类企业日常工作中所需要的精益管理工具的归纳整理,并进行案例操作的细致分析	可以直接参考,实际解决生产中的具体问题
战略落地	重生——中国企业的战略转型 施炜 著	从前瞻和适用的角度,对中国企业战略转型的方向、路径及策略性举措提出了一些概要性的建议和意见	对企业有战略指导意义
	公司大了怎么管:从靠英雄到靠组织 AMT金国华 著	第一次详尽阐释中国快速成长型企业的特点、问题及解决之道	帮助快速成长型企业领导及管理团队理清思路,突破瓶颈

续表

分类	书名/作者	内容简介	推荐语
战略落地	低效会议怎么改:每年节省一半会议成本的秘密 AMT 王玉荣 著	教你如何系统规划公司的各级会议,一本工具书	教会你科学管理会议的办法
战略落地	年初订计划,年尾有结果:战略落地七步成诗 AMT 郭晓 著	7个步骤教会你怎么让公司制定的战略转变为行动	系统规划,有效指导计划实现
人力资源	HRBP是这样炼成的之"菜鸟起飞" 新海 著	以小说的形式,具体解析HRBP的职责,应该如何操作,如何为业务服务	实践者的经验分享,内容实务具体,形式有趣
人力资源	HRBP是这样炼成的之中级修炼 新海 著	本书以案例故事的方式,介绍了HRBP在实际工作中碰到的问题和挑战	书中的HR解决方案讲究因时因地制宜、简单有效的原则,重在启发读者思路,可供各类企业HRBP借鉴
人力资源	HRBP是这样炼成的之高级修炼 新海 著	以故事的形式,展现了HRBP工作者在职业发展路上的层层深入和递进	为读者提供HRBP在实际工作中遇到种种问题的解决方案
人力资源	把面试做到极致:首席面试官的人才甄选法 孟广桥 著	作者用自己几十年的人力资源经验总结出的一套实用的确定岗位招聘标准、提升面试官技能素质的简便方法	面试官必备,没有空泛理论,只有巧妙的实操技能
人力资源	人力资源体系与e-HR信息化建设 刘书生 陈莹 王美佳 著	将作者经历的人力资源管理变革、人力资源管理信息化咨询项目方法论、工具和成果全面展现给读者,使大家能够将其快速应用到管理实践中	系统性非常强,没有废话,全部是浓缩的干货
人力资源	回归本源看绩效 孙波 著	让绩效回顾"改进工具"的本源,真正为企业所用	确实是来源于实践的思考,有共鸣
人力资源	世界500强资深培训经理人教你做培训管理 陈锐 著	从7大角度具体细致地讲解了培训管理的核心内容	专业、实用、接地气
人力资源	曹子祥教你做激励性薪酬设计 曹子祥 著	以激励性为指导,系统性地介绍了薪酬体系及关键岗位的薪酬设计模式	深入浅出,一本书学会薪酬设计
人力资源	曹子祥教你做绩效管理 曹子祥 著	复杂的理论通俗化,专业的知识简单化,企业绩效管理共性问题的解决方案	轻松掌握绩效管理
人力资源	把招聘做到极致 远鸣 著	作为世界500强高级招聘经理,作者数十年招聘经验的总结分享	带来职场思考境界的提升和具体招聘方法的学习
人力资源	人才评价中心.超级漫画版 邢雷 著	专业的主题,漫画的形式,只此一本	没想到一本专业的书,能写成这效果
人力资源	走出薪酬管理误区 全怀周 著	剖析薪酬管理的8大误区,真正发挥好枢纽作用	值得企业深读的实用教案
人力资源	集团化人力资源管理实践 李小勇 著	对搭建集团化的企业很有帮助,务实,实用	最大的亮点不是理论,而是结合实际的深入剖析
人力资源	我的人力资源咨询笔记 张伟 著	管理咨询师的视角,思考企业的HR管理	通过咨询师的眼睛对比很多企业,有启发
人力资源	本土化人力资源管理8大思维 周剑 著	成熟HR理论,在本土中小企业实践中的探索和思考	对企业的现实困境有真切体会,有启发

续表

企业文化	36个拿来就用的企业文化建设工具 海融心胜 主编	数十个工具,为了方便拿来就用,每一个工具都严格按照工具属性、操作方法、案例解读划分,实用、好用	企业文化工作者的案头必备书,方法都在里面,简单易操作
	企业文化建设超级漫画版 邢雷 著	以漫画的形式系统教你企业文化建设方法	轻松易懂好操作
	华夏基石方法:企业文化落地本土实践 王祥伍 谭俊峰 著	十年积累、原创方法、一线资料,和盘托出	在文化落地方面真正有洞察,有实操价值的书
	企业文化的逻辑 王祥伍 著	为什么企业之间如此不同,解开绩效背后的文化密码	少有的深刻,有品质,读起来很流畅
	企业文化激活沟通 宋杼宸 安琪 著	透过新任HR总经理的眼睛,揭示出沟通与企业文化的关系	有实际指导作用的文化落地读本
	在组织中绽放自我:从专业化到职业化 朱仁健 王祥伍 著	个人如何融入组织,组织如何助力个人成长	帮助企业员工快速认同并投入到组织中去,为企业发展贡献力量
	企业文化定位·落地一本通 王明胤 著	把高深枯燥的专业理论创建成一套系统化、实操化、简单化的企业文化缔造方法	对企业文化不了解、不会做? 有这一本从概念到实操,就够了
生产管理	精益思维:中国精益如何落地 刘承元 著	笔者二十余年企业经营和咨询管理的经验总结	中国企业需要灵活运用精益思维,推动经营要素与管理机制的有机结合,推动企业管理向前发展
	300张现场图看懂精益5S管理 乐涛 编著	5S现场实操详解	案例图解,易懂易学
	高员工流失率下的精益生产 余伟辉 著	中国的精益生产必须面对和解决高员工流失率问题	确实来源于本土的工厂车间,很务实
	车间人员管理那些事儿 岑立聪 著	车间人员管理中处理各种"疑难杂症"的经验和方法	基层车间管理者最闹心、头疼的事,'打包'解决
	1. 欧博心法:好管理靠修行 2. 欧博心法:好工厂这样管 曾伟 著	他是本土最大的制造业管理咨询机构创始人,他从400多个项目、上万家企业实践中锤炼出的欧博心法	中小制造型企业,一定会有很强的共鸣
	欧博工厂案例1:生产计划管控对话录 欧博工厂案例2:品质技术改善对话录 欧博工厂案例3:员工执行力提升对话录 曾伟 著	最典型的问题、最详尽的解析,工厂管理9大问题27个经典案例	没想到说得这么细,超出想象,案例很典型,照搬都可以了
	工厂管理实战工具 欧博企管 编著	以传统文化为核心的管理工具	适合中国工厂
	苦中得乐:管理者的第一堂必修课 曾伟 编著	曾伟与师傅大愿法师的对话,佛学与管理实践的碰撞,管理禅的修行之道	用佛学最高智慧看透管理
	比日本工厂更高效1:管理提升无极限 刘承元 著	指出制造型企业管理的六大积弊;颠覆流行的错误认知;掌握精益管理的精髓	每一个企业都有自己不同的问题,管理没有一剑封喉的秘笈,要从现场、现物、现实出发
	比日本工厂更高效2:超强经营力 刘承元 著	企业要获得持续盈利,就要开源和节流,即实现销售最大化,费用最小化	掌握提升工厂效率的全新方法

续表

	书名/作者	内容简介	推荐语
生产管理	比日本工厂更高效3：精益改善力的成功实践 刘承元 著	工厂全面改善系统有其独特的目的取向特征，着眼于企业经营体质（持续竞争力）的建设与提升	用持续改善力来飞速提升工厂的效率，高效率能够带来意想不到的高效益
	3A顾问精益实践1：IE与效率提升 党新民 苏迎斌 蓝旭日 著	系统的阐述了IE技术的来龙去脉以及操作方法	使员工与企业持续获利
	3A顾问精益实践2：JIT与精益改善 肖志军 党新民 著	只在需要的时候，按需要的量，生产所需的产品	提升工厂效率
	手把手教你做专业的生产经理 黄娜 著	物流、信息流、资金流，让生产经理管理有抓手	从菜鸟到能把控全局
员工素质提升	TTT培训师精进三部曲（上）：深度改善现场培训效果 廖信琳 著	现场把控不用慌，这里有妙招一用就灵	课程现场无论遇到什么样的情况都能游刃有余
	TTT培训师精进三部曲（中）：构建最有价值的课程内容 廖信琳 著	这样做课程内容，学员有收获培训师也有收获	优质的课程内容是树立个人品牌的保证
	TTT培训师精进三部曲（下）：职业功力沉淀与修为提升 廖信琳 著	从内而外提升自己，职业的道路一帆风顺	走上职业TTT内训师的康庄大道
	培训师，如何让你的事业长青：自我管理的10项法则 廖信琳 著	建立了一套完整的培训师自我管理体系，为培训师的职业成长与发展提供有益的指引	培训师如何在自己的职业道路上越走越高，事业长青，一直有所收获与成长？本书将给你答案
	管理咨询师的第一本书：百万年薪 千万身价 熊亚柱 著	从问题出发，发现问题、分析问题、解决问题，让两眼一抹黑的新人快速成长	管理咨询师初入职场，让这本书开启百万年薪之路
	手把手教你做专业督导：专卖店、连锁店 熊亚柱 著	从督导的职能、作用，在工作中需要的专业技能、方法，都提供了详细的解读和训练办法，同时附有大量的表单工具	无论是店铺需要统一培训，还是个人想成为优秀的督导，有这一本就够了
	跟老板"偷师"学创业 吴江萍 余晓雷 著	边学边干，边观察边成长，你也可以当老板	不同于其他类型的创业书，让你在工作中积累创业经验，一举成功
	销售轨迹：一位快消品营销总监的拼搏之路 秦国伟 著	本书讲述了一个普通销售员打拼成为跨国企业营销总监的真实奋斗历程	激励人心，给广大销售员以力量和鼓舞
	在组织中绽放自我：从专业化到职业化 朱仁健 王祥伍 著	个人如何融入组织，组织如何助力个人成长	帮助企业员工快速认同并投入到组织中去，为企业发展贡献力量
	企业员工弟子规：用心做小事，成就大事业 贾同领 著	从传统文化《弟子规》中学习企业中为人处事的办法，从自身做起	点滴小事，修养自身，从自身的改善得到事业的提升
	手把手教你做顶尖企业内训师：TTT培训师宝典 熊亚柱 著	从课程研发到现场把控、个人提升都有涉及，易读易懂，内容丰富全面	想要做企业内训师的员工有福了，本书教你如何抓住关键，从入门到精通
	客诉处理金手指：客户投诉的应对与管理 孟广桥 著	立足于投诉处理的实践，剖析了不同投诉者投诉的特点和应对措施，并提供各种技巧方法、赢得客户信赖所需培养的品质修炼、处理投诉应掌握的法律法规等工具	是投诉处理人员适应岗位职能需要、提升工作技能的良师益友，是企业变诉为金、培养业务骨干的法宝

续表

营销类:把客户需求融入企业各环节,提供"客户认为"有价值的东西			
	书名．作者	内容/特色	读者价值
营销模式	精品营销战略 杜建君　著	以精品理念为核心的精益战略和营销策略	用精品思维赢得高端市场
	变局下的营销模式升级 程绍珊　叶宁　著	客户驱动模式、技术驱动模式、资源驱动模式	很多行业的营销模式被颠覆,调整的思路有了!
	卖轮子 科克斯【美】	小说版的营销学!营销理念巧妙贯穿其中,贵在既有趣,又有深度	经典、有趣!一个故事读懂营销精髓
	动销操盘:节奏掌控与社群时代新战法 朱志明　著	在社群时代把握好产品生产销售的节奏,解析动销的症结,寻找动销的规律与方法	都是易读易懂的干货!对动销方法的全面解析和操盘
	弱势品牌如何做营销 李政权　著	中小企业虽有品牌但没名气,营销照样能做的有声有色	没有丰富的实操经验,写不出这么具体、详实的案例和步骤,很有启发
	老板如何管营销 史贤龙　著	高段位营销16招,好学好用	老板能看,营销人也能看
	洞察人性的营销战术:沈坤教你28式 沈坤　著	28个匪夷所思的营销怪招令人拍案叫绝,涉及商业竞争的方方面面,大部分战术可以直接应用到企业营销中	各种谋略得益于作者的横向思维方式,将其操作过的案例结合其中,提供的战术对读者有参考价值
	动销:产品是如何畅销起来的 吴江萍　余晓雷　著	真真切切告诉你,产品究竟怎么才能卖出去	击中痛点,提供方法,你值得拥有
	1000铁杆女粉丝 张兵武　著	连接是女性与生俱来的特质。能善用连接的营销人员,就像拿到打开女性荷包的钥匙	重新认识女性的传播力量
	360°谈营销:一位营销咨询师20年实战洞察 王清华　古怀亮　著	各个角度,全方位,多视点剥营销	思路单一,此书帮你破
	营销按钮:扣动一触即发的力量 老苗　著	提供各种奇形怪状的营销武器	一定会带给你不一样的思维震撼
销售	资深大客户经理:策略准,执行狠 叶敦明　著	从业务开发、发起攻势、关系培育、职业成长四个方面,详述了大客户营销的精髓	满满的全是干货
	成为资深的销售经理:B2B、工业品 陆和平　著	围绕"销售管理的六个关键控制点"一一展开,提供销售管理的专业、高效方法	方法和技术接地气,拿来就用,从销售员成长为经理不再犯难
	销售是门专业活:B2B、工业品 陆和平　著	销售流程就应该跟着客户的采购流程和关注点的变化向前推进,将一个完整的销售过程分成十个阶段,提供具体方法	销售不是请客吃饭拉关系,是个专业的活计!方法在手,走遍天下不愁
	向高层销售:与决策者有效交道 贺兵一　著	一套完整有效的销售策略	有工具,有方法,有案例,通俗易懂
	卖轮子 科克斯【美】	小说版的营销学!营销理念巧妙贯穿其中,贵在既有趣,又有深度	经典、有趣!一个故事读懂营销精髓
	学话术　卖产品 张小虎　著	分析常见的顾客异议,将优秀的话术模块化	让普通导购员也能成为销售精英
组织和团队	升级你的营销组织 程绍珊　吴越舟　著	用"有机性"的营销组织替代"营销能人",营销团队变成"铁营盘"	营销队伍最难管,程老师不愧是营销第1操盘手,步骤方法都很成熟
	用数字解放营销人 黄润霖　著	通过量化帮助营销人员提高工作效率	作者很用心,很好的常备工具书

续表

分类	书名/作者	内容简介	特点
组织和团队	成为优秀的快消品区域经理（升级版） 伯建新 著	用"怎么办"分析区域经理的工作关键点，增加30%全新内容，更贴近环境变化	可以作为区域经理的"速成催化器"
	成为资深的销售经理：B2B、工业品 陆和平 著	围绕"销售管理的六个关键控制点"——展开，提供销售管理的专业、高效方法	方法和技术接地气，拿来就用，从销售员成长为经理不再犯难
	一位销售经理的工作心得 蒋军 著	一线营销管理人员想提升业绩却无从下手时，可以看看这本书	一线的真实感悟
	快消品营销：一位销售经理的工作心得2 蒋军 著	快消品、食品饮料营销的经验之谈，重点突出	来源于实战的精华总结
	销售轨迹：一位快消品营销总监的拼搏之路 秦国伟 著	本书讲述了一个普通销售员打拼成为跨国企业营销总监的真实奋斗历程	激励人心，给广大销售员以力量和鼓舞
	用营销计划锁定胜局：用数字解放营销人2 黄润霖 著	全方位教你怎么做好营销计划，好学好用真简单	照搬套用就行，做营销计划再也不头痛
	快消品营销人的第一本书：从入门到精通 刘雷 伯建新 著	快消行业必读书，从入门到专业	深入细致，易学易懂
产品	产品开发管理方法·流程·工具：从作坊式到规范化 任彭枞 著	产品研发管理体系全指导	既有工具，又能开拓思路
	新产品开发管理，就用IPD（升级版） 郭富才 著	10年IPD研发管理咨询总结，国内首部IPD专业著作	一本书掌握IPD管理精髓
	这样打造大单品：案例 策略 方法 迪智成咨询团队 著	囊括十三个不同行业、企业的实际案例，从不同角度详细剖析、总结了这些品牌厂家打造大单品的成功经验或者失败教训	厘清大单品打造的策划与路径，得出持续经营的思路与方法
	资深项目经理这样做新产品开发管理 秦海林 著	以IPD为思想，系统讲解新产品开管理的细节	提供管理思路和实用工具
	产品炼金术Ⅰ：如何打造畅销产品 史贤龙 著	满足不同阶段、不同体量、不同行业企业对产品的完整需求	必须具备的思维和方法，避免在产品问题上走弯路
	产品炼金术Ⅱ：如何用产品驱动企业成长 史贤龙 著	做好产品、关注产品的品质，就是企业成功的第一步	必须具备的思维和方法，避免在产品问题上走弯路
品牌	中小企业如何建品牌 梁小平 著	中小企业建品牌的入门读本，通俗、易懂	对建品牌有了一个整体框架
	采纳方法：破解本土营销8大难题 朱玉童 编著	全面、系统、案例丰富、图文并茂	希望在品牌营销方面有所突破的人，应该看看
	中国品牌营销十三战法 朱玉童 编著	采纳20年来的品牌策划方法，同时配有大量的案例	众包方式写作，丰富案例给人启发，极具价值
	今后这样做品牌：移动互联时代的品牌营销策略 蒋军 著	与移动互联紧密结合，告诉你老方法还能不能用，新方法怎么用	今后这样做品牌就对了
	中小企业如何打造区域强势品牌 吴之 著	帮助区域的中小企业打造自身品牌，如何在强壮自身的基础上往外拓展	梳理误区，系统思考品牌问题，切实符合中小区域品牌的自身特点进行阐述
渠道通路	深度分销：掌控渠道价值链 施炜 著	制造商通过掌控渠道价值链，将管理触角延伸至零售层面及顾客现场，对市场根部精耕细作，从而挖掘需求，构筑区域市场尤其是三四级市场的竞争壁垒	深度分销是中国企业对世界营销的独特贡献。实践证明，互联网时代深度分销仍有生命力
	快消品营销与渠道管理 谭长春 著	将快消品标杆企业渠道管理的经验和方法分享出来	可口可乐、华润的一些具体的渠道管理经验，实战

续表

	书名·作者	内容/特色	读者价值
渠道通路	传统行业如何用网络拿订单 张进 著	给老板看的第一本网络营销书	适合不懂网络技术的经营决策者看
	采纳方法：化解渠道冲突 朱玉童 编著	系统剖析渠道冲突，21个渠道冲突案例、情景式讲解，37篇讲义	系统、全面
	学话术 卖产品 张小虎 著	分析常见的顾客异议，将优秀的话术模块化	让普通导购员也能成为销售精英
	向高层销售：与决策者有效打交道 贺兵一 著	一套完整有效的销售策略	有工具，有方法，有案例，通俗易懂
	通路精耕操作全解：快消品20年实战精华 周俊 陈小龙 著	通路精耕的详细全解，每一步的具体操作方法和表单全部无保留提供	康师傅二十年的经验和精华，实践证明的最有效方法，教你如何主宰通路

管理者读的文史哲·生活

	书名·作者	内容/特色	读者价值
思想·文化	德鲁克管理思想解读 罗珉 著	用独特视角和研究方法，对德鲁克的管理理论进行了深度解读与剖析	不仅是摘引和粗浅分析，还是作者多年深入研究的成果，非常可贵
	德鲁克与他的论敌们：马斯洛、戴明、彼得斯 罗珉 著	几位大师之间的论战和思想碰撞令人受益匪浅	对大师们的观点和著作进行了大量的理论加工，去伪存真、去粗存精，同时有自己独特的体系深度
	德鲁克管理学 张远凤 著	本书以德鲁克管理思想的发展为线索，从一个侧面展示了20世纪管理学的发展历程	通俗易懂，脉络清晰
	王阳明"万物一体"论：从"身-体"的立场看（修订版） 陈立胜 著	以身体哲学分析王阳明思想中的"仁"与"乐"	进一步了解传统文化，了解王阳明的思想
	自我与世界：以问题为中心的现象学运动研究 陈立胜 著	以问题为中心，对现象学运动中的"意向性""自我""他人""身体"及"世界"各核心议题之思想史背景与内在发展理路进行深入细致的分析	深入了解现象学中的几个主要问题
	作为身体哲学的中国古代哲学 张再林 著	上篇为中国古代身体哲学理论体系奠基性部分，下篇对由"上篇"所开出的中国身体哲学理论体系的进一步的阐发和拓展	了解什么是真正原生态意义上的中国哲学，把中国传统哲学与西方传统哲学加以严格区别
	中西哲学的歧异与会通 张再林 著	本书以一种现代解释学的方法，对中国传统哲学内在本质尝试一种全新的和全方位的解读	发掘出掩埋在古老传统形式下的现代特质和活的生命，在此基础上揭示中西哲学"你中有我，我中有你"之旨
	治论：中国古代管理思想 张再林 著	本书主要从儒、法墨三家阐述中国古代管理思想	看人本主义的管理理论如何不留斧痕地克服似乎无法调解的存在于人类社会行为与社会组织中的种种两难和对立
	车过麻城 再晒李贽 张再林 著	系统全面而又简明扼要地展示了李贽独到的学术眼力和超拔的理论建树	帮助读者重新认识李贽的思想
	中国古代政治制度（修订版）上：皇帝制度与中央政府 刘文瑞 著	全面论证了古代皇帝制度的形成和演变的历程	有助于读者从政治制度角度了解中国国情的历史渊源
	中国古代政治制度（修订版）下：地方体制与官僚制度 刘文瑞 著	全面论证了古代地方政府的发展演变过程	有助于读者从政治制度角度了解中国国情的历史渊源
	中国思想文化十八讲（修订版） 张茂泽 著	中国古代的宗教思想文化，如对祖先崇拜、儒家天命观、中国古代关于"神"的讨论等	宗教文化和人生信仰或信念紧密相联，在文化转型时期学习和研究中国宗教文化就有特别的现实意义

续表

思想·文化	史幼波《大学》讲记 史幼波　著	用儒释道的观点阐释大学的深刻思想	一本书读懂传统文化经典
	史幼波《周子通书》《太极图说》讲记 史幼波　著	把形而上的宇宙、天地，与形而下的社会、人生、经济、文化等融合在一起	将儒家的一整套学修系统融合起来
	史幼波《中庸》讲记（上下册） 史幼波　著	全面、深入浅出地揭示儒家中庸文化的真谛	儒释道三家思想融会贯通
	梁涛讲《孟子》之万章篇 梁涛　著	《万章》主要记录孟子与万章的对话，涉及孝道、亲情、友情、出仕为官等	作者的解读能帮助读者更好地理解孟子及儒学
	两晋南北朝十二讲（修订版） 李文才　著	作为一本普及性读物，作者尊重史实，运用"历史心理学"的叙事方法，分12个专题对两晋南北朝的历史进行阐述	让读者轻松了解两晋南北朝的历史
	每个中国人身上的春秋基因 史贤龙　著	春秋368年（公元前770－公元前403年），每一个中国人都可以在这段时期的历史中找到自己的祖先，看到真实发生的事件，同时也看到自己	长情商、识人心
	与《老子》一起思考：德篇 史贤龙　著	打通文史，回归哲慧，纵贯古今，放眼中外，妙语迭出，在当今的老子读本中别具一格	深读有深读的回味，浅尝有浅尝的机敏，可给读者不同的启发
	说服天下：《鬼谷子》的中国沟通术 翟玉忠　著	由内圣而外王，从心力的培育到具体的说服理论，再到生动的说服案例	从商业到军事再到日常生活，沟通说服已经变得越来越重要
	读《管子》，知天下财富：轻重术与中国古典经济思想 翟玉忠　著	中国农业社会规模庞大的市场产生了复杂发展的经济理论——以《管子》轻重十六篇为核心的轻重术	本书分为道、术两大部分，有思想、有谋略，相信你会从中有所收获
	中国商道：从古典商书说开去 翟玉忠　著	对中国先秦和明清两个商品经济大发展时期商业典籍的第一次系统整理和诠释	中华商道一脉相承，造就了无数商业奇迹，成就了无数商业巨子。今人读之，必能获益
	跟陈忠建学写名家书法Ⅰ 跟陈忠建学写名家书法Ⅱ 陈忠建　著	中国台湾著名书法教育家，用视频手把手教你摹写历代名家笔触	用拟古千字文的形式，学习名家的技巧
	像美国人一样讲话：教你记住800句最地道的美语 马方旭　著	本书基本囊括了在美国最常用最地道的800习惯用语表达，包含中英双语翻译，以及清晰明了的注解帮助增强记忆，加入视频等流行的记忆方法	易读易懂，趣味十足
	郑子太极拳理拳法 杨竣雄　著	走进郑子太极拳完整训练体系的大门，随着书中另一主角——师父的课程安排与每日功课的练习	当您学完这套书后，在掌握拳架的同时具备诸多正确的太极理念与系统知识
	内功太极拳训练教程 王铁仁　编著	杨式（内功）太极拳（俗称老六路）的详细介绍及具体修炼方法，身心的一次升华	书中含有大量图解并有相关视频供读者同步学习
	中医治心脏病 马宝琳　著	引用众多真实案例，客观真实地讲述了中西医对于心脏病的认识及治疗方法	看完这本书，能为您节约10万元医药费